JN335455

考古学リーダー 12

関東の後期古墳群

佐々木憲一 編

六一書房

はじめに

　本書は、明治大学文学部長　吉村武彦教授を代表者とする文部科学省学術フロンティア推進事業「日本古代の文字・図像・宗教・伝承の総合的研究」による研究成果の一部である。このプロジェクトは考古学と文献史学、古代文学を3本柱とする学際研究である。この枠組みの中で、明治大学文学部考古学専攻は現在、弥生墳丘墓と関東における後期古墳群の集成作業を進めている。その関東における後期古墳群の集成作業を日本史の大きな脈絡の中に位置付ける目論見のもと、2006年3月12日に「関東における後期・終末期古墳群・群集墳の諸相」と題したシンポジウムを開催し、その成果をまとめたのが本書である。このシンポジウムでは、悉皆的なデータから、地域色豊かな古墳時代の関東を明らかにしていくのがねらいである。一応「後期・終末期」とうたっているが、それを時間的変遷の中に捉えるために、それ以前の時期も触れている。

　古墳研究は、関西の研究機関がこれまで中心的な役割を果たしてきている。豊富なデータに裏打ちされた、説得力ある理論的枠組みが関西の研究者により提示されてきた。それを踏まえて、基調講演を和田晴吾氏（立命館大学）にお願いした。和田氏は、群集墳を古式・新式と区別する理論的モデルを提示している。そういったモデルを比較の基準として、関東圏内の違った地域同士の比較を試みたい。

　関東は、上野（深澤敦仁氏）、下野（草野潤平氏）、下総（萩原恭一氏）、上総（小沢洋氏）、北武蔵（太田博之氏）、南武蔵（松崎元樹氏）に分けて、地域発表をお願いした。和田氏の理論的モデルと関東の地域毎の悉皆的なデータを繋ぐ目的で、白井久美子氏に2本目の基調講演を依頼した。今回常陸が欠落したことは、コーディネーター・編者としての佐々木の力不足、不徳の致すところである。地域発表のなかで、下野の発表のあり方がやや異なるのは、実はこれがフロンティア事業の最初の2年間に考古学専攻の古墳時代を専門とする研究者による、群集墳の集成作業の成果報告なのである。草野氏（明治

大学大学院博士後期課程）はその作業で、古屋紀之氏（現多摩美術大学講師・北区飛鳥山博物館調査員）と共に中心的な役割を果たした。

その下野の中でもさらに微細な地域区分ができそうである。そういった地域的差異を歴史学的にどう位置付けるのかということを文献史のほうからも示唆を得たいと考え、川尻秋生氏（早稲田大学）にコメントをお願いした。

最後に、関東の古墳時代を特徴付けるようなテーマを抽出して、地域を越えた比較を試みた。まず、中期・後期の境界をどこにおくかという問題。これも地域によって認識の差異がある。次に、群集墳を歴史的な脈絡に位置づけるために、前期・中期における小古墳をどう捉えるか。特に上総では弥生時代以来の墓制が古墳時代前期以降も継続するので、これは無視できない。それを踏まえて、改めて群集墳の定義を考えてみる。また、関東に多い横穴墓の位置づけ。さらに川尻氏のコメントを踏まえて、国造制が古墳に反映されるのかどうかという問題を取り上げた。

当日のシンポジウムでは時間的制約から、当初予定していた「（ヤマト王権があずかり知らなかったであろう）関東圏内での首長間交流」と「関東各地における古墳の動向の共通性」の2つのテーマを議論することができなかった。これらについては、4ヵ月後の7月17日、明治大学の会議室を会場に非公開の座談会を関東のパネリストのみで実施した。この成果も本書に含めている。

古墳の分析から関東における地域動態の地域的差異を明らかにして、究極的には、6・7世紀国家形成期の多様な実態に迫りたい。

2007年　秋

佐々木憲一

目　次

はじめに……………………………………………………佐々木憲一　1
例言

第Ⅰ部　基調講演
古墳群の分析視覚～群集墳を中心に……………………和田晴吾　7
関東の後・終末期古墳群の特性…………………………白井久美子　33

第Ⅱ部　各地からの報告
下野における後期・終末期古墳の地域設定と動向………草野潤平　55
上野地域における群集墳構造の推移……………………深澤敦仁　71
北武蔵における後期古墳の動向…………………………太田博之　88
多摩川流域および周辺における後・終末期古墳群の特性と地域構造
　　　………………………………………………………松崎元樹　103
下総地域における後期群集墳……………………………萩原恭一　123
上総における古墳群構成の変化と群集墳………………小沢　洋　140

第Ⅲ部　シンポジウム　関東における後期・終末期古墳群の諸相
7世紀東国を考える一視点………………………………川尻秋生　155
パネルディスカッション　第Ⅰ部………………………………　161
パネルディスカッション　第Ⅱ部………………………………　187
国家形成期における関東―まとめにかえて……………佐々木憲一　218

おわりに……………………………………………………吉村武彦　227

例　言

1　本書は2006年3月12月に明治大学駿河台校舎で開催されたシンポジウム「関東における後期・終末期古墳群の諸相」の記録である。当日の司会は古屋紀之が務めた。さらに7月17日に非公開で開催した座談会の成果も収めた。

2　シンポジウムは、文部科学省学術フロンティア推進事業「日本古代の文字・図像・宗教・伝承の総合的研究」（研究代表：吉村武彦明治大学文学部長）の一環として企画・実施された。

3　シンポジウムのパネルディスカッション第Ⅰ部・Ⅱ部は、草野潤平がテープ起こし、佐々木憲一が編集した原稿を、各発言者に加筆・修正してもらったものである。

4　本書の編集は佐々木があたったが、古屋紀之・草野潤平の多大な助力を得た。明記して、深謝する。

第Ⅰ部　基調講演

古墳群の分析視角と群集墳

和 田 晴 吾

はじめに

　古墳を個々に取り扱うだけではなく、「群」として扱おうという動きは戦前から見られた（栗山1934-5、後藤・相川1936、藤森1939など）。しかし、それが本格化するのは戦後のことで、そこでは群集墳論として、あるいは古墳による地域史研究として活発化した。古墳を群として扱うことが当時の政治・社会の理解に有効だと気づいたとしても、それが積極的に行われるためには、皇国史観の圧迫から解放され、歴史学としての考古学への認識が深まり、編年的研究の大枠が定まるなどといった、一定の条件が整う必用があった。敗戦後約20年を経た1966年刊行の近藤義郎・藤沢長治編『日本の考古学』上巻・「古墳文化の地域的特色」（近藤・藤澤1966）は、こうした動きの、この時点での総括とでもいうべきもので、1970年には野上丈助氏の「摂河泉における古墳群の形成とその特質」（野上1970）のような優れた論考も発表されている。我々団塊の世代前後のものは、多かれ少なかれ、それらに学びつつ育ってきたが、この動きは、以降も一貫して、古墳時代研究の1つの大きな流れとなっている。

　しかし、群集墳論にしても、地域の古墳群論にしても、関連する遺物や遺構の分析に多くの成果が上がり、たとえば古墳の編年的位置づけがより正確になったり、遺構の地域色がより鮮明になったり、古墳群の階層性が一定度明確になったりしたとはいえ、古墳を群として把握し比較検討する方法そのものには大きな進展がなく、1つの古墳群を、あるいは1つの地域の古墳群をどう捉え、他地域とどう比較し、全体としてどう体系化するのか、といった方法論的課題に関しては、今日でも、まだまだ議論が不足している。

第Ⅰ部　基調講演

　そこで、ここでは、全国を視野に入れつつも畿内やその周辺を中心に、原点にもどって、古墳を群として扱う場合の基礎的な方法を整理し、筆者がこれまでに行ってきた試みも紹介しつつ、古墳群の分析方法について若干の検討を加えたい。それにより、群としての古墳の時期的・地域的特色がより明確になり、その特色が発現する理由についても理解が深まればと思う。

　今回のテーマである「後期・終末期古墳群の様相」も、その一環として扱われるべきもので、関東のそれは、畿内と比較する上でもっとも興味ある対象であり、その共通点と相違点から多くのことを学べるものと期待している。ただ、ここでは、紙数（時間）の都合もあり、飛鳥時代のそれまでは議論が及ばないことを最初にお断りしておきたい。

1. 編年図の作成―時間と地域の区分―

　さて、古墳を群として取り扱う場合、いつ、どこで、どのような古墳が築かれたかを整理することがもっとも最初の作業となる。そのため、築造時期と、墓域と、墳丘の形態と規模を指標に、地域全体の古墳の編年表を作成することになる（第1図）。

　その折には、特定地域の墳墓全体（あるいは可能な限り多くの墳墓）をその編年図に取りこむことが望ましい。「墳墓」の「墳」とは墳丘のある墓（墳丘墓。古墳も墳丘墓の一種）のことで、「墓」とは墳丘のない墓のことだが、「墳」と「墓」、あるいは大小の「墳」は相互に関連しあっているため、常にその全体に配慮する必用があるからである。

　縦軸に時間の区分を、横軸に古墳群や地域の区分を置くことになるが、時間軸となる古墳の編年に関しては、これまでに数多くの研究の蓄積があり、筆者は、それを踏まえて、11期区分として整理している（和田1987）。しかし、一方の、古墳群や地域の区分に関しての議論は決して多くはなく、それが当時の地域社会をどういう枠組みで捉えるかという重要な問題そのものであるにも係わらず、個々には様々な検討がなされてきたとしても、多くの研究者を巻き込んだ議論とはなっていない。ここでは、この点も十分考慮に入れつつ、話を進めて行きたい。

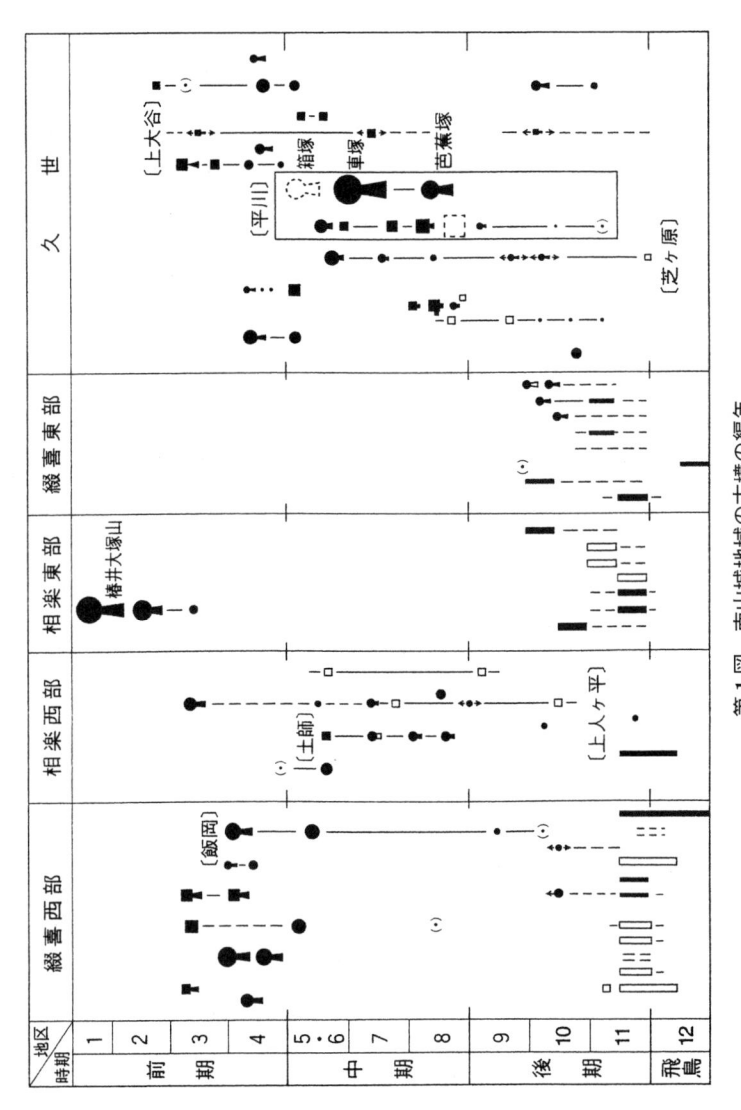

古墳群の分析視角と群集墳

第1図 南山城地域の古墳の編年
（太い棒線は群集墳で、黒線は横穴式石室墳、白抜き線は横穴。小さな白抜きの正方形は方形周溝墓。（ ）内の古墳は墳形・規模不明。［ ］内は古墳群名、和田 1998 より）

第Ⅰ部　基調講演

第1表　古墳時代の五つの段階・六つの画期（和田1994を一部修正）

時代	時期	小期	段階	画期	主要な古墳の動向
弥　生　時　代					
古墳時代	前期	1・2	第1	第1	前方後円（方）墳の出現
		3・4	第2	第2	前方後円（方）墳の急増
	中期	5〜8	第3	第3	前方後円墳の築造規制開始・前方後方墳の消滅
	後期	9・10	第4	第4	大型古墳群の衰退・中小前方後円墳の増加・方墳の消滅・古式群集墳の出現
		11	第5	第5	前方後円墳の段階的消滅開始・新式群集墳の激増
				第6	前方後円墳の消滅・新式群集墳の衰退・終末式群集墳の出現
飛　鳥　時　代					

2. 古墳群の分析

　さて、以上のような作業の後に編年図ができあがると、つぎには通事的・共時的両方向の古墳群、および墳墓全体の分析が可能となる。
　（1）　通事的分析
　まず、通事的分析としては、同一の墓域の古墳群（以下、単に「古墳群」とした場合は、この意味で用いる）の消長（成立・継続・移動・消滅等）に注目しつつ、大王墳の墓域の移動（白石1969以来の蓄積がある）や、他地域のそれと比較する方法が、都出比呂志氏（1988）の「古墳時代首長系譜の継続と断絶」を契機に活発化し、その画期は古墳時代の時期を画すほどに重要なものであることが判明してきた。筆者も、それに、後述の「古墳の秩序」の変化等を加えることによって、古墳時代を「五つの段階・六つの画期」と捉え、前期・中期・後期の3時期区分を行っている（第1表）（和田1994）。ここでは詳細は省くが、この認識は、南山城地域の古墳の築造状況の理解（和田1988）を出発点としているが、それは各地の古墳の築造状況の多くとも対応し、その最大公約数的な把握、いうなれば古墳群の築造状況を比較するための標準（基準）とも評価できるもので、地域色は、それとの「ずれ」のなかに浮かび上がってくる。出雲（和田1997・2006）や関東の後期古墳の秩序は、その最たるものの一、二である。

10

どこの地域の古墳も、何らかのかたちで全体の築造状況と関連している、それも多くの地域では非常に密接に対応しあっているということができるのであって、そこでは、1つの地域から全体が見えると言っても過言ではない。

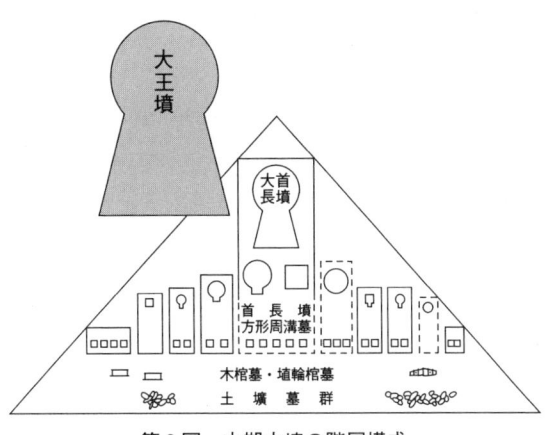

　(2)　共時的分析

　①墳墓の組合せ―階層の区分―

　古墳群の消長が古墳時代の画期と対応しているとすれば、つぎには、各時期（段階）の何がどう変化したのかが問われなければならないが、そこでは各時期の古墳群の共時的な分析が不可欠となる。

　その場合、まず、墳墓に認められる被葬者の社会的階層や政治的階層の表れ方が問題となるが、私は、古墳時代のそれを以下のように理解している（第2図）。

　まず、墳墓に認められる社会的階層を、上から、古墳―小型墳丘墓（古墳時代の方形の周溝墓・台状墓。時に円形あり）―墳丘のない棺の直葬墓（木棺・箱式石棺などの直葬）―棺のない土坑墓と捉える。そして、それぞれの被葬者に大小の首長と、共同体の上層・下層・最下層を想定する。古墳時代の社会的階層関係は首長と共同体（構成員）との関係が基本であるが、それを墳墓では以上のように理解したい。

　ただ、これは古墳時代前・中期の場合で、この段階では共同体はまだ首長の在地支配のもとにあり、首長以外は王権との関係で古墳を築いていなかった。そして、後期に入って、共同体上層の墓と考える方形を基本とする小型墳丘墓が一斉に円墳化しだした段階で、それらは初めて古墳の秩序に組みこ

第2図　中期古墳の階層構成
（モデルは南山城地域。長方形の枠は墓域を示す　和田1998より）

第Ⅰ部　基調講演

まれた、すなわち古墳になったと考えている（後述）。なお、ここでは墳丘が20m以上のものを首長墳としているが、時期により、特に後期後半には、15m以上で20m未満のものは判断が難しい場合が少なくない。

一方、首長層の政治的階層構成、言い換えれば、首長のヤマト王権内における一種の政治的身分は古墳の形と規模とによって表現された（西嶋1961・都出1989など）。その頂点にあったのが、古墳時代になって出現した大王墳で、同時期最大の古墳を基本に最高権力者の墓を大王墳として取りあげると、大王墳は基本的に墳長200m以上の巨大前方後円墳（王権が衰弱したと推測される5世紀末～6世紀初頭頃のみは小型化）で、すべての古墳はこれを頂点に一定の秩序をもって築かれたものと推測する。

したがって、古墳時代は当時の社会的階層構成と政治的階層構成がみごとに墳墓に表現されていると言えるのだが、その構造は、首長と共同体の関係と、首長相互の関係（王権と首長の関係を含む）の二重構造で、それが解消し、単一の構造へと向かいはじめるのは後期以降のことである。

なお、古墳時代を通じて、各社会的階層の相対的な位置関係はさほど大きくは変わらず、墳墓の秩序の変化を検討する場合には、どの階層の墳墓がどう変わったかを、それぞれの階層ごとに検討する必要がある。

②墓域での古墳の組合せ

つぎは、一定の限られた範囲に築かれた同一時期の古墳の組合せである。ここでは、「一定の限られた範囲」を「墓域」と「地域」の2つのレベルで把握する。

a 単一系列の単位古墳群　まずは、1つの墓域に同時期の古墳が1基築かれている古墳群である。1基のみで終わる場合もあるが、多くは一定の時間差をもって継起的に築かれた2、3基、多くて5基前後の古墳からなっている（京都府向日丘陵古墳群など）。それらを基本的に1系列の首長墳と捉え、それを生みだした集団を共同体とし、その基盤となる範囲を「小地域」とする。この古墳群は、古墳を群として捉える場合の、最小の基本単位となるもので、以下では単位古墳群と呼ぶ。類例は最も多い。小型低墳丘墓がともなうものと、ともなわないもの（あるいは未発見）とがある。

なお、墓域の認定に関しては、比較的容易な場合と、そうでない場合とがある。ここでは細部に立ち入らないが、同一の墓域にするにしろ、異なる墓域にするにしろ、一定の根拠が必用である。

また、1系列の古墳群と言っても、被葬者の性別や血縁関係はほとんどが不明である。現状では、1系列とは言っても、それは、時には異質な古墳を含みつつも、同じ墓域に造られた、特定の小地域（共同体）の歴代の首長、ないしはそれに相当する人物の古墳を基本とする、という程度の意味で理解しておきたい。

b 複数系列の古墳群　つぎには、1つの墓域に同時期の古墳が複数基築かれている古墳群である。上の理解に従い、ここでは複数系列の古墳群とする。これには2種類があり、墳形や規模にあまり格差のない単位古墳群が複数集まったもの（複数系列並存型・大阪府玉手山古墳群など）と、墳形や規模に格差のある単位古墳群が複数集まったのも（複数系列階層構成型）とに区別できる。ただ、階層構成型の場合は、従属的な古墳がそれぞれ系列的につながるかどうかは検討を要することで、そうでない場合も考えられる。

これに墳形を加味すると古墳群の格の差が明瞭になる。例えば、階層構成型では、前方後円墳の系列が2系列以上になる場合（大阪府古市古墳群など）と、1系列の場合（京都府久津川古墳群平川支群など）とでは、前者は大王、およびそれに近い有力大首長の墓域、後者はそれより下の大首長の墓域と考えられる。また、前方後円墳を含まない、帆立貝形古墳や円墳、方墳のみからなる複数系列の古墳群は、群集墳が加わる場合を除けば、ほとんどないかと思われる。いずれも1代で終わる場合と、複数代を重ねる場合がある。また、墓域に小型低墳丘墓を含む場合と、含まない場合（未発見）がある。

これ以後の作業は、各類型の時期的・地域的分布の明確化と解釈、あるいは以上の理解に合わない古墳群の抽出とその評価ということになる。たとえば、関東の後期古墳では、大小の前方後円墳が数多く造られ、複数系列階層構成型の古墳群で、前方後円墳が2系列以上の古墳群も少なくないが、それは関東の後期古墳の本質と深く係わっているものと推測される。

第Ⅰ部　基調講演

③地域での古墳の組合せ

　複数の古墳群からなる一定範囲の古墳群を指す。ここでは、それを「地域古墳群」と把握し、この範囲を「地域」とする。広さは律令制下の郡の1～3程度である。一つの地域の古墳群は、時には少数の異質な古墳、あるいは単位古墳群を含みつつも、大半は一定の政治的まとまりを形成しつつ王権下に連なっていたと考えるからである。したがって、この「地域」の概念は古墳時代の地域社会を考える上で非常に重要で、私は、この首長層の地域的まとまりを「地域首長連合」と呼んで、首長層の重層的な結合の基礎となる在地の政治的まとまりと評価している。ただ、各地には、首長墳が点在的で、こうしたまとまりが認められない、あるいは不明確な地域も少なくない。しかし、そのような場合も、それぞれの首長は、いずれかの地域の上位の地域連合に連なっているものと推測している。

　なお、この場合も、一定範囲の古墳群が有意な政治社会的まとまりを示すという検証が必要である。現状では、一定範囲が単に大きな川や海や山塊に囲まれた地理的まとまりに留まっている場合が少なくないが、各地で、石槨、石室、石棺などの型式や石材の共通性、土器の地域色、あるいは古墳の築造動向の理解などから、そのまとまりを証明するのに有効な考古学的証拠が見出されつつある。また、ここでは時期により地域の範囲が変わる可能性にも注意を払っておく必用があるだろう。

④中期の地域古墳群の類型化

　以上を踏まえつつ、つぎに、私が以前に行った、中期の地域古墳群の類型化（和田1994）について、若干の修正を加えつつ、少し話をしておきたい（第3図）。

　まず、前方後円墳からなる単位古墳群を中心に、帆立貝形古墳、円墳、方墳などからなる単位古墳群を複数含む地域古墳群で、これをB型とする。モデルとした南山城地域の場合は、中心となる古墳群が前方後円墳を含む複数系列階層構成型の古墳群である点に若干の違いがあるが、中心となる古墳群は前方後円墳の単位古墳群であれば、階層構成型でなくても、この類型に入れる。

古墳群の分析視角と群集墳

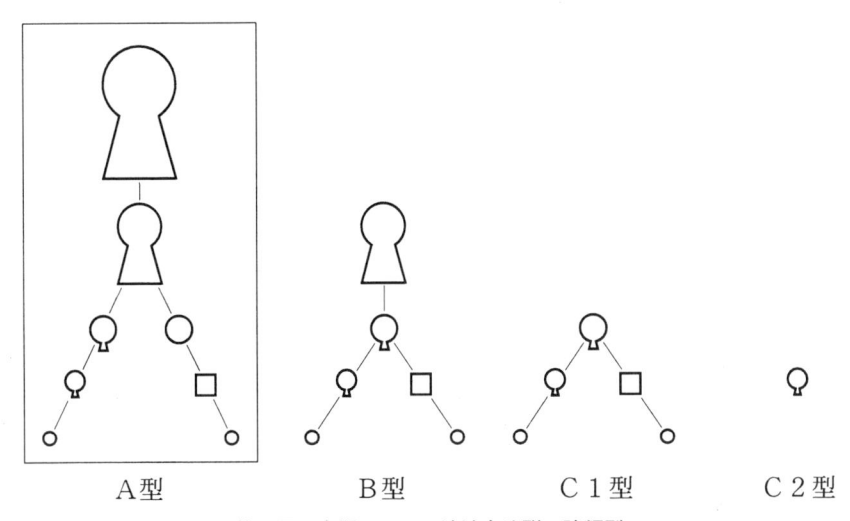

第 3 図　中期における地域古墳群の諸類型
（長方形の枠は墓域を示す　和田 1994 を一部修正）

　つぎに、地域に前方後円墳がなく、帆立貝形、円墳、方墳などからなる単位古墳群が複数まとまった地域古墳群を C1 型（広島県・三次盆地など）とする。その他に、首長墳が点在的で、地域的まとまりが認められない場合や不明瞭な場合も、この類型にいれ、C2 型とする。畿内周辺では、玉丘古墳群を中心とする加西地域（B 型）を除く、中期中・後葉の兵庫県南部（播磨）や、大阪府南部の和泉地域（百舌鳥古墳を除く）、あるいは滋賀県の琵琶湖東岸南半には C1 型、ないしは C2 型の地域が広がっている。

　続いて、A 型は、当時大王墳が築かれた大阪府古市古墳群をモデルとする。大王墳を含め 2 系列以上の前方後円墳を含む複数系列階層構成型の古墳群である。また、有力大首長墳を含め 2 系列以上の前方後円墳を含む複数系列階層構成型の古墳群で、A 型を少し小さくした規模のものを類 A 型とする（奈良県馬見古墳群・佐紀古墳群東群など）。これらは、ともに地域古墳群ではないが、1 古墳群で地域古墳群に匹敵する、あるいはそれを超える内容をもつ上、その基盤となる範囲は一般的な地域の範囲を越えることも予想されるため、このように扱う。

15

第 I 部　基調講演

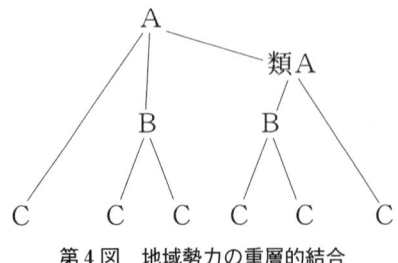

第 4 図　地域勢力の重層的結合

その結果、中期における古墳群の全体は、基本的に、大王墳の墓域の古墳の組合せであるA型を基準として、それをやや小型化した類A型、A型から大王墳を除いたB型、およびB型から大首長墳の前方後円墳を除いたC1型、および地域的まとまりの不明瞭なC2型でもって構成されていると、整理することができる。中期を通じ、畿内のA型や類A型が安定して古墳群を継続しているのに対し、各地域では、B型やC型が継続的に営まれる古墳群は少なく、B型が形成されてもつぎにはC型に変化したり、B型やC型が一時的にのみ形成されるといった場合が多い。それは、大王をはじめとする畿内の有力大首長の政治的基盤が安定している一方で、多くの地域勢力の基盤は不安定であったことを示している。この傾向は中期中・後葉ほど強くなる。

　中期における大王墳と各地の古墳の関係については、小野山節氏（1970）の前方後円墳築造規制論が知られているが、古墳の組合せという視点からは、以上のように整理することができ、それは中期を通じたものだったのである。

　⑤古墳の秩序（組合せ）と画期

　したがって、このような類型の地域古墳群が、A型を頂点に重層的につながりつつ広範囲に展開しているのが、中期古墳の秩序ということができる（第4図）。私は、それを、大王を頂点とする畿内を中心とした限られた数の大首長が、各地の数多くの中小首長を序列化し支配する体制と解釈し、前期以来の首長連合体制の到達点（成熟期）と評価している（和田1998・2004）。

　そして、このような古墳の秩序にいたるまでの前期の2つの段階と、中期古墳のそれが崩壊し、新たな秩序が形成される後期の2つの段階の、合わせて5つの段階として古墳時代を把握している。通事的な分析による古墳群消長の画期は、この共時的に把握される古墳の秩序の変化に対応しているのである。したがって、今後は、両者を踏まえたトータルな地域の古墳の築造状況の把握と比較が必要となる。

⑥古墳の秩序と古墳時代の定義

　ところで、古墳時代は近藤義郎氏（1983）によって「前方後円墳の時代」と呼ばれ、その体制は都出比呂志氏（1991）によって「前方後円墳体制」と把握されているが、それを、ここでの言葉で言い直すと、「古墳時代とは巨大前方後円墳を頂点に、前方後円墳、前方後方墳、円墳、方墳が、その形と規模とでもって、一定の秩序を形成しつつ築造された時代」ということができる。そして、その秩序を成り立たせている政治勢力こそがヤマト王権なのである。

　これまで、古墳は個々のものの型式概念でもって定義しようと試みられてきたが、大型の弥生墳丘墓の発見によって、それとの区別が難しくなった。一方、古墳とヤマト王権をアプリオリに結びつける議論（高橋1924以来の伝統がある）にも無理があった。しかし、以上のように捉えることによって、言い換えれば、古墳を群として様式論的に捉えることによって、古墳時代の輪郭がより明瞭になると言うことができるだろう。ただ、古墳の墳形と規模とは時期によって大きく変化する。それだからこそ一層、各時期の古墳秩序の実態解明に努める必用があるのである。

3. 後期古墳と群集墳

　（1）　群集墳

　群集墳の問題は、以上のような古墳群論の延長上にあり、各時期の数多くの、もっとも小型の墳丘墓群の変遷をどう理解し、どう評価するかにある。

　以下、群集墳の検討に入るが、その前に混乱を避けるために若干用語の整理をしておくと、これまで群集墳と言った場合は、特定の小型の墳丘墓を指す場合と、それらと同じ墓域にある首長墳をも含む場合とがあったからである。そのことによって、例えば、首長墳が墓域形成の契機となり、遅れて小型円墳群が築かれるような例では、群集墳の出現時期といっても認識に差がでるなど、議論に混乱が生じる場合があったからである。したがって、ここでは、両者の識別に困難がともなう場合もあるが、基本的に群集墳は特定の小型の墳丘墓を指す用語として用い、首長墳をも含めた全体は古墳群と呼ぶ。

17

第Ⅰ部　基調講演

なお、ここでいう後期とは、須恵器TK23型式以降のことで、小型墳丘墓にしても、首長墳にしても、その変化は2つの画期（和田の第4・5の画期）を経つつ、2つの段階（和田の第4・5段階）でもって進行していることに注意していただきたい。

①研究略史

では、まず簡単に研究史を振り返っておくと、群集墳が古墳時代研究のなかで大きな注目を集めるようになったのは、近藤義郎編『佐良山古墳群の研究』（近藤1952）以降のことであるである。近藤氏は、そのなかで、古墳時代後期における横穴式石室をもつ小型円墳群（群集墳）の築造に、共同体の分解による家父長制家族の広範な出現と成長という社会構造の大きな変化を認め、それを歴史的に評価した。それは、文献による古代史の発展段階論に群集墳を位置づけたものと言えるが、初めて古墳に歴史的評価を与えたものとして高く評価され（喜谷1964）、以降、「群集墳」という用語が一定の歴史的意味をもって定着した。

しかし、西嶋定生氏（1961）が、古墳を大和王権の身分制（姓体制）の表現と捉え、群集墳も大和政権の身分秩序の拡充の一過程と理解したことが大きな影響を与え、その後は、群集墳被葬者の成長を認めつつも、ヤマト王権による直接的掌握が群集墳成立の契機となったとの理解が定着していった（広瀬1987など）。

一方、1970年代以降の発掘調査の急速な進展のなかで、横穴式石室をもたない、木棺や箱式石棺を直葬する方形（時に円形）の小型墳丘墓の発見が増加し、群集墳の細分が課題にあがるようになり、それらを「初期群集墳」、「古式群集墳」などと呼んで、横穴式石室をもつ群集墳（「後期群集墳」など）と区別しようとする試みがなされるようになった（石部1980など）。しかし、小型墳丘墓の発見は、中期後半のみならず、中期前半や前期でも相継ぎ、ついには弥生時代に発達した周溝墓や台状墓との区別までもが問題となってきた。

したがって、現状では、弥生・古墳・飛鳥時代を通じての、小型墳丘墓の分類と評価をどうするかが、課題となっている。

②小型墳丘墓の分類

そこで、畿内を中心とした小型墳丘墓を分類すると、以下の通りである（和田1992）。

　　a類：弥生時代の方形・円形の小型墳丘墓（周溝墓や台状墓）。畿内は方形が中心。

　　b類：古墳時代前・中期の方形・円形の小型墳丘墓（周溝墓や台状墓）（第5図）。畿内は方形が中心。一部に円形のものがあるが、その数は僅かで、ほとんど単独では群をなさない。

　　c類：古墳時代後期前半を中心とする円形の小型墳丘墓（第6図）。埋葬施設は多様で、木棺直葬が中心（他に箱式石棺、埴輪棺など）。一部、横穴系の埋葬施設を含む（後述）。

　　d類：古墳時代後期中葉から飛鳥時代前葉を中心とする円形の小型墳丘墓（第7図）。埋葬施設は畿内型横穴式石室が基本。

　　e類：飛鳥時代の方形を中心とした小型墳丘墓（第8図）。円形もある。埋葬施設は小型化した畿内型横穴式石室や竪穴小石槨、あるいは木棺直葬など。

このように小型墳丘墓を類型化し、その変遷を見ると、a類とb類は基本的に変わらず、小型墳丘墓における最大の画期は墳形の変化にあることがわかる。中期から後期にかけての円形化と、後期から飛鳥時代にかけての方形化がそれである。畿内やその周辺における埋葬施設の横穴式石室化は、円形化した墳丘内で起こった、つぎの段階の変化である。

そこで、墳丘の方形化については別の機会に譲るとして、ここでは、墳形の円形化について議論を進めよう。

②円墳化の意味―古墳築造基準の一元化に向かって―

そこで、改めて首長墳の墳形の変遷を追ってみると（第9図）、まず、周知のごとく、墳形には円形原理のものと方形原理のものとがある。多様な弥生墳丘墓の段階を経て、と言っても基本は方形原理と円形原理の墳形であるが、古墳時代には前方後円墳を頂点に、前方後方墳、円墳、方墳という階層的序列をもった4つの墳形が基本となる。畿内の弥生時代は方形原理の方形周溝

第Ⅰ部　基調講演

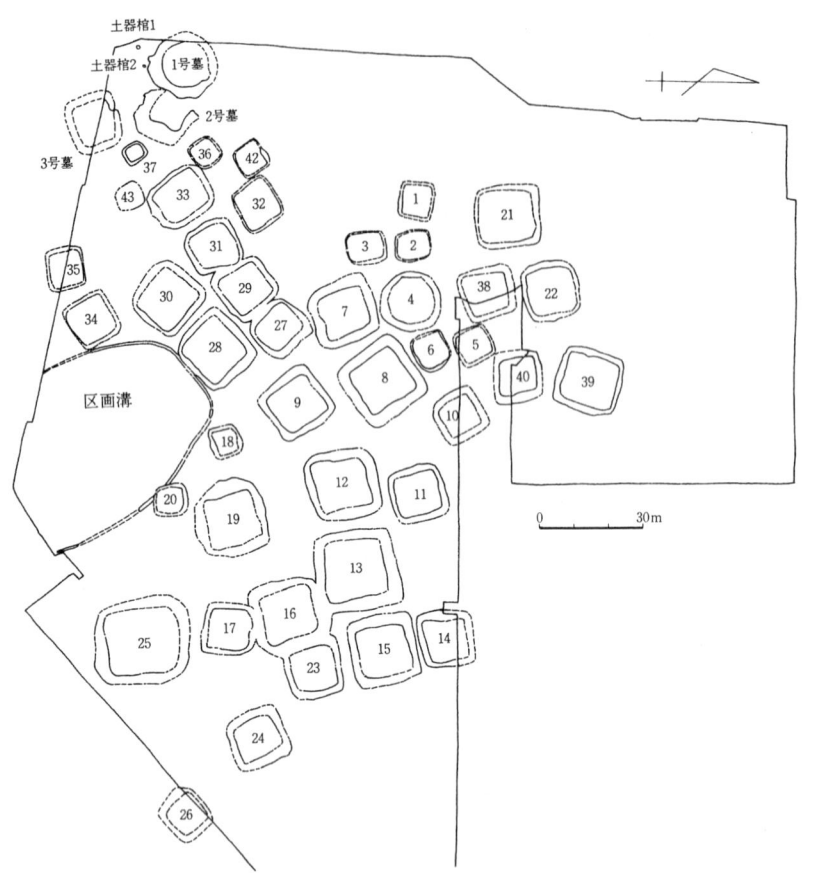

第5図　中期の小型墳丘墓（方形周溝墓）
（大阪府茨木市総持寺遺跡　奥2005より、一部修正）

墓が基本だが、古墳時代に入ると最高位の墳形は、決して方形原理の前方後方墳とはならず、円形原理の前方後円墳となる。

　なぜ前方後円墳が、あるいは円形原理の墳形が最高位の墳丘型式になったかは現状では十分明らかでないが、私は、この墳形は弥生時代前期の中部瀬戸内に端を発する円形周溝墓の系譜に繋がるものの、それが最高位の墳丘として採用された背景には、中国の後漢以後における皇帝陵の墳形の円形化が深く関係している可能性があると考えている（和田2004、鐘方2006）。

古墳群の分析視角と群集墳

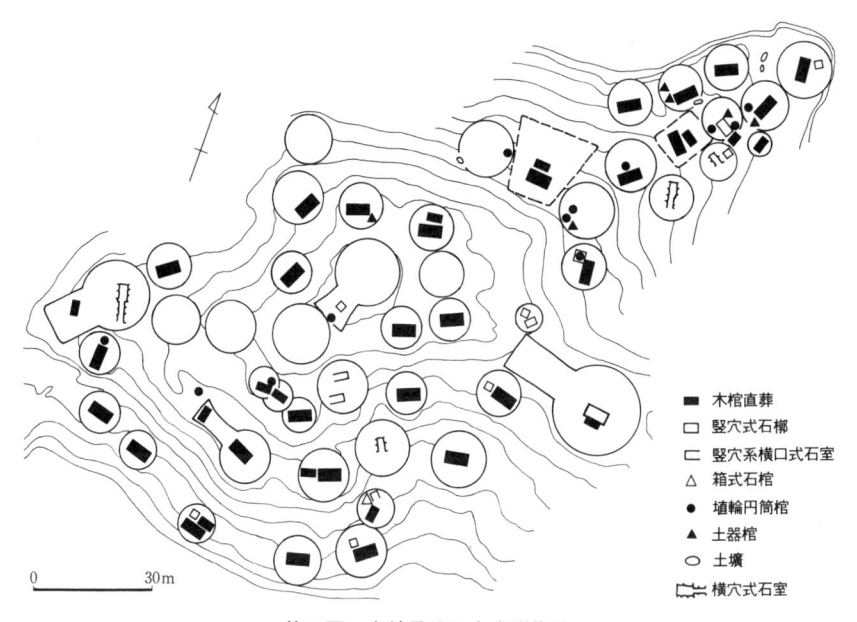

第 6 図　小首長墳と古式群集墳
（奈良県御所市石光山古墳群　一部新式群集墳を含む。和田 1992 より）

凡例：
■ 木棺直葬
□ 竪穴式石槨
⊏ 竪穴系横口式石室
△ 箱式石棺
● 埴輪円筒棺
■ 土器棺
○ 土壙
⊓ 横穴式石室

　それはともかく、以後、古墳時代を通じて、首長墳の墳形は円形優位で推移し、前方後方墳は前期で終わり、方墳も中期でもって姿を消す。そして、後期には、出雲など一部の地域を除き、首長墳は原則として円形原理の前方後円墳と円墳のみとなる。中期までの方形原理の墳形の残存に、円形原理の墳形を取り入れなかった弥生的伝統や体制の残存を指摘できる（和田 2002）が、ヤマト王権の支配が強化されるにつれて、首長墳の墳形は方形・円形の二元的組合せから、徐々に円形原理一元に統一されていくのである。そして、この動きのなかで、小型墳丘墓も円墳化し、後期には、一部の地域を除き、すべての古墳が円形原理の墳形となるのである。
　すなわち、墳形の円形原理化は、古墳を一元的に管理しようとする王権の強い意志の表れであり、段階を追って順次推し進められたのである。そして、後期後半には、前方後円墳の円墳化までが進行し、大王墳のみが前方後円墳で他はみんな円墳という方向性すら見て取れるのであるが、それが実現する

21

第Ⅰ部　基調講演

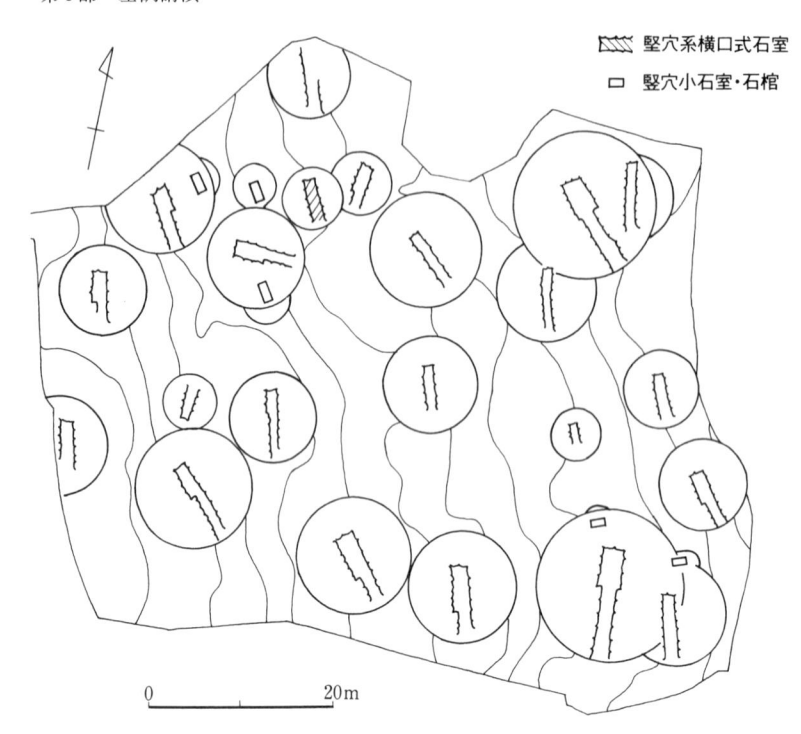

第7図　新式群集墳
（奈良県新庄町寺口忍海古墳群 H 地区西半　一部古式群集墳を含む。和田 1992 より）

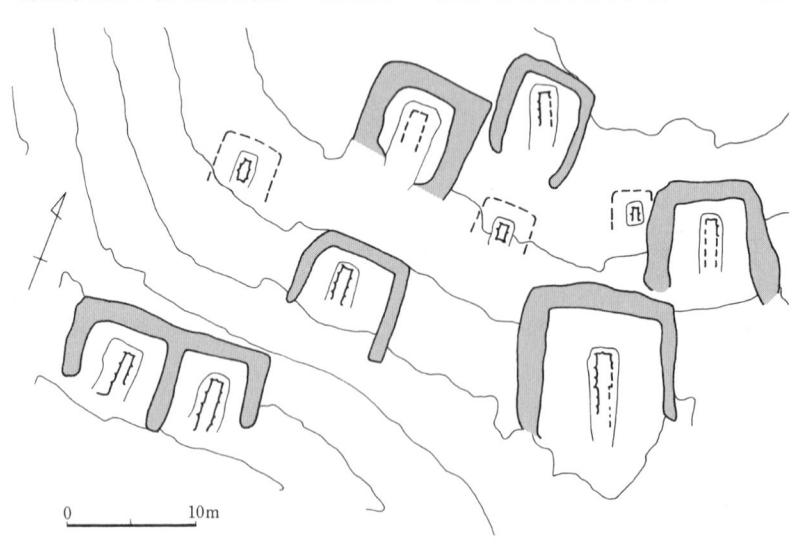

第8図　終末式群集墳（京都府京都市旭山古墳群 E 支群　和田 1992 より）

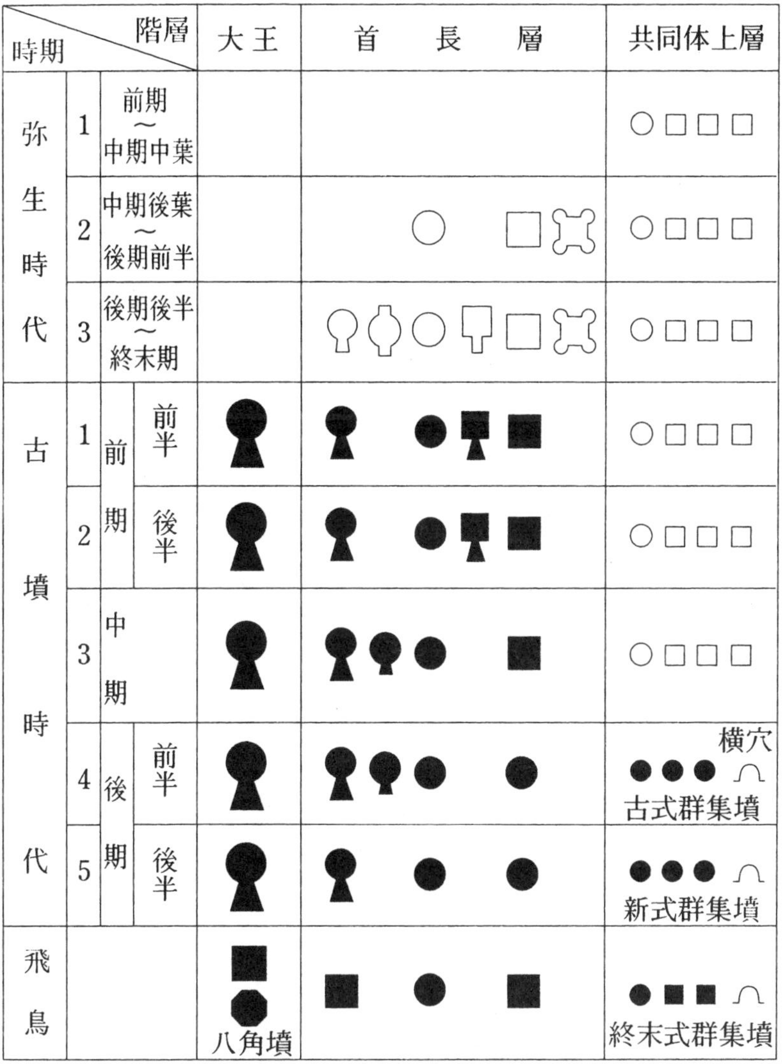

古墳群の分析視角と群集墳

時期		階層	大王	首長層	共同体上層
弥生時代	1	前期〜中期中葉			○□□□
	2	中期後葉〜後期前半		○　□ ⊠	○□□□
	3	後期後半〜終末期		⌀ ⌀ ○ ⏣ □ ⊠	○□□□
古墳時代	1	前期 前半	⬤	⬤ ● ▼ ■	○□□□
	2	前期 後半	⬤	⬤ ● ▼ ■	○□□□
	3	中期	⬤	⬤ ● ■	○□□□
	4	後期 前半	⬤	⬤ ● ●	●●● ⌒ 横穴 古式群集墳
	5	後期 後半	⬤	⬤ ● ●	●●● ⌒ 新式群集墳
飛鳥			■ ⬣ 八角墳	■ ● ■	●■■ ⌒ 終末式群集墳

第9図　弥生墳丘墓と古墳の変遷概念図
（白抜きは弥生墳丘墓とその延長上の墳丘墓　和田2004より）

前に古墳時代は終わるのである。

　中国や朝鮮半島諸国の墳丘墓が、方墳であれ円墳であれ、単一の墳形の規模によるランクづけであることを思えば、列島の古墳でその方向が志向されたとしても不思議ではない。

　墳丘の円形原理化をこのように捉えることができるならば、小型墳丘墓の円墳化にも大きな意味があることになる。小型墳丘墓の各類型を評価にあたっては、この点に十分注意する必要がある。言ってみれば、これまでの群集墳論では、円墳が多くなるとの指摘はあっても、墳形に対する注目度が低く、円墳化に対する評価が低かったのである（円墳化を重視したものとしては杉本1983などがある）。

③各類型の評価

　そこで、小型墳丘墓の変遷における最大の画期を墳丘の円形化（円墳化）と捉え、各類型の評価を行うと、つぎのようである。

　まず、a類とb類は基本的には同様のもので、弥生時代と古墳時代の共同体上層の墓と考えられる。古墳時代に入っても首長と共同体の関係は変わらず、共同体内では墓制のうえで大きな変化はなかった。言い換えれば、王権下に入っても首長の在地支配は続き、在地の構造は基本的に変わらなかったと評価できる。

　なお、この段階にも円形の小型墳丘墓が存在するが、それは弥生後期以降、畿内中心部でも造られるようになった円形の周溝墓や台状墓の系譜を引くものと考えられ、数も少なく、単独で群を構成することもない。それは、それらが未だ古墳の秩序に組みこまれていない証であるとも言える。また、中期を中心とした時期の、埴輪をもつ方形の小型墳丘墓（方形周溝墓など）を群集墳として評価する意見もあるが、このレベルでの埴輪の利用は在地の枠組みのなかで理解すべきものであろう。同様に、大阪府長原古墳群のような何百基もの小型方形周溝墓の集合は、群集墳的性格をもちつつはあるが、墓制のシステムとしては前・中期型の古いもので、後期の群集墳とは一線を画すべきであろう。

　これに対し、墳丘が一斉に円形化した段階のc・d類は、上記のような円

墳化の理解から、それらは王権の古墳の秩序のなかに組み込まれた結果のものと評価することができ、これまでの研究史を踏まえても、それこそが群集墳と把握すべきものである。群集墳は、単なる群集する小型の墳丘墓ではなく、王権の秩序が広汎な共同体上層にまで及んだこと、言い換えれば、共同体上層までが王権の身分秩序の中に組みこまれたことを示す証拠なのである。だからこそ、群集墳は中期と後期を分かつ重要な指標となりえるのである。

　この群集墳は、地域差を内包しつつも、時期差のある2つの類型をもって展開した。そこで、後期の初頭に出現してくるc類を「古式群集墳」、後期中葉に出現し後期後葉に激増するd類を「新式群集墳」と呼ぶことにする。両者は一部並存するが、それは、王権への組みこまれ方に差があり、2つの制度が、対象となる集団によって使い分けられていた時期があったためと考えている。墳丘のみが規制されたc類よりは、後述のごとく、少なくとも墳丘と埋葬施設に規制が及んだがd類の方が、王権への組みこまれ方が強いのである。

④群集墳と横穴式石室—新式群集墳について—

　さて、後期、特にその後半には、墳形の一元化（円形原理化）にともない、埋葬施設も急速に横穴式石室やその変容形態としての横穴といった横穴系の埋葬施設が中心になってくる。それは、中期までの多様な埋葬形態の階層的使い分けから見れば、単一系統の埋葬施設の規模による序列化とその階層的使い分けという意味で、古墳築造基準の一元化が一段と進んだものと評価できるだろう。すなわち、後期には、広汎な共同体上層をも取り込んで、墳丘と埋葬施設の一元的な基準による古墳の秩序化が進行したのである。そして、そのなかで、先に指摘した、首長と共同体の関係と、首長同士の関係の二重構造も解消の方向に向かうのである。

　しかし、方向性は間違いなくそうであったとしても、事態は単純に進んだわけではない。たとえば、横穴系の埋葬施設といっても、その系統や性格にはかなりの多様性があるからである。畿内やその周辺の横穴式石室だけを見ても、中期初頭には出現し畿内系の石室に先立って広範囲に広がった九州系の石室（竪穴系横口式石室も含む）の系譜を引くもの、百済系の石室の系譜を

引く定型化以前のもの、それが定型化した畿内型横穴式石室、および九州系、畿内系、あるいは両者の系譜を引いて在地的に変容したものなどに区分できるのであり、これに横穴が加わる。

　先に古式群集墳と新式群集墳の差を指摘したが、その差は単に木棺直葬か横穴式石室かといった埋葬法の差にあるのではなく、埋葬施設に王権の規制がどの程度働いたかをより強く問題としているのである。したがって、各地の横穴式石室の導入は九州系のものに始まる場合が多いが、石室が九州系か畿内系かで評価は大きく異なってくる。その意味で、ここで言う新式群集墳とは、単に横穴式石室をもつというものではなく、王権の規制がもっとも強く働いたと判断される畿内型横穴式石室を採用したものを第一義的なものとしている。この場合の畿内型横穴式石室とは、形態的には長方形・平天井の玄室をもつ、いわゆる畿内的石室であるが、筆者はこの概念に高麗尺による統一的な規格とランク付けを加えて考えている。そこで使用される棺が、基本的に「閉ざされた棺」（和田2003）であることも指摘しておこう（棺の斉一化は石室よりも遅れる）。

　以上の見解にしたがって、小型円墳群をその横穴式石室を基準に整理すると、以下のようである。

　　①畿内型石室成立前の百済系石室をもつもの　　古式群集墳
　　②畿内型石室をもつもの　　　　　　　　　　　新式群集墳
　　③九州系石室や、九州系、畿内系、あるいは両者の系譜を引く在地変容
　　　型の石室をもつもの、および横穴　　　　　　古式〜新式群集墳

　したがって、古式群集墳か新式群集墳かの認定は、①②の場合は比較的容易だが、③の場合は難しく、群集墳ごとに、あるいは地域ごとに具体的に検討される必要がある。石室の規格性はどうか（特に高麗尺の使用が認められるかどうか）や、墓域に変化があるかどうか、あるいは古墳群の編成に変化があるかどうかなどが、それを決定する指標になるものと考えている。

　京都府の丹後などでは、古式群集墳は、中期までの小型墳丘墓と同様に、丘陵の尾根上に線状に築かれているのに対し、新式群集墳は丘陵裾部に塊状に築かれている場合が多いことなども参考になる。古式と新式の中間的位置

のものも考えるべきかもしれない。

　また、多くが墳丘をもたない横穴も、首長のそれを除けば、基本的に群集墳と類似した性格をもつものと考えているが、古式か新式かの判断は難しい。しかし、たとえば、大分県上ノ原横穴群の成立・再編・消滅は、同じ墓域で古式から新式へと変化する奈良県石光山古墳群のそれと極めて類似しており、ほぼ時を同じくして、同様な編成や編成替えを受けた可能性を指摘することができる。東海地方で指摘されている畿内系石室と在地系石室と横穴の関係（第10図、鈴木2001）などは、地域における群集墳の捉え方や性格の判断の仕方を考える上で大いに参考になる。

　同じく群集墳とは言っても、そのなかに、時期差や地域（集団）差、あるいは技術的多様性を内包しつつ、展開していたのである。そこに、地域集団と王権の係わり方の微妙な差や、地域文化の伝統（習慣）の強弱などを読みとることができるだろう。

　なお、e類は、飛鳥時代のもので終末式群集墳と呼んでいるが、ここで扱っている群集墳とは異なる性格を持つようになるので、今回は扱わなかった。

　(2)　中期古墳の秩序から後期古墳の秩序へ

　①首長墳の変化

　では、以上のような群集墳の出現と展開は、首長墳のどのような変化と対応しているのであろう。

　まず、大王の古墳群である大阪府百舌鳥古墳群では、中期後葉をもって巨大前方後円墳の築造は終わり、以降は急速に消滅する。古市古墳群でも、後期前葉に巨大前方後円墳が1基（岡ミサンザイ古墳・約242m）築かれて以後は衰退し、大王墳は縮小した墳長約120mほどの前方後円墳となり、後期中葉には消滅する。同様に、大首長の古墳群も急速に衰退・消滅し、それとともに、大首長に連なっていた中小首長の古墳群もほとんどが消滅する。換言すれば、大王や大首長の古墳群を含めて、同一の墓域で中期から後期へと順調に首長墳を築きつづけた古墳群は極めて少ないのである。一方、この時期には、これまで古墳が築かれていなかった新たな墓域に、新興首長のものと思われる、主に中小の前方後円墳が出現してくる。

第Ⅰ部　基調講演

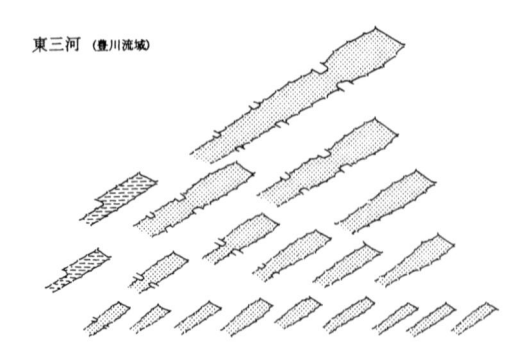

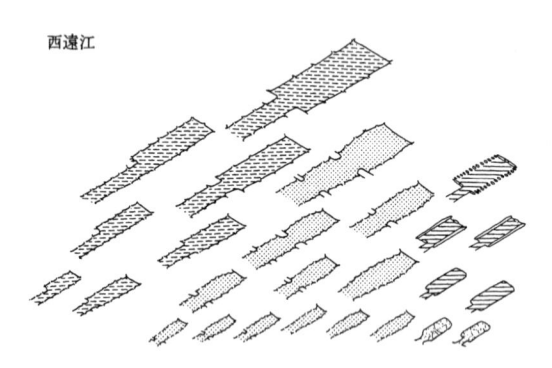

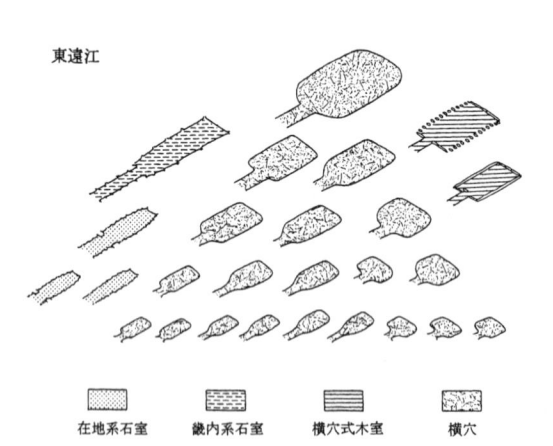

第10図　東海地方における埋葬施設の階層モデル
（鈴木2001より）

28

すなわち、後期前葉前後の時期は、首長墳の動向から見ても大きな変革期で、中期的な古墳の秩序が崩壊するとともに、王権が弱体化し、一時的に、古墳の秩序が乱れた時期があったと推定される。そして、つぎに、大王墳がもとの規模に復活してくるのは大阪府今城塚古墳（約190m）の段階になってからで、そこでは大王墳は新たな墓域に単独で築かれている。大王墳が単独で築かれる、あるいは従属墳があったとしてもごく限定されたものになるのは、この時以降のことである。そして、間もなく、首長層の前方後円墳も徐々に造られなくなる。すなわち、首長墳の円墳化がはじまるのである。

②後期古墳の2段階

　以上で分かるとおり、群集墳の出現は、中期から後期への古墳の秩序の大きな変化と対応し、古式から新式への変化も大王墳や首長墳の動向と不可分に結びついているのである。ここで、両者を整理すると、以下の通りである。

　中期から後期への段階で、各地に盤踞していた大首長、および、それと連なっていた中小首長の古墳群のほとんどが衰退・消滅する。一方、新たな墓域に新興首長の古墳群が出現してくるとともに、共同体上層の小型墳丘墓が円墳化し、古式群集墳の築造が開始される。そして、この現象に対応するかのごとく、大王墳そのものも急速に衰退し小型化し、ついには中期以来の墓域が消滅するのである。

　この時期には、墳形の円形原理化や古式群集墳など、後へと続く新しい要素が出現して来るにも係わらず、一時的に古墳の秩序は乱れたものとなるのである。しかし、後期中葉になると、再び大王墳は巨大化し、一部で、横穴式石室の定型化が始まり（畿内型横穴式石室の誕生）、新式群集墳が出現し始めるのである（古墳時代の第4段階）。

　そして後期後葉には、前方後円墳の円墳化が始まるとともに、新式群集墳が爆発的に築かれるようになる（第5段階）。この段階での古墳群は、首長墳が前方後円墳1系列を含む複数系列階層構成型、前方後円墳を含まない複数系列階層構成型、および単一系列の単位古墳群の形態をとり、これに群集墳を含むものと、含まないものがあり、また群集墳のみのものが加わる。しかし、この時期の古墳の最大の特徴は、大王墳から広汎な共同体上層の群集墳

にいたるほとんどの古墳が円形原理の墳形と横穴系埋葬施設（特に畿内型横穴式石室）を採用し、規模による一元的な格付けのもとにおかれる、あるいは、その方向を目指している点にある。

②後期古墳の解釈

では、このような現象をどのように理解することができるだろう。私はそれを以下のように理解している。

後期初頭頃から、王権中枢は、国内外の緊迫した状況に対処するため、より中央集権的な体制の形成をめざして、新興首長や共同体上層といった新興勢力と結んで、各地に盤踞する大首長層やそれと連なる中小首長層の在地支配を解体、または弱体化させ、その支配の下にあった共同体上層を王権の身分秩序のなかに組み込もうとした。しかし、大王墓の衰退から見て、この動きは大首長層の強い抵抗を受け、大王家そのものが一時期に衰弱化し、5世紀末〜6世紀初頭頃は王権の動揺・混乱期であった。ここでは触れないが、王権の弱体化に乗じて、この時期には九州勢力の拡大というような現象も認められる。

王権が、この混乱期を乗り越え、改めて中央集権的な体制の形成に乗り出すのは今城塚古墳が築かれた後期中葉頃からで、後期後葉にはそれが急速に本格化し、首長の官人化が進むとともに、その在地支配は弱体化し、その下にあった共同体上層は王権の身分秩序のなかに組みこまれていった、と考えるのである。

このような現象は、王権の体制が前・中期段階とは明らかに異なった段階に至ったことを示しているにほかならない。私はこのような理解のもとに、古墳時代を一体として捉えるよりは、中期から後期への変化を重視し、それを、前期以来の首長連合体制の到達点（成熟期）である中期から、新たな国家的秩序が形成されはじめた後期への転換点として評価している（和田2004）。

おわりに

以上、古墳群の基礎的な分析方法と、後期古墳の、特に群集墳の問題を中心に話をさせていただいた。拙稿は、それをもとに書き改めたものである。

参考文献

石部正志　1980　「群集墳の発生と古墳文化の変質」『東アジア世界における日本古代史講座』第4巻、pp. 370-402　学生社

奥　和之編　2005　『総持寺遺跡』(『大阪府埋蔵文化財調査報告』2004-2)　大阪府教育委員会

小野山節　1970　「5世紀における古墳の規制」『考古学研究』第16巻第3号、pp. 73-83

鐘方正樹　2004　「日中における王陵の墳形変化とその関連性」『博望』第5号、pp. 15-37　東北アジア古文化研究所

喜谷美宣　1964　「後期古墳時代研究抄史」『日本考古学の諸問題』、pp. 299-309　河出書房新社

後藤守一・相川龍雄　1936　『多野郡平井村白石稲荷山古墳』『群馬県史蹟名勝丹念紀念物調査報告』第3冊

近藤義郎編　1952　『佐良山古墳群の研究』第1冊　津山市教育委員会

近藤義郎　1983　『前方後円墳の時代』　岩波書店

近藤義郎・藤沢長治編　1966　「古墳文化の地域的特色」『日本の考古学』上、pp. 102-550　河出書房

栗山一夫（赤松啓介）　1934-5　「播磨加古川流域に築造されたる古墳及び遺物調査報告」『人類学雑誌』第49巻第7-9巻・第50巻第1-3号（『古代聚落の形成と発展過程』、pp. 1-118　明石書店、1990年、所収）

白石太一郎　1969　「畿内における大型古墳群の消長」『考古学研究』第16巻第1号、pp. 8-26

杉本　宏　1983　「由良川中流域の群集墳の展開」『丹波の古墳』Ⅰ、pp. 176-181　山城考古学研究会

鈴木一有　2001　「東海地方における後期古墳の特質」『東海の後期古墳を考える』、pp. 383-406　東海考古学フォーラム

高橋健自　1924　『古墳と上代文化』pp. 138-140　雄山閣

都出比呂志　1988　「古墳時代首長系譜の継続と断絶」『待兼山論叢』第22号、pp. 1-16（『前方後円墳と社会』塙書房、2005年、所収）

都出比呂志　1989　「古墳が造られた時代」『古代史復元』第6巻、pp. 25-52　講談社

都出比呂志　1991　「日本古代の国家形成論序説―前方後円墳体制の提唱―」『日本

第 I 部　基調講演

　　　　　　　史研究』第 343 号、pp. 5-39（『前方後円墳と社会』塙書房、2005 年、所収）
西嶋定生　1961　「古墳と大和政権」『岡山史学』第 10 号、pp. 154-207
野上丈助　1970　「摂河泉にける古墳群の形成と形成とその特質」『考古学研究』第 16 巻第 3 号、pp. 43-72、第 4 号、pp. 69-84
広瀬和雄　1978　「群集墳論序説」『古代研究』15、pp. 1-42　元興寺文化財研究所考古学研究室
藤森栄一　1939　「考古学上よりしたる古墳墓立地の観方―信濃諏訪地方古墳の地域的研究」『考古学』第 10 巻第 1 号、pp. 1-55（『古墳の地域的研究』永井出版企画、1974 年、所収）
和田晴吾　1987　「古墳時代の時期区分をめぐって」『考古学研究』第 34 巻第 2 号、pp. 44-55
和田晴吾　1988　「南山城の古墳―その概要と現状―」『京都地域研究』Vol. 4、pp. 22-34　立命館大学人文科学研究所
和田晴吾　1992　「群集墳と終末期古墳」『古代の日本』第 5 巻、pp. 325-350　角川書店
和田晴吾　1994　「古墳築造の諸段階と政治的階層構成―5 世紀代の首長制的体制に触れ縷々―」『古代王権と交流』第 5 巻、pp. 17-47　名著出版社
和田晴吾　1997　「後期古墳の地域性」『古代出雲文化展』pp. 130-131　島根県教育委員会・朝日新聞社
和田晴吾　1998　「古墳時代は国家段階か」『古代史の論点』第 4 巻、pp. 141-166　小学館
和田晴吾　2002　「古墳の出現と展開」『季刊考古学』第 80 号、pp. 75-78　雄山閣
和田晴吾　2003　「棺と古墳祭祀（2）―『閉ざされた棺』と『開かれた棺』―、『立命館大学考古学論集』III、pp. 713-725
和田晴吾　2004　「古墳文化論」『日本史講座』第 1 巻、pp. 167-200　東京大学出版会
和田晴吾　2006　「古墳文化の地方色―出雲地方を中心に」『つどい』第 224 号、pp. 1-9　豊中歴史同好会

関東の後・終末期古墳群の特性

白井久美子

はじめに

　前章では、今回のシンポジウム全体の基本的な論点について和田氏が提示した。私は関東の古墳あるいは群集墳をどのように見ればよいかという、少し具体的な話をしたい。このシンポジウム参加の要請を佐々木氏から請けた時、「関西出身の者が関東の古墳を見ると、非常に様々なことに驚かされる。特に、後期・終末期に至っては、"想像を絶する"ようなことが関東では起こっている」という話になった。私はこの問題提起を受けて、「想像を絶する関東の古墳時代」とは具体的にどういう様相なのか、改めて考えてみることにした。

　古墳時代後期の全国的な群集墳の展開は、後期ヤマト王権の支配体制や新たな豪族層の再編成を反映した動きとして、様々な視点で分析されてきた。この時期の関東に見られる大型前方後円墳の突出した規模と数、集中的に展開する埴輪樹立、新たに造墓が開始される大規模古墳群などは他の地域に見られない独特の現象として注目されている。さらに、古墳使用石材の移動をはじめとする広域の地域間交流も、関東における新たな地域の枠組みの現れとして検討されている。また、このシンポジウムにあたって、関東地方の群集墳といわれている中小規模の古墳群を改めて見ると、必ずしも後期だけにそういうものが存在するのではなく、前期あるいは中期にも十基～十数基、もう少し大きくなると数十基の単位で群在する古墳群が連綿と築かれていることを再認識した。

　関東における後・終末期古墳の諸相が古墳時代の列島の中でどのように位置づけられるか、群集墳に視点を置いて考えてみることにしたい。

第 I 部　基調講演

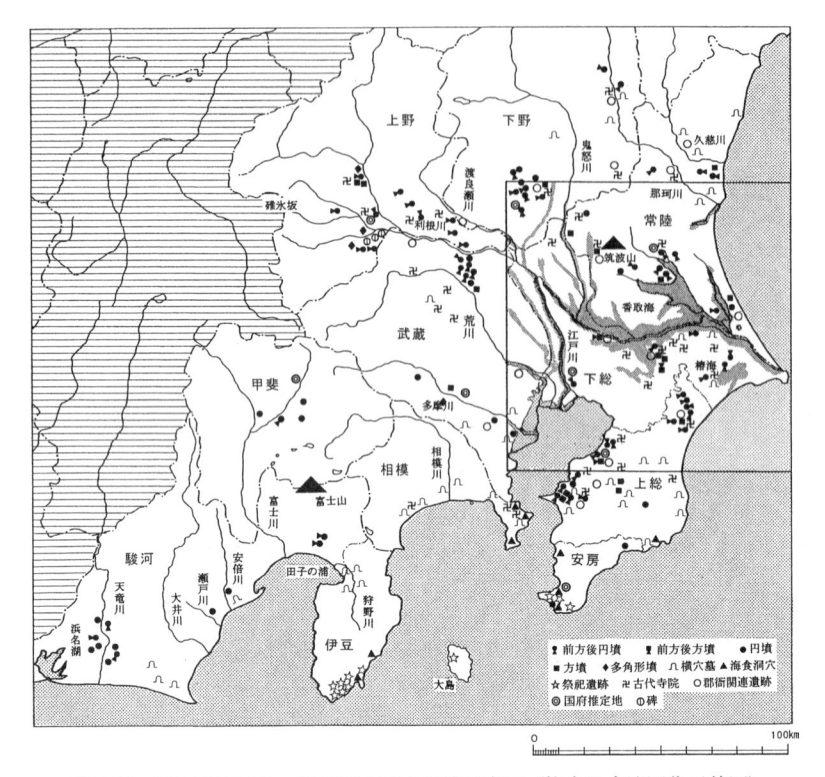

第 1 図　関東地方の後・終末期主要古墳等分布図（枠内は水流図復元範囲）

1. 関東の群集墳

　近畿地方には、前章で触れられた石光山古墳群の他にも、龍王山古墳群、平尾山千塚古墳群など、数百墓、あるいは千基にもおよぶ単位で築かれている古墳群がある。関東地方の古墳群を見渡すと、数百墓という単位で群在する例はおそらくないであろう。多くても 200 基前後、100 基でもかなり多いというイメージをもって群集墳を捉えている。畿内と関東の群集墳を果たして同列に扱うことができるのか、今回もう一度それを見直して、関東の群集墳をどのような枠組みで捉えることができるのか、考えてみたい。
　関東に見られる中小規模古墳群の群在のあり方には、西日本の後期群集墳を指標とする定義には馴染まない普遍性と連続性をもつ例が少なくない。そ

34

れは畿内の動向を反映した造墓活動の変革が、弥生時代後期からほとんど変わらない規模で築かれる中小規模古墳群の再編によって吸収されているためであると考える。これらの古墳群は、いち早く畿内の王権を中心とした体制の影響を受けた地域に展開して、後・終末期まで継続する。一方、上記のような伝統的な集団とは別の新興集団が新たな造墓活動を展開している地域が存在し、後・終末期には一挙にその範囲が拡大する。

関東の後・終末期群集墳の特性を抽出するためには、古墳時代を通じて群在する中小規模古墳群の動向を分析する必要があると思われる。これらを「群集墳」として位置づけるならば、前者を「先行型群集墳」、後者を「新興型群集墳」として捉えることが可能である。これら2つの群集墳の様相を見ながら、今回の課題にアプローチしてみたいと思う。

(1) 先行型群集墳の諸相

古墳時代出現期から中小規模の古墳が連綿と造り続けられる地域の古墳群を、先行して王権とのかかわりを持ったという意味で、「先行型群集墳」と名付けた。これは、古墳時代の開始と共に何らかの形で王権と繋がっている地域、あるいは繋がっている支配者層がいた地域に形成されている。地域内で時期ごとに中心的な墓域を移動しながら、古墳時代を通じて一定規模の古墳群が営まれるのが特徴である。また、広域首長墓系の古墳群では前期・中期に大型前方後円の造営がピークにあるのに対し、これらの古墳群では後期になって大型前方後円墳が造営される例が多い。それでは、先行型群集墳とはどういうものを指しているのか、実例に基づいて説明することにしたい。

ここで取り上げる市原市草刈古墳群は、180基ほどの中小規模の古墳が調査された例である。現在そのうちの約140基分を整理したところで、整理作業はまだ続いているが、大筋の内容が分かってきたため今回提示することにした。草刈古墳群は、千葉県の東京湾沿岸地域の北寄り、村田川流域に立地している。村田川の対岸には、前期から後期を通じて大型古墳が築造され、最大墳丘長90m規模の前方後円墳を擁する菊間古墳群が存在する（第2図）。おそらくこの流域全体を1つの地域として治めていた首長墓群と考えられる。村田川の北側に展開するのが草刈古墳群などで、こちらにはこの地域全体を

第Ⅰ部　基調講演

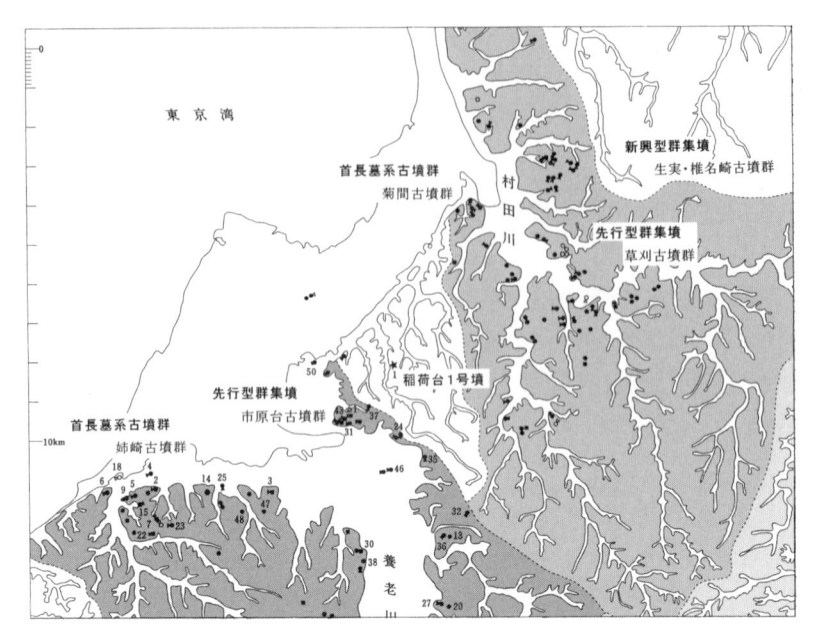

第2図　東京湾北東岸の古墳分布（『「王賜」銘鉄剣概報』1988より）

治める首長墓はない。おそらく、菊間古墳群に葬られた地域首長の傘下に入るであろう、中小の首長によって造営された古墳群である。前章で和田氏が示した「古墳の枠組みの中での社会的階層構成」に当てはめてみると、地域首長は村田川の南側に首長墓系列の墓を築き、その傘下に中小規模の集団を率いており、傘下の集団はその周辺にそれぞれ墓域を形成している、という構図になる。草刈古墳群は後者の中心的な例といえる。第3図は、古墳時代を5段階に分けて、中小古墳群の変遷を表している。

①出現期・前期の群集墳

最初の段階の例を「出現期・前期群集墳」とした。墳丘形態や規模は、弥生時代後期の方形周溝墓の発展形態と捉えられる、1辺10〜20mの小型で低墳丘の方墳群によって構成されている。しかし、その群構成のあり方を見ると、前方後方墳や大型方墳を中心に群在し、それらの中に明らかな差異が認められる。また、基本的に単次葬の個人墓で、周溝内の土壙など墳丘外の

埋葬施設を伴う場合がある。

　これは、人によって考え方が違う部分なので、私の立場を明らかにしておきたい。和田氏は、弥生時代の墓制を引きずっているこの段階は畿内の古墳の枠組みに入っていないと主張している。しかし私は、出現期・前期の古墳群形成が始まる契機を畿内王権の影響を抜きには考えられないのではないかと思う。この例に示した前方後方墳を核とした方墳群のあり方こそ、前代には見られなかったピラミッド構造の群在形態であり、既に古墳時代の枠組みに入っていると認識している。

　また、この前方後方墳と方墳群の段階は、和田氏の触れた方丘系の原理で墓を造っている時期である。ところが、この同じ時期に千葉県では、前方後円墳形の墳丘をもつ神門古墳群が既に出現している。弥生時代以来円丘の墓を作る原理がほとんどない地域である南関東に、突然円形の主丘をもつ神門古墳群が築かれた時点で、すでにこの地域は全く異なる古墳築造原理を受け入れたのではないか、すなわち王陵の墳形として前方後円墳を採用した王権といち早く結びつきをもったことを表出しているのではないかと捉えている。

　草刈古墳群では、図示した約140基のうち約50基が出現期から前期の古墳群であることが明らかになった。調査以前は後期の群集墳だろうと想定していたので、この50基という数字には驚かされる。図のなかで白抜きにしている方墳は、前方後方墳を基点にして中央に広場を設けたような円形の分布を示しているのが特徴である。何か重要な施設が中央にあったものか、その場所を除いて環状に累々と方墳を築く。出土した土器を見ると、古墳築造の発端になったのは墳丘全長27mの前方後方墳で、それに付随するようにして始まった造墓が、次第に大きく広がっている。これら中小の方墳にも規模の差があり、一番大きい20mクラスが、前方後方墳に次ぐこの小地域の首長墓と考えている。それに10mクラスの小さい方墳群が付随している。また、この50基も、さらにいくつかに分かれて造墓が行われている状況がわかってきた。

　②中期の群集墳
　次の段階を「前期末・中期群集墳（I）」とした。草刈古墳群では、この段

第Ⅰ部　基調講演

関東の後・終末期古墳群の特性

出現期・前期群集墳

前期末・中期群集墳（Ⅰ）

中期群集墳（Ⅱ）

後期群集墳（Ⅰ）

後・終末期群集墳

第3図　先行型群集墳の変遷―市原市草刈古墳群―

第Ⅰ部　基調講演

階の前半で小規模な方墳群の築造は途切れている。20mクラスの小地域の首長墓と思われる方墳は存続しているが、ほぼ同時に径35mを超える大型円墳がより広域を見渡す首長墓として出現している。前期系譜の方墳と新たに加わった円墳が共存する段階といえる。これ以後、古墳群の構成は前方後方墳と方墳の組み合わせから、円丘系の首長墓と円墳群へ転換する。すなわち、前期の方墳群が円墳群に形を変えて群在する段階になると捉えられる。

半島起源の技術革新の影響が強く反映される時期でもあり、須恵器波及以前（中期Ⅰ）と波及以後（中期Ⅱ）では様相が異なる例が多く、この間に画期を設定する必要があると思われる。中期Ⅰの指標のひとつとして、滑石製品と新型式の鉄鏃の副葬をあげることができる。前期末・中期（Ⅰ）の段階に該当する草刈古墳群の例は現在のところ、20基を数える。

次いで、小規模な円墳が集中的に築造され、小円墳のみで構成される段階を「中期群集墳（Ⅱ）」とした。小さいものは墳丘径が8m、大きいものでも15m位の規模の古墳群で、現在のところ30基ほど確認している。この段階に大きく変化する要素は、前掲のように須恵器が副葬されることである。陶邑の窯の型式でいうとTK73型式からTK23型式の間に相当する。図示した、甑・樽形の甑・特徴的な無蓋の高坏などが出土している。前段階に比べ畿内王権との結びつきが強まり、半島系の進取の文物がより豊富に手に入った時代といえる。この段階には、多様な鉄製武器や利器、短甲をはじめとする鉄製武具が関東地方に一気に波及する時期であって、流通システムも前段階より確立していただろうと思われる。王権の周辺で起こっている政治的な動きや様々なモノの流れなどが色濃く反映されている時期といえよう。

この段階の草刈古墳群には、前段階に存在したような大型の円墳がないという現象も重要である。おそらく、畿内王権と地域首長との関係が強化され、小地域の首長の階層性が明瞭に区別された結果、それまで小地域ごとにある程度大きな首長墓を築いていたものが、より強固な体制の枠組みが再編される中で、下部組織に組み込まれてしまった結果であると思われる。

③後期前半の群集墳

その次の第四段階を「後期群集墳（Ⅰ）」とした。出土している須恵器を指

標にすれば、MT15型式からMT85型式が古墳に副葬される時期である。引き続き中期とほぼ同規模・同数の円墳群が築かれるが、一方では新たな集落が開かれ、集落ごとに古墳を築く例が見られる点は注目される。また、この段階は後述する「新興型群集墳」が出始める時期でもある。依然として大型の首長墓は地域内に存在しない。連綿と中小規模の古墳が造り続けられ、草刈古墳群ではこの段階の例を30基ほど確認できる。興味深いのは、最初の段階から後期前半に至るまで、ほぼ一定数の古墳が築かれているという現象だ。つまり、各時期の被葬者数が時代を通してあまり変わらないということである。

④後期後半から終末期の群集墳

後期後半から終末期の古墳群を「後・終末期群集墳」とした。この時期は、横穴式石室の波及という列島規模の墓制・葬送の変革が中小規模の古墳群にも反映される。一方、大型前方後円墳の築造・形象埴輪の樹立（第4図）という前時代的な造墓活動がこの時期の関東地方を席巻し、草刈古墳群のような先行型群集墳にも発現する。この段階に副葬されている須恵器は、陶邑TK43型式から217型式である。後期後半は、関東地方の古墳群の特徴が最も表れる段階で、近畿地方の後期古墳とは墳形の組み合わせ、群構成などに相容れない現象が起こる。畿内の王権周辺部ではありえないことだが、遠隔地の関東地方では、古墳時代の最終末になって大型前方後円墳が出現している地域が少なくない。草刈古墳群でもこの段階になって初めて前方後円墳が築造され、墳丘長42mの規模をもつ。さらに続いて最大規模の墳丘長50m、46mの前方後円墳が相次いで築造されている。

このように、古墳群形成の最後になって前方後円墳が登場することは、何を意味するのか。次に提示する「新興型群集墳」の動向との関わりが重要なポイントであると思う。前代から引き続いてこの地域全体を治める首長が存在しているにもかかわらず、突然規模を大きくしてこの草刈地域を代表する首長墓が築かれる背景には、再び王権と関東の地域首長の関係に大きな変化が生じたことが想定できる。

終末期は前方後円墳の終焉と方墳群の盛行によって特徴づけられるが、草

第Ⅰ部　基調講演

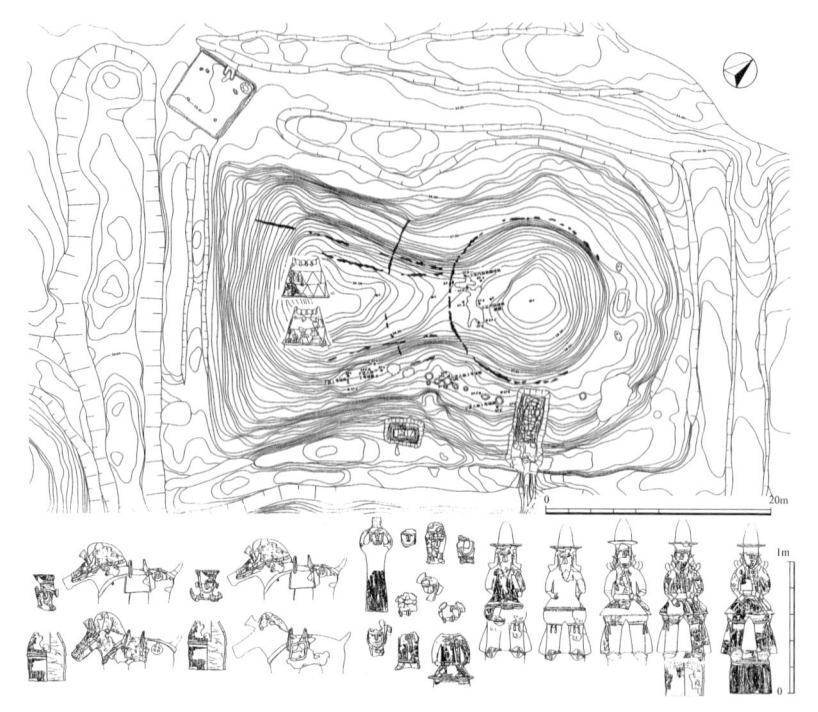

第4図　埴輪を樹立する後期前方後円墳―千葉市人形塚古墳―

刈古墳群ではやや変形した前方後方墳が築造されている。出雲地方では連綿として方丘系の墓が地域を限って造られており、後期にも前方後方墳が造られている。しかし関東の場合には、前方後方墳はいったん前期で築造されなくなり、古墳群形成の最終段階に復活するのはどういう理由なのか。方墳と差別化し、付加価値をつけるために、前方後円墳に替わる核が必要であったのかと推測している。これは草刈古墳群に限ったことではなく、首長墓系列の墓にも類例がある。東京湾西岸では養老川流域の首長墓系古墳群である姉崎古墳群の最後の首長墓が前方後方墳である。また、北総地域では手賀沼沿岸の我孫子古墳群に終末期の前方後方墳が存在する。このように、近畿地方を中心とする古墳の変遷には当てはまらない事例が、次章で紹介される関東地方各地の地域色としてさらに抽出できるのではないかと思う。

(2) 「新興型群集墳」

　以上のように、出現期・前期から連綿と中小規模の古墳が造り続けられている例に対して、ある段階で急に新しい場所に造墓を始める例を「新興型群集墳」とした。関東地方でも中期に遡る例と後・終末期に形成される例が見られる。

①中期群集墳

　上記の「先行型」中期群集墳（II）に対応する時期に営まれる群集墳で、関東地方では上野地域に分布がほぼ限られる。須恵器の波及に加え、畿内系の埴輪を樹立した中小規模古墳の造営が見られるなど、中期の畿内王権との関わりが直接的に及んでいることがうかがえる。詳細は上野地域の報告に委ねたい。

②後・終末期群集墳

　後期後半から終末期にかけて新たな墓域を形成し、先行型群集墳をはるかに上回る規模で展開した古墳群である。これらの中から伝統的な首長墓系古墳群に比肩する大型前方後円墳を擁立する集団が現われている。これは先行型群集墳の後期前方後円墳築造にも影響を及ぼしていると見られる。関東地方が、前方後円墳の規模・数ともに他の地域を凌駕するのはこの時期である。やがて地域最大の大型首長墓が方墳に変換する段階には、新たに首長墓系古墳群の一角を占めて次代を担う中心的な勢力に位置する例も現れる。

　ここでは、後・終末期群集墳の典型的な例として、草刈古墳群に隣接して築かれた生実・椎名崎古墳群を挙げたい（第5図）。ここでは、周縁部に前期から中期の首長墓系列の墓が存在するが、群在する古墳群の中には前期・中期の例がほとんどなく、後期後半以降の例が圧倒的に多い。調査された300基余りのうち、前期・中期の古墳はわずか15基にすぎない。後期前半の例を含めても20基ほどにとどまる。後期前半から新たな造墓がはじまり、爆発的な造墓活動が起こるのが後期後半から終末期にかかる時期である。この段階を通じて280基におよぶ古墳が築かれる。前方後円墳の新たな築造は後期後半に行われ、帆立貝形前方後円墳も含めて群形成の核となっている。終末期はさらに3段階に分けられ、前方後円墳への埋葬が存続し円墳を主体に

第Ⅰ部　基調講演

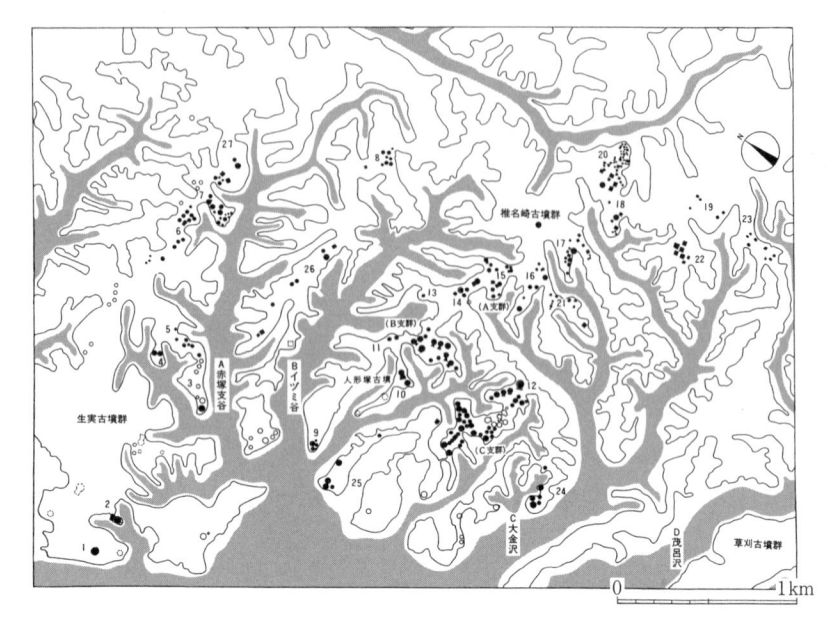

第5図　新興型群集墳―千葉市生実・椎名崎古墳群―

群形成が行われる段階（終末期Ⅰ）、方墳が主体になり円墳が残存する段階（終末期Ⅱ）、方墳だけで構成され古墳時代以降まで継続する墓域が形成される段階（終末期Ⅲ）がある。

　以上のように、地域の中で2つの異なったパターンの群集墳が並列している状況が、関東地方に見られる現象の1つとして捉えられるのではないかと思う。両者はまったく関係がないというわけではなく、同じ石材を使って横穴式石室を造り、横穴式石室や箱形石棺の型式も共通するため、相互に交流があったと思われる。ただ、新興型群集墳の分布域には前段階の古墳群も集落もほとんど存在しないことは明らかで、「後・終末期群集墳」の段階になって急速に集落が拡大しており、おそらく別の場所から移動してきた集団によって古墳群が形成されたものと想定している。

　これは群集墳のほぼ全域を調査した希有な事例であって、今後各地域の様相と比較検討していかねばならない。それでもなお、王権周辺の近畿地方を

中心とした群集墳の動向とは異なる視点を提供する資料といえよう。

2. 後・終末期古墳群の特性

　畿内では見瀬丸山古墳（300mクラスの大前方後円墳）を境に大型前方後円墳はほとんど造られなくなった後、6世紀の中葉から7世紀に至るまで、関東では100mクラスの前方後円墳を造り続ける。そのような大型首長墓の動向が、中小古墳群における造墓活動にも関わっている。後期になって大型前方後円墳をつくるという地位の表象に対する概念は、その傘下の中小首長たちにも影響を及ぼし、時代に逆行するかのような紐帯を形成して小規模な前方後円墳の築造を促している。

　また、関東の後期古墳を特徴づける重要な要素に、埴輪の樹立が挙げられる。これも地域によって様々な動きがあるが、特に新興型の群集墳に顕著な現象といえる。また、埴輪の製作や供給に地域を越えた交流が見られるのもこの時期の特質である。

　前掲の生実・椎名崎古墳群は、それまでまったく埴輪を樹立する習慣のなかった地域に立地しているが、この古墳群の主墳では、埴輪を樹立している。その埴輪は、この地域では系譜が追えない、太平洋岸の山武地域からもたらされたものである。埴輪と共に、墳丘・周溝の形態も彼の地と同じ形式を採用している。しかも、両地域は後期になって新興の集落と古墳群が形成された地域である点も共通しており、双方の首長たちがいくつもの小地域を越えて交流したことがうかがえる。

　このような30km圏あるいは50km圏の首長たちの交流にとどまらず、さらに大きな地域を束ねる首長同士が、埴輪や石棺・石室の石材を交換し始めるといった動きも後期後半に始まる。北武蔵の生出塚遺跡で焼かれた埴輪が市原市山倉古墳群で樹立され、房総半島の海岸の磯石（房州石）が埼玉古墳群の横穴式石室の石材として使われる例、さらに筑波山麓の石材が生実・椎名崎古墳群に運ばれている例などは、古代の国の領域を越えた交流の好例である（第6図）。その移動距離は80km〜120kmにおよんでいる。ここで重要なのは、こういった広域の首長間、あるいは新しく造墓をはじめた新興

第Ⅰ部　基調講演

第6図　古墳使用石材の交流
（『人物埴輪の時代』に加筆）
（●：房州石、○秩父石、▲：筑波石）

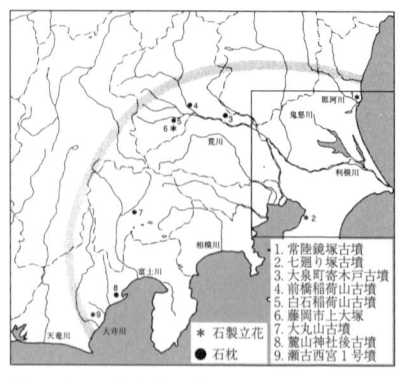

第7図　石製立花・常総型石枕の分布範囲
（枠内は石枕集中範囲）

1. 常陸鏡塚古墳
2. 七廻り塚古墳
3. 大泉町寄木戸古墳
4. 前橋稲荷山古墳
5. 白石稲荷山古墳
6. 藤岡市上大塚
7. 大丸山古墳
8. 麓山神社後古墳
9. 瀬古西宮1号墳

集団のトップ同士の交流が、おそらく畿内の王権を介していないばかりか、与り知らぬ性格のものではないかという点である。このような、やや「勝手な」交流が関東地方の後期には特に目立っている。

　関東地方における地域間交流の素地は後期以前にもあり、中期の滑石製立花と石枕の分布圏は天竜川以東に求められ、独特の葬具・葬送様式を共有する地域として捉えられる（第7図）。その上で、後期大型前方後円墳の築造や広域の首長間交流を考えると、畿内王権との関係において関東地方の立場が政治的にも高くなり、王権との交渉に優位な立場に成長したのが、古墳時代後期の後半であったといえよう。

3. 関東の終末期大型古墳

　後期後半の動向の延長上に終末期の状況を考えると、印旛沼のほとりに、一辺80mという、当時の天皇陵を超える大きさの巨大な方墳、岩屋古墳が築かれた必然性が浮かび上がる。この時期、畿内では大型古墳の築造は王陵と一部の有力豪族墓に限られ、古墳の築造は終焉を迎えている。しかし、次の新しい時代へ向けて関東地方が重要な地位を獲得したのは、古墳時代も終わろうとする時期であり、その時になって初めて他を凌駕する古墳を造り得

たのである。

　関東の終末期大型古墳の時代は、6世紀末葉の推古朝期に始まり7世紀後葉の天智朝期に及ぶ古代日本の大変革期にあたる。新たな体制を組み立てつつあった王権中枢部は、関東から東北にわたる広大な地域を直接取り込むために、進出の拠点に位置する関東の勢力との関係を重視せざるを得ない状況にあったと思われる。そのような動向を示す資料として、終末期の東日本に偏在する金銅製毛彫り馬具の分布を示した（第8図）。畿内の王権は、関東に対して大型前方後円墳の築造に象徴される古墳時代中期的な支配体制を容認・温存しつつ、徐々に支配権を強化する政策を採ったものと思われる。その結果、7世紀前半代を中心とする推古朝後期～孝徳朝期の関東に、王陵に匹敵する墳丘規模の大型古墳を出現させることになったといえよう。また、後期後半に形成される新興型群集墳の分布域は後の官道に沿った東北への道筋にあたる。新興勢力の受容は、新たな体制に踏み込む道でもあった。

4. その後の群集墳、横穴墓の問題

　第9図の六通神社南古墳群は関東地方における最後の群集墳の姿である。和田氏による墳丘原理・古墳群構成の図のなかで、方墳のみによって古墳群が構成される時代は飛鳥時代となっているが、関東では7世紀第2四半期になって、方墳だけで構成される古墳群が出現する。第9図に示すように、古墳群の西側には、方墳に横穴式石室をもつ終末期II段階の方墳群が存在する。この後、埋葬施設が地下に設置された方墳が出現し、地下式土坑墓に人を埋葬する時期がしばらく続く。もちろん、墳丘の中に埋葬施設を築いたものもあり、墳丘があまりよく残っていないものについては埋葬施設が検出されない例も多い。上総・下総地域では、この種の古墳群を全面発掘する事例が増えた結果、これらが明らかに奈良時代まで存続することがわかってきた。このような事例が関東全域に存在し、奈良時代まで方墳を造り続けているかどうか、今後の検討課題のひとつである。

　これらの方墳群は、それまでと同じように1辺15m、最大で25mという墳丘規模を維持しており、前代から引き続き一定の規模で方墳群を造り続け

第Ⅰ部　基調講演

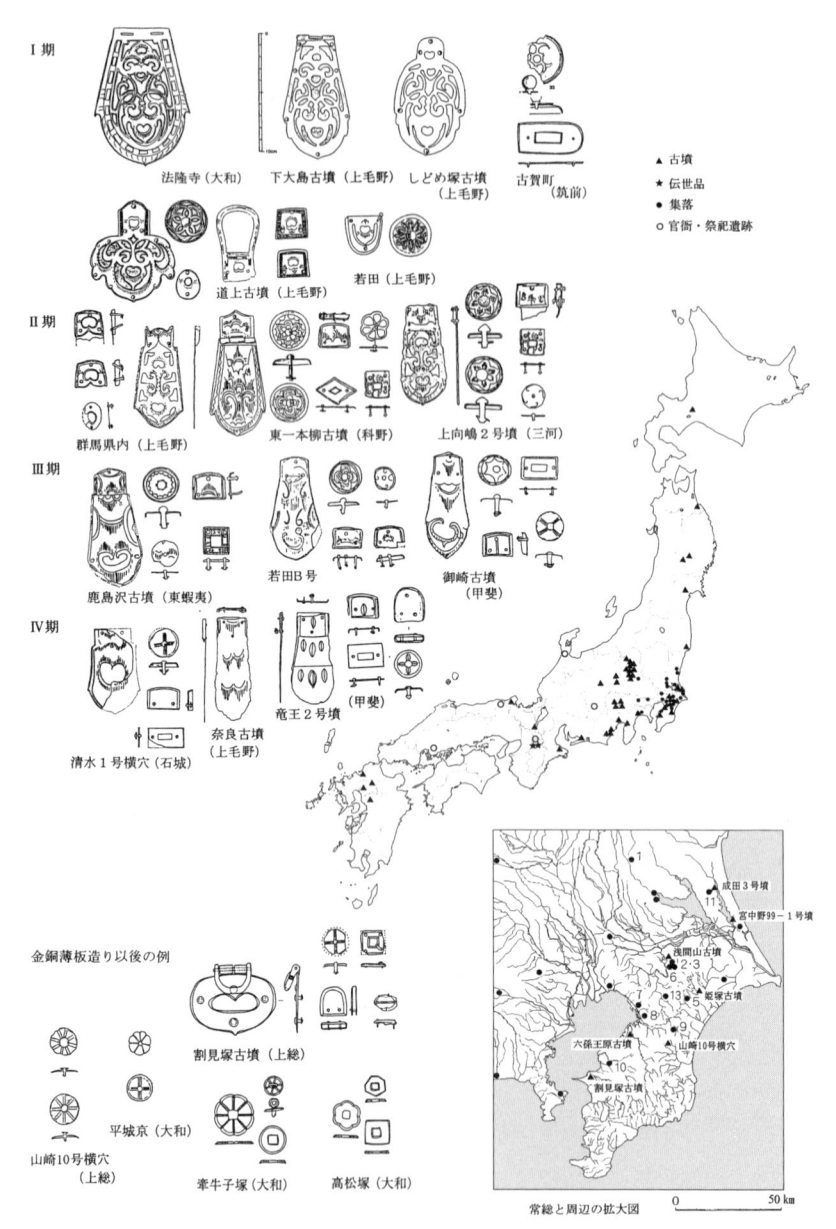

第8図　金銅製毛彫り馬具の分布
（『印旛郡栄町浅間山古墳発掘調査報告書』2002より）

48

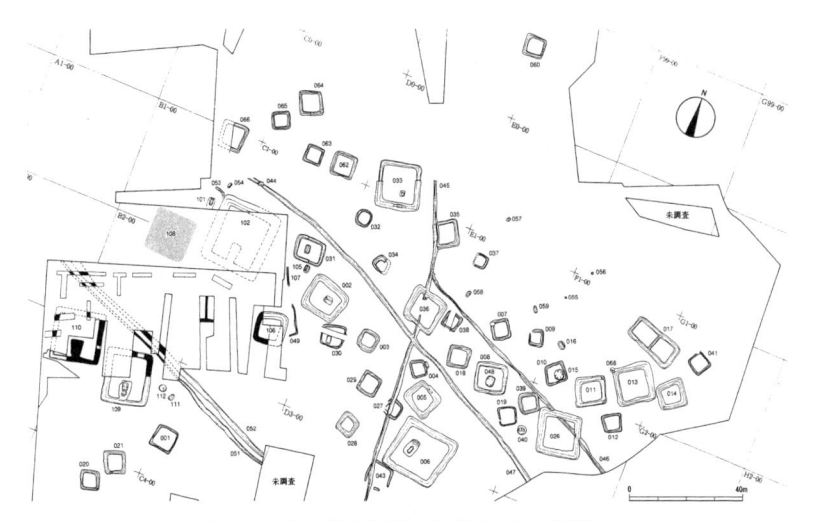

第 9 図　終末期方墳群―六通神社南古墳群―
（『千葉東南部ニュータウン 26』2003 より）

ている被葬者層が健在であることを示している。社会はすでに奈良時代に入って大きく変わっている時期に、極端に言えば、弥生後期以来変わらずその地域の有力構成員であった人々が存続したことをこの種の方墳群から読み取ることが可能であろう。

　最後に横穴墓について若干ふれておきたい。横穴墓は古墳時代後・終末期になって関東に出現し、群在するという点で「新興型群集墳」の一類型といえる。しかし、高塚の古墳群とは別に分析されている傾向は否めない。関東地方の群集墳をとりあげると、例えば以下に検討される南武蔵や、今回の対象地域から外れた相模のように、高塚よりも横穴墓が造墓の主体になっている地域がある。追葬期間が長いため、副葬品に拠る変遷を捉えるのが困難な例は多いが、横穴墓を高塚の群集墳と同じ手法で分析することも可能なのではないかと考える。千葉県大網白里町餅木横穴群を例を挙げることにする（第 10 図）。

　この横穴群は横穴の形態や副葬品によって、1 期（7 世紀前葉）、2 期（7 世紀前葉～中葉）、3 期（7 世紀中葉以降）と、型式的に変遷が追える例である。各々の群は何世代かにわたるひとつの集団の構成員が造墓していることが読

第Ⅰ部　基調講演

1期（7世紀前葉）
2期（7世紀前葉～中葉）
3期（7世紀中葉以降）

調査区域外
未調査の横穴

第Ⅰ群（1号～7号）横穴

第Ⅲ群（12号～18号）横穴

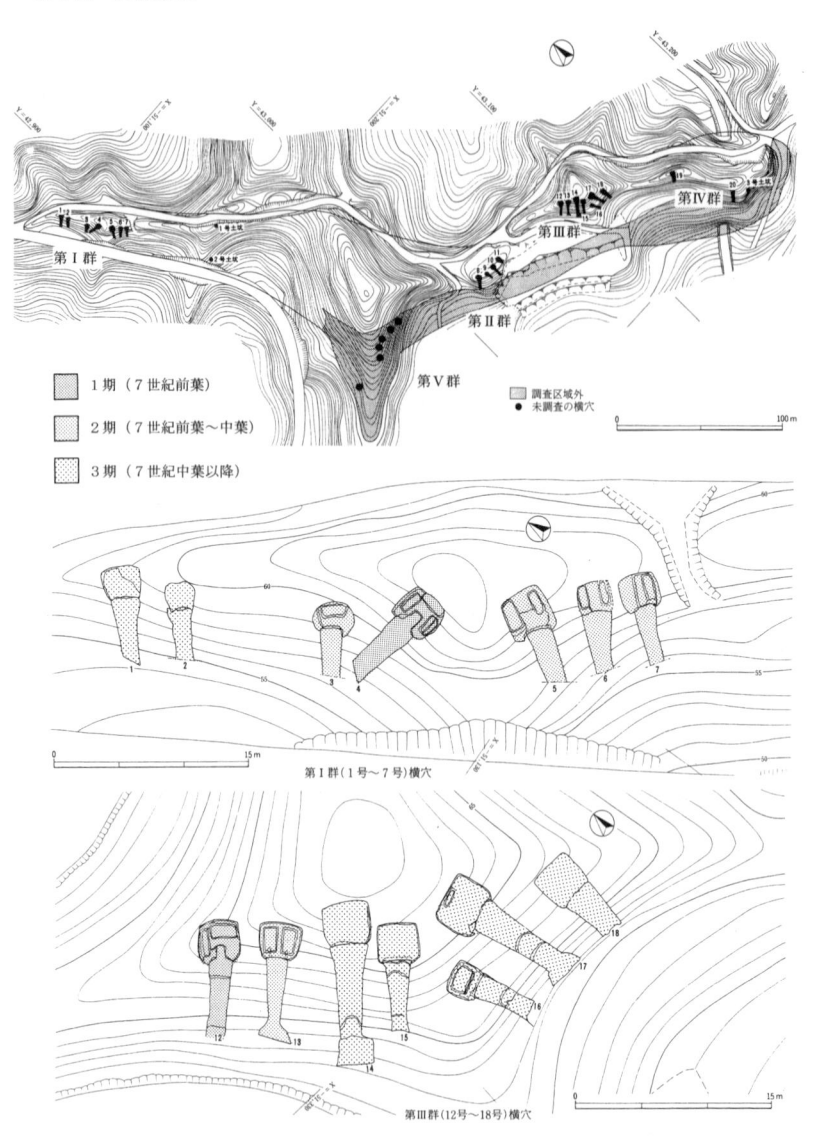

第10図　千葉県大網白里町餅木横穴群の群構成と変遷
（『大網白里町餅木横穴墓群』1999 より）

50

みとれ、しかも、墳丘のような高まりにまとまっているのがわかる。等高線の最も高い所を選んで第1群は造墓し、そのなかでも一番古い型式の4号横穴は、高まりの最高位に斜めに穿たれている。また、横穴の形態を見ると、墓道が墓室の中に食い込んだようなタイプである。4号は他の横穴と開口方向がまったく違い、これを中心にして、それに関連すると思われる何世代かの横穴が築かれている。次に第III群を例にとると、上記の4号のように墓道が墓室の中に食い込んだようなタイプのものが最も先に作られ、それに続いて何世代かの人たちがひとつの大きな高まりを中心にして造墓を行っている。

このように、横穴墓も集団の構成員がそれぞれの高まりを単位に造墓し、それらがいくつか集まって、群を構成している例が明らかになってきた。副葬品の内容も高塚の群集墳と共通し、群内での差異も見られる。横穴墓に対応する集落は未だ見つかっていない例が多いが、群集墳が併存する地域ではその住み分けや集落の立地も問題となろう。横穴墓を含めた群集墳の分析は、高塚古墳の動向には見えない関東の一面を加えることになると思われる。

以上、関東地方の群集墳をどのように捉えることができるかという問題を、先行型、新興型群集墳の2つのパターンで構成されるという視点で分析してみた。前者は早い段階から王権を中心とした体制に組み込まれた在来の有力集団、後者の大半は後期になって新たに造墓を開始した集団が形成したものと捉えた。

古墳時代を通じて関東の古墳築造が最も盛んに展開し、他の地域とは際だった特性を示すのは後・終末期であり、その動向は副葬品の充実にも見ることができる。この基底には先行型群集墳に見られる一定規模の古墳群が継続して営まれ、時代の変革に呼応して安定的に成長した被葬者層の存在が見逃せない。早くから古墳時代の枠組みに取り込まれながら「飛躍しない被葬者層」が新興の群集墳被葬者とともに、地域の独自性を発現したところに関東の後・終末期古墳の特性が最もよく現れていると思われる。

第Ⅰ部　基調講演

参考文献
池上　悟　1991　「東国横穴墓の型式と伝播」『おおいた考古』第4集　大分県考古学会
小林信一　1999　『大網白里町餅木横穴群』（財）千葉県文化財センター
坂本和俊ほか　1986　『前組羽根倉遺跡発掘調査報告書』　前組遺跡発掘調査団
島立　桂・蜂屋孝之　2003　『千葉東南部ニュータウン26』（財）千葉県文化財センター
白井久美子　2002　「出土遺物について」『印旛郡栄町浅間山古墳発掘調査報告書』千葉県
白石太一郎編　2005　『古代を考える　終末期古墳と古代国家』　吉川弘文館
白石太一郎　2000　『古墳と古墳群の研究』　塙書房
田中新史ほか　1988　『「王賜」銘鉄剣概報』　吉川弘文館
田中新史　2000　『上総市原台の光芒』　市原古墳群刊行会
右島和夫　2000　「東国の群集墳―上野地域の事例を中心に―」『群集墳の時代』栃木県立しもつけ風土記の丘資料館・栃木県教育委員会
和田晴吾　1992　「群集墳と終末期古墳」『新版古代の日本』近畿Ⅰ　角川書店
和田晴吾　2004　「古墳文化論」『日本史講座』第1巻　東京大学出版会

第Ⅱ部　各地からの報告

下野における後期・終末期古墳の地域設定と動向

草野 潤平

はじめに

栃木県の古墳分布を論じる場合、県南西部の渡良瀬川流域（現在の足利・佐野市域）と県南部の思川・田川水系[1]（現在の下野市・小山市・上三川町周辺）とが、とくに密集度の高い地域として知られている（第1図）。とりわけ本稿で扱う思川・田川水系には、古墳時代後半期にあたる6世紀から7世紀にかけて、下野地域全体を代表するような有力古墳が数多く営まれ、首長墓造営地として卓越した様相を呈する。さらに7世紀後半には下野薬師寺、8世紀には国府・国分寺が設置され、当該地域が古墳時代後期から律令時代にかけての政治的中枢であったことに異論はないであろう。

既往の研究では、とくに首長墓の動向に注目した地域設定が行なわれ、思川・田川水系という比較的大きな地域的範囲のなかに大型古墳の営まれた箇所が複数存在することが確認されている（秋元・大橋1988）。具体的には、国分寺・壬生・羽生田・北赤塚・国府・石橋・薬師寺・上三川・三王山の9地域が設定され、「基壇」と呼ばれる幅

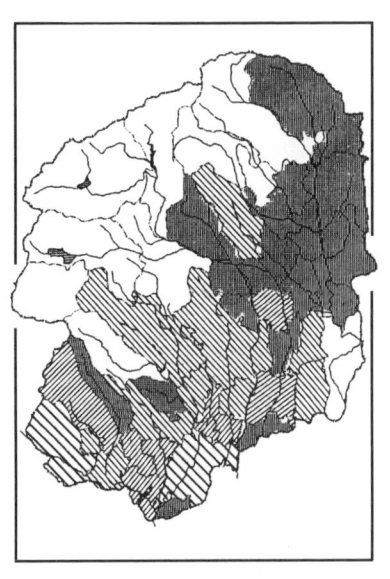

第1図 栃木県の古墳分布状況
（秋元2001より転載 一部改変）

広で平坦な墳丘第1段をもち、横穴式石室を前方部に設けた「下野型古墳」の地域的展開が整理された。

このような先行研究を踏まえ、本稿では首長墓と目されるような大型古墳にとどまらず、中小規模の古墳、さらには未発掘古墳や湮滅古墳などの時期不明古墳も含めた悉皆的なデータ集成から導かれる地域相について確認を行なう。時期不明古墳を含めることで前期・中期古墳をカウントしてしまう危険性は生じるが、大多数は後期・終末期古墳と考えて大過ないであろうから、調査によって時期が明らかになった事例のみを対象とするよりも、むしろ古墳時代後半期の実態に近いものとして理解できよう。なお時期判明古墳の集成にあたっては、前方後円墳集成編年（広瀬 1991）の8期、須恵器型式のTK23〜47型式以降に位置づけられる古墳を対象とした。

1. 地域的なまとまりの把握

思川・田川水系の東西20 km×南北30 kmの範囲には、時期不明古墳を含めて1000基以上の古墳をドットとして落とすことができる。このうち、厳密に後期・終末期古墳と考えられるものはおよそ300基程度で、大多数が時期不明古墳となる（第2図）。古墳の分布状況について巨視的に見れば、思川支流の姿川と鬼怒川支流の田川に挟まれた台地においてやや稀薄な様相を呈し、概ね東西に分かれて営まれていることがわかる（第3図）。西の思川水系では、黒川・姿川合流点付近の台地上に最も多くの古墳が密集し、その北西の黒川左岸と南方の思川下流域左岸にも群在箇所が認められる。もう一方の田川流域では、左右両岸の台地上に多

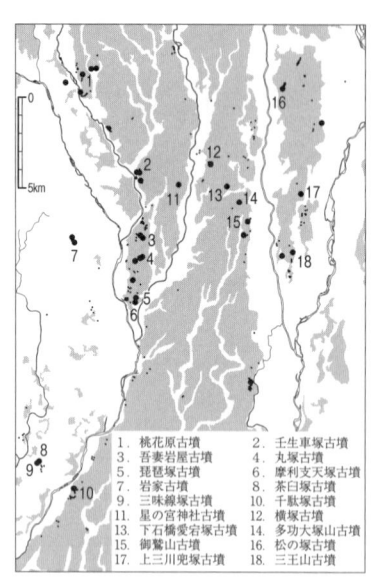

第2図 時期判明古墳の分布

1. 桃花原古墳　2. 壬生車塚古墳
3. 吾妻岩屋古墳　4. 丸塚古墳
5. 琵琶塚古墳　6. 摩利支天塚古墳
7. 岩家古墳　8. 茶臼塚古墳
9. 三味線塚古墳　10. 千駄塚古墳
11. 星の宮神社古墳　12. 横塚古墳
13. 下石橋愛宕塚古墳　14. 多功大塚山古墳
15. 御鷲山古墳　16. 松の塚古墳
17. 上三川兜塚古墳　18. 三王山古墳

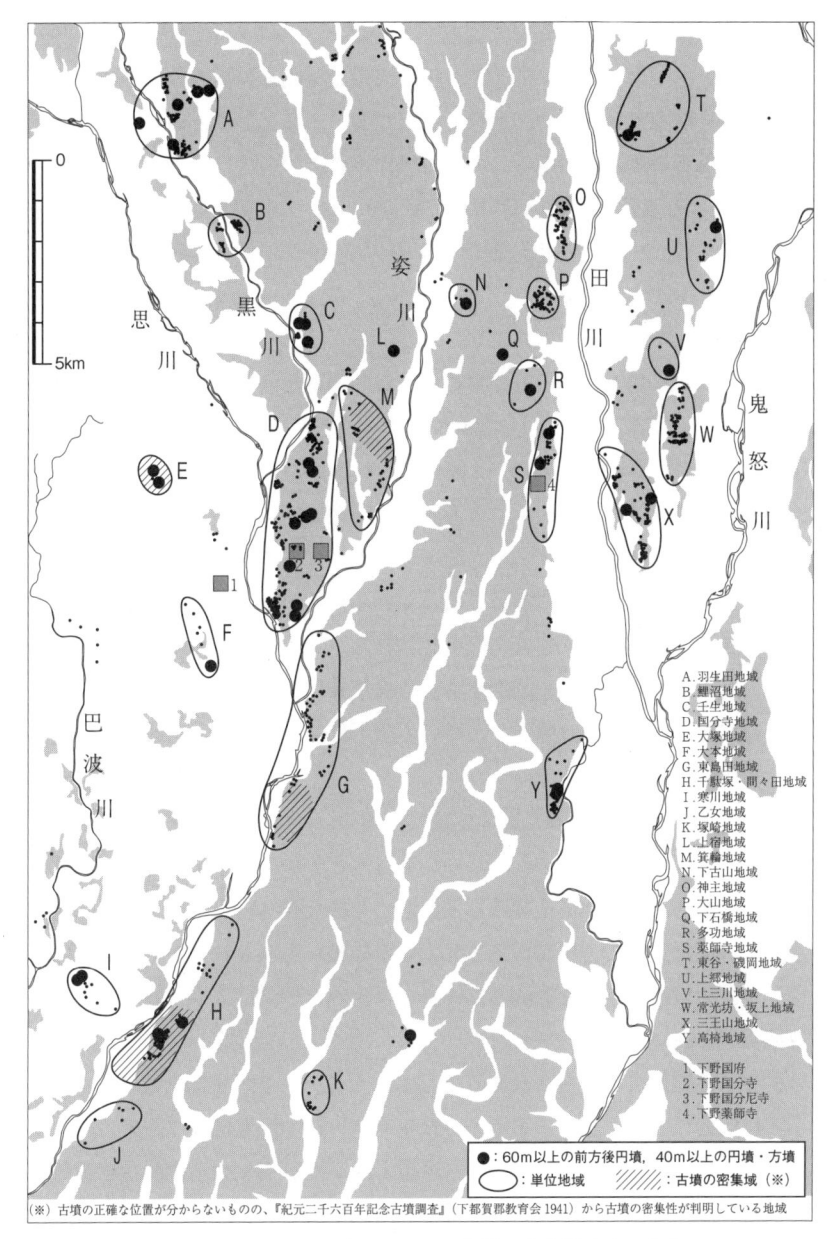

下野における後期・終末期古墳の地域設定と動向

第3図　思川・田川水系における後期・終末期古墳の分布

第Ⅱ部　各地からの報告

くの古墳が構築されている。

　こうした古墳分布状況に加えて、中小河川の流路や開析谷の入り方といった地形区分を勘案した場合、比較的明瞭なまとまりとして、いくつかのグループを抽出することができる。大型古墳の場合については、下野市星の宮神社古墳（L）や下野市下石橋愛宕塚古墳（Q）のような単独立地の事例や、下野市横塚古墳（N）・上三川町多功大塚山古墳（R）のような小古墳を僅かに伴う程度のものも一地域としてカウントし、全体でA～Yの25単位地域を設定した[2]。

　近年、秋元陽光が上三川町の古墳分布から造墓集団の抽出を試みた際に、階層性をもって形成された古墳のまとまりを「墓域」として整理しており（秋元2003）、本稿で言う「単位地域」もこれに近い。ただし本稿の「単位地域」という括りは、現在入手できる限りの情報に拠っているので、今後調査の進展によって範囲を広げるべき箇所が出てくる可能性は否めない。また単位地域が増えたり、本稿で別個に扱っている複数の単位地域が1つにまとめられたりというようなことも当然予想される。あくまでも集成作業の過程で、古墳構成の地域的な傾向を把握するために便宜的に設定した括りであって、単位地域自体に特別な意味を与えている訳ではない点をご了承願いたい。

2. 墳形・墳丘規模からみた単位地域の様相

　個々の単位地域の状況をつぶさに見てみると、単位地域を構成する古墳の規模や墳形、あるいは築造時期などの面で多様な在り方を示しており、地域ごとの特徴をもって古墳が構築されている様相が看取されるが、ここで翻って全単位地域のデータを通観してみたとき、個々の単位地域の特色を越えた地域圏の存在にも気づかされる。

　まず単位地域ごとの古墳数を確認しておくと、Dの国分寺地域が200基以上と圧倒的に多く、思川水系でこれに次ぐA・H単位地域の3倍近い総数を誇る（第1表）。この国分寺地域の古墳数を除いた思川水系全体の古墳総数がおよそ300基であり、田川流域全体（O～Y単位地域）の古墳総数が350基程度を数えることから、数のうえでは概ね国分寺地域の分だけ思川水系の方が

第1表　各単位地域の墳形別古墳数（時期不明古墳を含めた数）

	A	B	C	D	E	F	G	H	I	J	K	L	M	N	O	P	Q	R	S	T	U	V	W	X	Y	計
前方後円墳	7	0	2	23	0	2	1	2	3	2	0	0	0	1	4	4	0	0	2	6	3	0	5	3	5	75
円墳	63	34	6	175	5	3	49	54	2	4	13	1	32	2	32	29	1	3	21	35	18	1	58	80	26	747
方墳	0	0	0	0	0	0	0	1	2	0	0	0	0	0	4	0	0	2	0	0	3	0	0	0	3	15
墳形不明	1	0	7	11	1	0	0	9	5	2	0	0	0	1	3	9	0	0	3	1	3	1	6	0	11	74
計	71	34	15	209	6	5	51	67	10	8	13	1	32	4	43	42	1	5	26	42	27	2	69	83	45	911

※帆立貝形古墳は前方後円墳に含める

多いということになる。ここで帆立貝形古墳を含む前方後円墳の数に注目してみると、やはり国分寺地域が最も多く23基にのぼるが、古墳総数に占める前方後円墳の割合という観点から見れば、飛び抜けて多く密集するというわけではない。むしろ興味深いのは、前方後円墳が多く営まれた単位地域の在り方が、思川水系と田川流域とで様相を異にしている点である。すなわち、思川水系ではDの国分寺地域（23基）とAの羽生田地域（7基）を除くとすべて3基以下であるのに対して、田川流域ではO・P・T・W・Yの5単位地域において4基以上の前方後円墳が営まれている。前方後円墳が全体的に分散する田川流域とは異なり、特定地域に集中する思川水系の古墳構築状況は、突出した古墳総数とあいまって国分寺地域の卓越性を際立たせている。

同様の傾向は各単位地域の墳丘規模構成でもうかがうことができる（第4図）。Dの国分寺地域に存在する120m級の3古墳（摩利支天塚古墳・琵琶塚古墳・吾妻岩屋古墳）を特別な存在として除外するにしても、60m以上の大型古墳が西の思川水系に14基、それもA・C・Dという限られた単位地域に集中して築かれているのに対して、東の田川流域では下野市下石橋愛宕塚古墳（Q：円墳・84m）・下野市御鷺山古墳（S：前方後円墳・83m）・上三川町上郷瓢箪塚古墳（U：前方後円墳・68m）・下野市三王山古墳（X：前方後円墳・85m）の4基が、

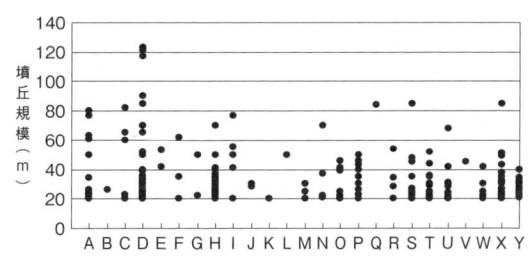

第4図　各単位地域の墳丘規模構成（20m以上）

各単位地域に1基ずつ存在するだけである。さらに20〜50mの中規模古墳に焦点を絞ると、各規模の古墳が万遍なく揃っている単位地域は、思川水系ではDの国分寺地域とHの千駄塚・間々田地域だけだが、田川流域ではO・P・S・T・U・X・Yといった多くの単位地域が該当する。

このように前方後円墳の構築状況や墳丘規模構成から、拠点的な偏在性の目立つ思川水系に対して、拮抗する古墳群が分散して営まれた田川流域という、明瞭な地域差を見出すことができる[3]。思川水系における大型古墳の集中造営については、それ自体多くの研究者が注視するところであるが（土生田2004ほか）、本稿では思川水系の古墳構築状況が田川流域の対照として把握されるという点を意識しておきたい。

3. 各単位地域における古墳構築の動向

(1) 首長墓の動向

ここまでは古墳の時期差を考慮せずに、単位地域ごとの墳形・墳丘規模構成をみてきた。そこで次に、古墳構築状況の推移を首長墓と群集墳とに分けて確認することにしたい。

後期前半の首長墓として第一に注目されるのは、当該期において県内最大級の前方後円墳が築かれたDの国分寺地域である。概ね5世紀末葉から6世紀初頭に位置づけられる小山市摩利支天塚古墳（第5図1）が二重周溝をもった121mの前方後円墳であり、これに続き同じく二重周溝をもった全長123mの琵琶塚古墳が隣接して営まれている（第5図2）。なお摩利支天塚古墳より以前は中期古墳となるので集成作業ではカウントしていないが、南のG単位地域には、銅鏡や金銅製天冠、蛇行鉄剣など豊富な副葬品で知られる小山市桑57号墳（第5図3）が存在し、当該地域が5世紀後半頃から際立った首長墓造営地であったことがわかる。

これと同様の動向は、思川流域を南へ下った右岸低地に展開するIの小山市寒川古墳群でも見出すことができる。具体的には5世紀中葉の鶴巻山古墳（円墳・60m）に始まり、鼉龍鏡などの出土で知られる5世紀末葉の茶臼塚古墳（前方後円墳・77m）、6世紀前半から中葉頃に比定される横塚山三味線塚

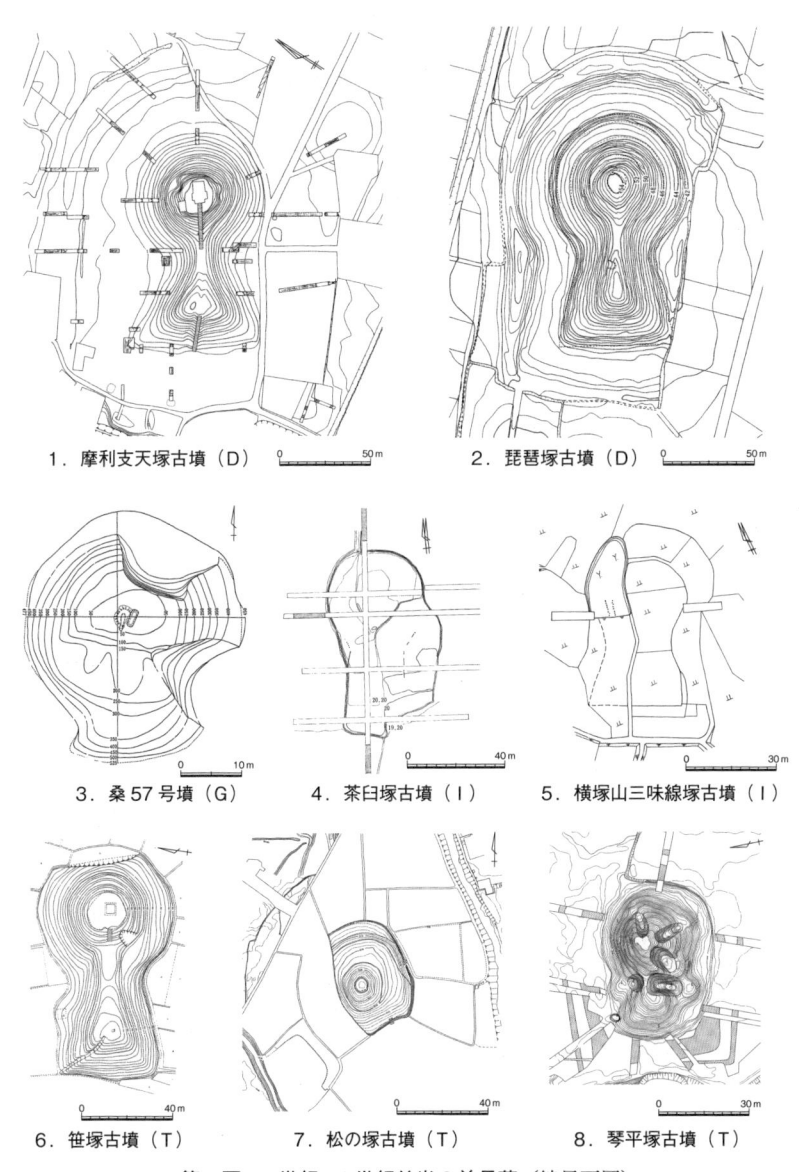

下野における後期・終末期古墳の地域設定と動向

1. 摩利支天塚古墳（D）
2. 琵琶塚古墳（D）
3. 桑57号墳（G）
4. 茶臼塚古墳（I）
5. 横塚山三味線塚古墳（I）
6. 笹塚古墳（T）
7. 松の塚古墳（T）
8. 琴平塚古墳（T）

第5図　5世紀～6世紀前半の首長墓（縮尺不同）
(1・2・4・5：小山市史編さん委員会1981、3：大和久1972、6：辰巳1976、7：谷中・大島2001、8：中村2004より転載　一部改変)

61

第II部　各地からの報告

古墳（前方後円墳・60m）と、継起的に築造されている（第5図4・5）。

このように5世紀段階からの首長墓系列という点に意識を払うと、田川流域に位置するTの東谷・磯岡地域を見過ごすことができない。この単位地域に営まれた宇都宮市東谷古墳群では、5世紀中葉の笹塚古墳（前方後円墳・100m）→5世紀後半の鶴舞塚古墳（円墳・53m）→5世紀末葉の松の塚古墳（円墳・56m）という3基の首長墓が築造され（第5図6・7）、北西約4kmに位置する宇都宮市塚山古墳群とともに、下野地域における古墳時代中期の首長墓系列として傑出した存在と見なされている。松の塚古墳に続く6世紀前半の首長墓は東谷古墳群に認められないが、北東約2kmに二重周溝をもった宇都宮市琴平塚古墳（前方後円墳・52m）が存在し（第5図8）、これらを同一の単位地域として捉えれば、全体として5世紀中葉から6世紀前半にかけての首長墓系列と理解できよう。

以上のように、5世紀段階から6世紀前半にかけての首長墓系列の存在する地域として、Dの国分寺地域周辺、Iの寒川地域、Tの東谷・磯岡地域という、概ね3つの単位地域が浮かび上がってくる。この点を踏まえて6世紀中葉以降の展開過程をまとめておこう。

Dの国分寺地域周辺では、黒川流域のA・C単位地域を含め、6世紀末葉まで多数の有力古墳が比較的近接して築造される。その後、7世紀前半になると首長墓の造営勢力がやや限定されるようで、Aの壬生町桃花原古墳（50m）・Cの壬生車塚古墳（82m）・Dの下野市丸塚古墳（74m）・Eの栃木市岩家古墳（61m）といったように、切石石室を内蔵する大型円墳が、5kmほどの間隔をあけて割拠する状況を呈する。さらに7世紀中葉の首長墓として、岩家古墳の近くに天王塚古墳（円墳・42m）が営まれる。

Iの寒川地域では、6世紀後半以降の首長墓を見出し難く、隣接地域に目を広げてもH単位地域に営まれた小山市千駄塚古墳（円墳・70m）の1基を挙げるにとどまる。なお千駄塚古墳は、埴輪を伴わない大型円墳であることから、7世紀前葉の築造と考えられる[4]。

田川流域では6世紀前半まで隆盛を誇ったT単位地域周辺に目立った首長墓が営まれず、その南側のS・W・X単位地域に有力古墳が築かれるよう

になる。思川・黒川流域に比べれば数こそ少ないものの、6世紀末葉まで複数の有力古墳が併行して営まれる状況は同様である。ただし7世紀前半以降は、Vの上三川愛宕塚古墳→Rの多功大塚山古墳（方墳・53m）の存在が知られるのみである。

(2) 群集墳の動向

続いて群集墳の動向に注目してみることにする。第6図は、5世紀後半から6世紀前半にかけて営まれた竪穴系埋葬施設の小円墳群（いわゆる「古式群集墳」）の分布を示したものである。これらの多くは6世紀初頭頃で築造を停止し、横穴式石室を埋葬施設とする後期群集墳との間には基本的に断絶が認められる（秋元・斎藤2001）。ただし例外的に、同一群集墳で竪穴系埋葬施設から横穴式石室に継続的に移行する事例として、Dの小山市飯塚古墳群とSの宇都宮市琴平塚古墳群を挙げることができる。

思川中流域の飯塚古墳群は、地下式で羨道の短い河原石積石室墳が多数営まれた代表的な群集墳である（第7図1）。この「飯塚型」石室墳（大橋1990）の初現例である29号墳と同時期の6世紀中葉頃に、木棺直葬の31号墳が営まれており、また木棺直葬の39号墳が横穴式石室を内蔵する27号墳の一部を破壊して構築されていることなどから、古式群集墳と後期群集墳が一部重複して形成されたと考えられている（進藤2001）。田川流域の宇都宮市琴平塚古墳群は、前項で指摘した主墳の琴平塚古墳から形成を開始し、これを含む3基の前方後円墳と9基の円墳で構成される（第7図2）。6世紀前半に竪穴系埋葬施設の古墳、後半以降に横穴式

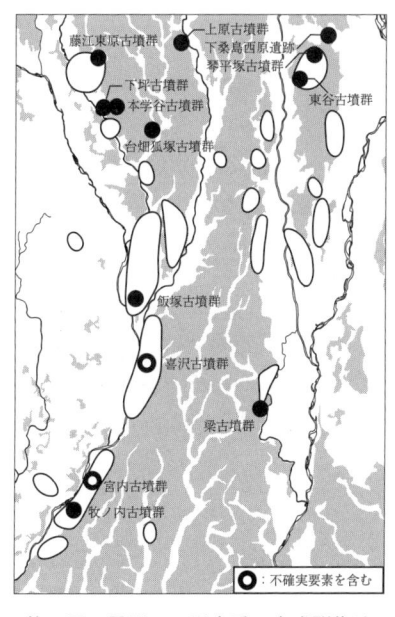

第6図　思川・田川水系の古式群集墳

第II部　各地からの報告

「飯塚型」石室（29号墳）

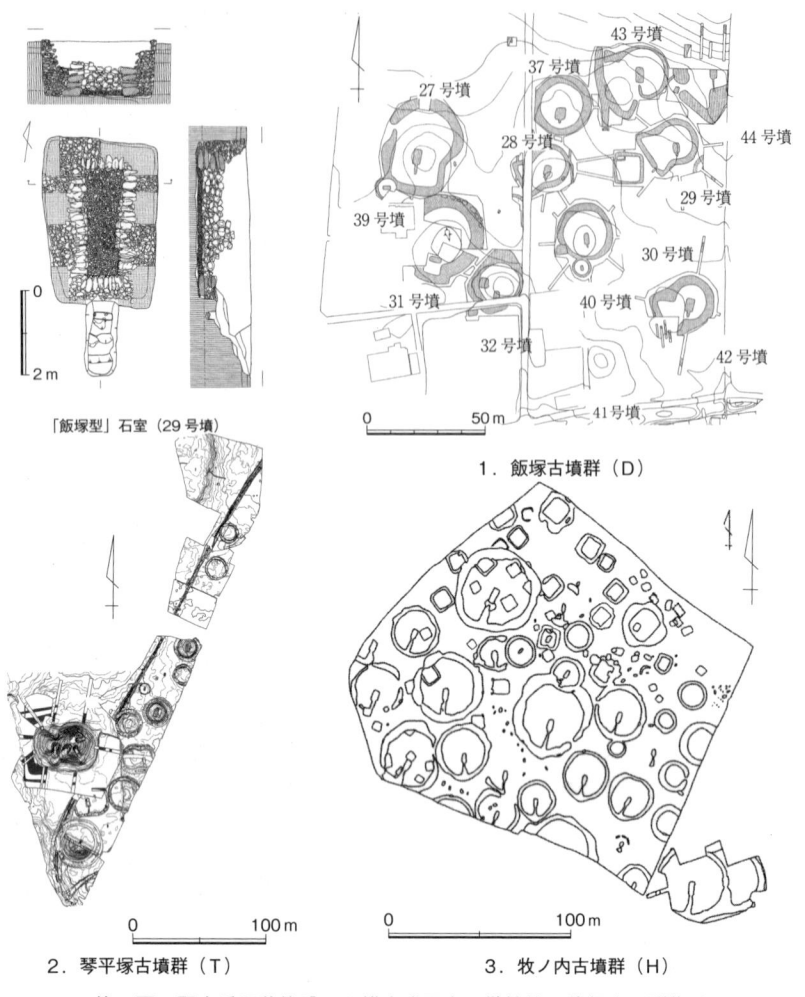

1．飯塚古墳群（D）

2．琴平塚古墳群（T）

3．牧ノ内古墳群（H）

第7図　竪穴系埋葬施設から横穴式石室へ継続的に移行する群集墳
（1：鈴木1999、2：中村2004、3：進藤2001より転載　一部改変）

　石室の古墳が営まれ、古墳の築造が終焉を迎えた7世紀前半以降も土坑墓が盛んに作られるなど、8世紀に至るまで墓域としての命脈を保つ。
　また寒川古墳群（I）の北東約4km、思川を挟んで対岸に位置する小山市牧ノ内古墳群（H）では、横穴式石室の古墳とともに前期の方形周溝墓、竪

穴系埋葬施設の小円墳が同一地区内で多数検出された（第7図3）。古墳が密集する割には切り合いがほとんど見られず、先行する古墳を避けた計画的な造墓であることから、古墳時代全期間を通して造墓活動が行われたと想定されている。古墳に関する正式報告が刊行されていないので詳細は不明だが、飯塚古墳群や琴平塚古墳群と同様な性格が与えられる可能性がある。

　この他の類例として、思川水系では壬生町上原古墳群、田川流域では小山市梁古墳群を挙げることができ、各河川において南北15kmほどの間隔をあけて存在する。このように、大型古墳の築造のみならず、中小規模の古墳が地域全体に安定して営まれている点に、古墳時代後期における思川・田川水系の卓越性を垣間見ることができる。

　従来の研究では、古式群集墳から後期群集墳に至る間の途絶という現象について、東谷・塚山両古墳群の規模縮小および国分寺地域における摩利支天塚古墳の出現と時期的に符合することが注視され、当該地域における後期古墳変遷の一大画期として捉えられた。このこと自体に異を唱えるものではないが、本項で確認したように、後期前葉から連綿と造墓活動を続けていた地域が拠点的に認められるという側面もまた、等閑に付すことはできない。

4. 思川・田川水系の地域相

　以上のような主要な単位地域における首長墓系列と群集墳の動向をまとめると、図8のようになる。なお、各首長墓の年代的な位置はおよその目安を示したもので厳密な時期差は反映していない。また単位地域ごとの枠内下段に示したバーは、中小規模の古墳で構成される群集墳の造営期間を表しており、古墳の構築が不明瞭な時期や追葬時期については破線状に表現している。

　この5世紀段階からはじまる首長墓系列の展開と、竪穴系埋葬施設から横穴式石室に継続的に移行する群集墳の存在という古墳構築の動向に、第2節で論及した墳形・墳丘規模構成の地域差を加味すると、思川・姿川合流点付近より北方のA～G・M単位地域、その南側に展開する思川下流域のH～J単位地域、そして東側の田川流域（O～Y単位地域）という、大きく3つの地域圏にまとめることが可能である。

第Ⅱ部　各地からの報告

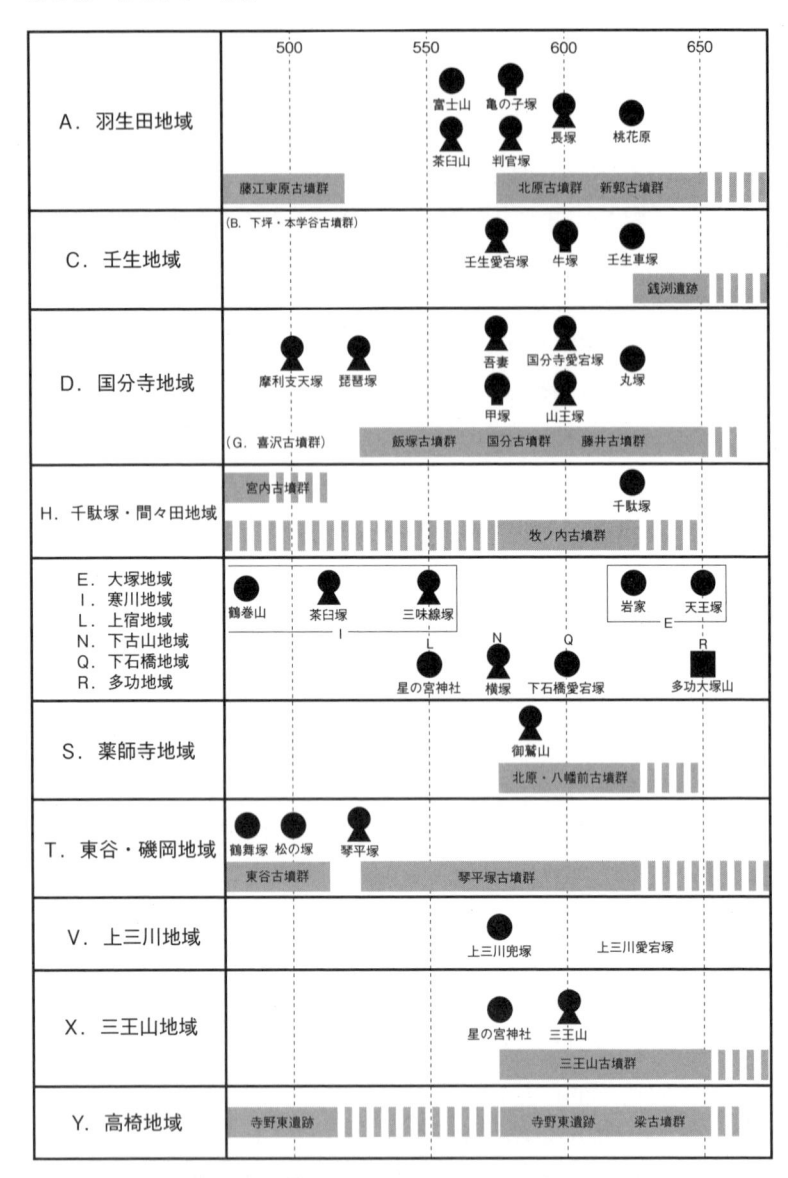

第8図　各単位地域における首長墓・群集墳の消長

この地域圏は、古墳の属性を比較しても追認できるもので、例えば思川下流域のJ単位地域に営まれた小山市雷電神社古墳は、他の2地域圏には認められない角閃石安山岩削石積石室を内蔵する点で、南の埼玉北部や西の群馬東部とのつながりを想起させる。また思川・姿川合流点より北方の地域圏と田川流域の地域圏は、「基壇」を有する「下野型古墳」の分布圏として1つにまとめることもできるが、田川流域に存在する宇都宮市琴平塚古墳（6世紀前半）・宇都宮市久部愛宕塚古墳（6世紀中葉）・上三川町後志部古墳（6世紀後半）について、前方部前端に「基壇」の巡らない墳丘形態であることから、思川流域の吾妻岩屋古墳などとは別系譜の可能性が指摘されている（中村2003）。両地域圏の密接な関わりは、刳り抜き玄門を有する切石石室の共通性などからもうかがい知れるが、上述したような地域独自の様相が部分的であれ認められることは、地域圏の区分を考えるうえで示唆的である。

そしてこの3つの地域圏は、図らずも古代の都賀郡・寒川郡・河内郡に対応した在り方を呈しているようにも見てとれる（第9図）。もちろん行政的地域区分の実在自体は、いかに遡らせても7世紀中葉以降の評制施行を待たなければならないが、そのベースとなるような地域的なまとまりが6世紀代に存在した可能性は充分考えられる。

地域のまとまりを正しく認識するためには、古墳という墓域の問題だけでなく、集落域や生産域などを含み合わせて総合的に検討することが、究極的には望ましい。下野南部の後期古墳のまとまりを、

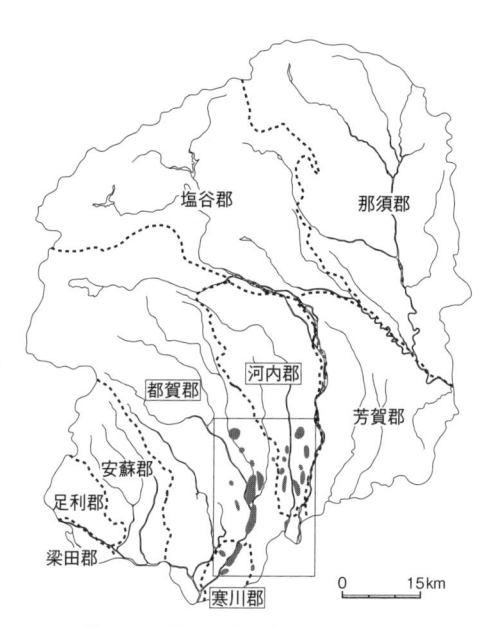

第9図　古墳分布と律令期の郡領域
（郡境界は、黒崎・平山1995を参考とした。）

第 II 部　各地からの報告

律令時代の地域区分に対応させることに妥当性が見出せるか否かは、多角的に検討を重ねることで確かめる必要があり、今後の課題としたい。

本稿は、文部科学省学術フロンティア推進事業「日本古代文化における文字・図像・伝承と宗教の総合的研究」(研究代表・吉村武彦) の成果の一部である古墳集成データ (古屋・草野・五十嵐・西島 2006) をもとに分析を行なったものである。

研究プロジェクトを進めるにあたって、宇都宮市教育委員会・小山市教育委員会・上三川町教育委員会・下野市教育委員会 (旧国分寺町教育委員会・南河内町教育委員会)・壬生町教育委員会・(財) とちぎ生涯学習文化財団埋蔵文化財センターの各機関に多大なご迷惑をおかけし、ご協力を賜りました。また、秋元陽光・内山敏行・進藤敏雄・中村享史・山口耕一の各氏からは、本稿を草するうえで有益な御教示を頂きました。末筆ながら記して感謝申し上げます。

註

1) 本稿では、県南部を南流する思川中・下流域、およびその支流である黒川と姿川を含めた全体を表す場合に限り「思川水系」という呼称を用い、後二者の支流を除いた思川本流のみを指す場合は「思川流域」と表記する。また「思川・田川水系」という呼称は、本稿で対象とする図 3 の範囲全体を表す場合に使用する。
2) 本稿で使用する古墳集成データ (古屋・草野・五十嵐・西島 2006) は、公開研究会予稿集の脱稿後に気づいたデータ上の不備を改訂しており、その結果、単位地域が 1 箇所追加されて 25 単位地域となった。予稿集内容と比べて F 以下の単位地域に付したアルファベットが 1 つずつずれているので御留意願いたい。
3) 関東地方における後期大型前方後円墳の特質について論じた白石太一郎は、その分布状況から、上野地方のように全域にわたって万遍なく認められる「分散型」と、下野地方や武蔵地方のように特定地域に密集する「集中型」の 2 つに大別できることを指摘している (白石 1992)。
4) 現在、千駄塚古墳北側に県内唯一の刳り抜き式家形石棺が安置されており、かつて西方に存在した小火石 2 号墳から出土したと伝えられる (竹澤 1981)。千駄塚古墳に先行する 6 世紀末葉頃の首長墓であった可能性が高い。

参考文献 （五十音順）

秋元陽光　2001　「栃木県における円筒埴輪編年（試論）」『埴輪研究会誌』第5号、pp.1-6　埴輪研究会

秋元陽光　2003　「上三川町における古墳の素描―古墳から見た古墳時代後期集団の抽出―」『栃木の考古学』、pp.225-238　塙静夫先生古稀記念論文集「栃木の考古学」刊行会

秋元陽光・大橋泰夫　1988　「栃木県南部の古墳時代後期の首長墓の動向―思川・田川水系を中心として―」『栃木県考古学会誌』第9集、pp.7-40　栃木県考古学会

秋元陽光・斎藤恒夫　2001　「栃木県」『中期古墳から後期古墳へ』第6回東北・関東前方後円墳研究会大会発表要旨資料、pp.41-62

秋山隆雄　1997　『牧ノ内 I ―方形周溝墓・住居跡編―』文化財調査報告書第40集　栃木県小山市教育委員会

大橋泰夫　1990　「下野における古墳時代後期の動向―横穴式石室の分析を通して―」『古代』第89号、pp.151-186　早稲田大学考古学会

大和久震平　1972　『桑57号墳発掘調査報告書』　小山市教育委員会

小山市史編さん委員会　1981　『小山市史』史料編　原始・古代　小山市

黒崎　淳・平山剛宏　1995　『古代の集落―しもつけのムラとその生活―』第9回企画展図録　栃木県立しもつけ風土記の丘資料館

下都賀郡教育会　1941　『紀元二千六百年記念古墳調査』

白石太一郎　1992　「関東の後期大型前方後円墳」『国立歴史民俗博物館研究報告』第44集、pp.21-51　国立歴史民俗博物館

進藤敏雄　2001　「栃木県の初現期の群集墳―その動向について―」『研究紀要』第9号、pp.111-128　（財）とちぎ生涯学習文化財団埋蔵文化財センター

鈴木一男　1999　『飯塚古墳群 III ―遺構編―』　小山市教育委員会

鈴木一男　2001　『飯塚古墳群 III ―遺物編―』　小山市教育委員会

竹澤　謙　1981　「千駄塚古墳群」『小山市史』　史料編　原始・古代、pp.277-280　小山市

辰巳四郎　1976　「笹塚古墳」『栃木県史』　資料編　考古1、pp.579-580　栃木県

谷中　隆・大島美智子　2001　『権現山遺跡・百目鬼遺跡（本文編 II）』（財）とちぎ生涯学習文化財団

中村享史　2003　「栃木県における後期古墳の諸段階」『後期古墳の諸段階』第8回

第Ⅱ部　各地からの報告

　　　　　東北・関東前方後円墳研究会大会発表要旨資料、pp. 59-71
中村享史　2004　『東谷・中島地区遺跡群4　琴平塚古墳群（西刑部西原遺跡1・
　　2・6区）』　栃木県教育委員会・(財)栃木県埋蔵文化財進行事業団
土生田純之　2004　「首長墓造営地の移動と固定―畿内中心主義の克服に向けて―」
　　『福岡大学考古学論集―小田富士雄先生退職記念―』pp. 343-361　小田富
　　士雄先生退職記念事業会
広瀬和雄　1991　「前方後円墳の畿内編年」『前方後円墳集成』畿内編、pp. 24-26
　　山川出版社
古屋紀之・草野潤平・五十嵐祐介・西島庸介　2006　「関東における後期・終末期
　　古墳群の地域動態研究―下野南部を対象とした古墳集成―」『古代学研究
　　所紀要』第2号、pp. 141-205　明治大学古代学研究所

※紙幅の都合上、分析に使用した事例の報告書について、多くを割愛させていただ
　いた。ご容赦願う次第である。詳細は古屋・草野・五十嵐・西島（2006）の
　190～193頁に掲載した文献一覧を参照されたい。

上野地域における群集墳構造の推移

深澤敦仁

はじめに

(1) 研究の主な流れ

　上野地域の群集墳研究は、総括的なものとして右島和夫氏の分析があります（右島1994・2000・2003）。氏は、群集墳を個々の古墳属性と群としての構造属性の特質からその画期性の抽出を行い、「初期群集墳」「6世紀後半を主体とする群集墳」「7世紀の群集墳」というあり方を提示しました。さらに近年では、長井正欣・小林修両氏による中～後期の群集墳に関する言及（長井・小林2001）、山田俊輔氏による「中期群集墓」に関する類型分析（山田2001・2005）などが新たな資料を加味した上で進められている状況です。

　一方、古墳群単位での詳細な分析としては、鹿田雄三氏による蟹沼東古墳群の分析（鹿田1992）に加えて、若狭徹氏による足門村西古墳群の分析（若狭・綿貫1996）、軽部達也氏による東平井古墳群平地前遺跡の分析（軽部2000）は近年の群集墳分析として注目されるものです。

　本稿ではこれらの研究動向を踏まえつつ、上野地域の群集墳の様相について概略を述べることとします（第1図）。

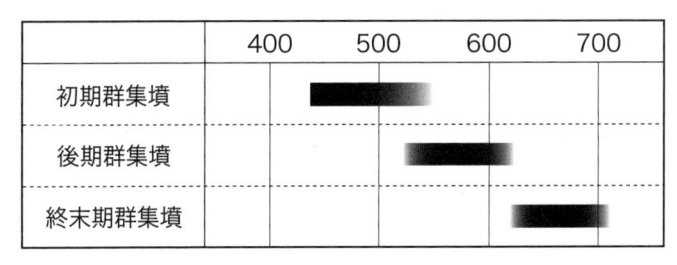

	400	500	600	700
初期群集墳		■■■		
後期群集墳			■■■	
終末期群集墳				■■

第1図　上野地域における群集墳の推移　概念図

第Ⅱ部　各地からの報告

(2) 群集墳成立以前の様相（第2図）

　群集墳の言及に入る前に、それ以前の様相について簡単に述べておきます。

　高塚成立以前から存在していた墓制としては「周溝墓」が挙げられますが、これについて「円形周溝墓」「方形周溝墓」「前方後方形周溝墓」に概ね分類されます。前二者は上野内での存在感には地域差異を見せるものの、弥生後期墓制として両者は併せて主体的に存在します。なお、「方形周溝墓」に関しては、古墳前期においても一定階層の主体的墓制として存在しつづけますが、「円形周溝墓」に関しては、古墳前期には極めて客体的な存在となり、その時期の中で途絶えてしまいます。そして、「前方後方形周溝墓」が古墳前期に客体的ではあるものの、「方形周溝墓」と並び存在します。これらの周溝墓は古墳中期には継続性は認められませんが、「方形周溝墓」においては、若干の継続性が認められます。

　高塚の出現は古墳前期後半に始まります。その築造の起点は前方後方墳に始まるものと理解されることが多く、今日においてもそれを積極的に否定する状況は見られません。その後、古墳前期後半において、極めて重層的な墳墓構造が確立します。但し、古墳中期になると、「前方後方墳」は途絶え、「方墳」も極めて客体的な存在となります。

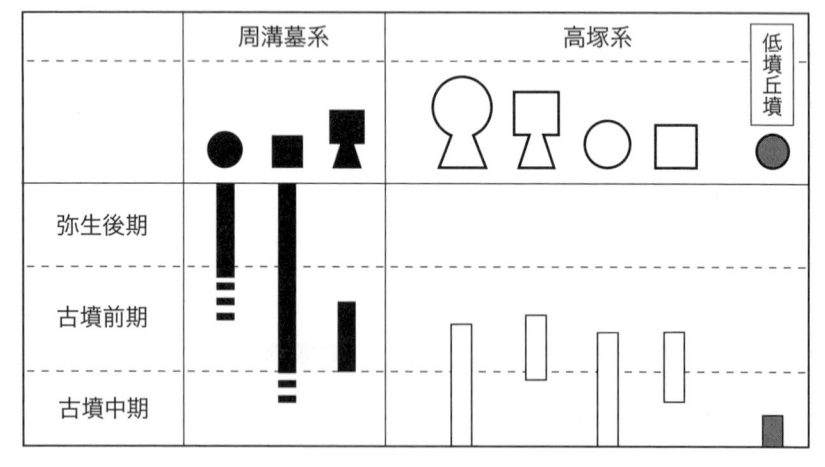

第2図　群集墳成立以前の墳墓形式の推移

上野地域における群集墳構造の推移

　そして、古墳中期となり、「前方後円墳」「円墳」による重層構造が顕在化してくるわけですが、中期後半または後期初頭と理解される段階において、所謂「低墳丘墳」と呼ばれる古墳の群（＝群集墳）が成立します。

1. 群集墳構造の特徴

　（1）　5世紀後半～6世紀前半にかけて築造される群集墳（第3図）
　「初期群集墳」とよばれるものであり、この群集墳を構成するそれぞれの古墳には複数の共通属性が認められます。それは次の通りです。
　墳丘は、盛土は認められるものの低墳丘です。墳丘規模・形は、直径30ｍ前後を最大級とし、最小では直径10ｍ以下にまでなる円墳が主となります。その上位形として帆立貝形墳が採用される場合も認められますが、構成される群集墳の主体は先述の通りの小円墳となります（第4図）。なお、例外的に方墳も存在する場合もあり、注意が必要です。
　埋葬施設は「竪穴式小石槨」が採用されることが多く（第5図）、そのほとんどは人体1体がやっと入れるくらいの規模を有するものです。他にも、「木棺直葬」や、竪穴式小石槨をさらに小さくした「竪穴式極小石槨」なども極めて客体的に存在します。なお、埋葬施設については、「1古墳1埋葬

	墳形	埋葬施設	埴輪
首長墓	前方後円墳 ・ 円墳	舟形石棺 etc ・ →横穴式石室	多形式
群集墳	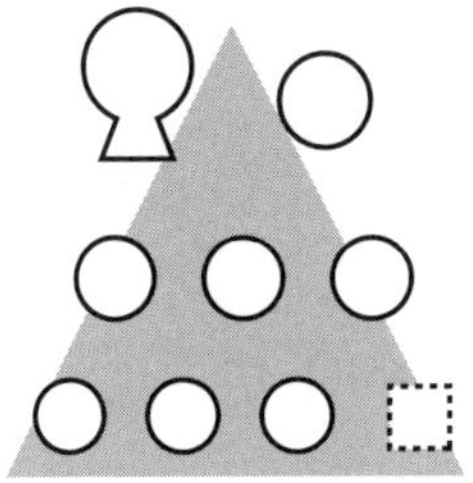	竪穴式小石槨 （木棺直葬）	円筒（朝顔） 人物 馬 家

第3図　初期群集墳の属性

第Ⅱ部　各地からの報告

施設」が厳守されるわけではなく、1古墳多数埋葬といった場合も認められ、その場合、多数埋葬される古墳は群内での有力墳に認められる傾向にあります。副葬品としては、刀子や刀、鉄製農工具、石製模造品、土器などが少量認められるのみです。墳丘への埴輪樹立は認められる場合も多いですが、円筒埴輪・朝顔形埴輪で主体です。勿論、形象埴輪が加わる場合もありますが、その場合は人物・馬・家程度に限定される傾向にあることも特徴です（第6・7図）。

　そして、これらで構成される群集墳は、群内では大型円墳や帆立貝形古墳を核として衛星的に他の古墳が存在する状況を呈します（第4図）。また、こうした群内には、古墳の間に埴輪棺や石槨墓といった墓が存在する場合もあ

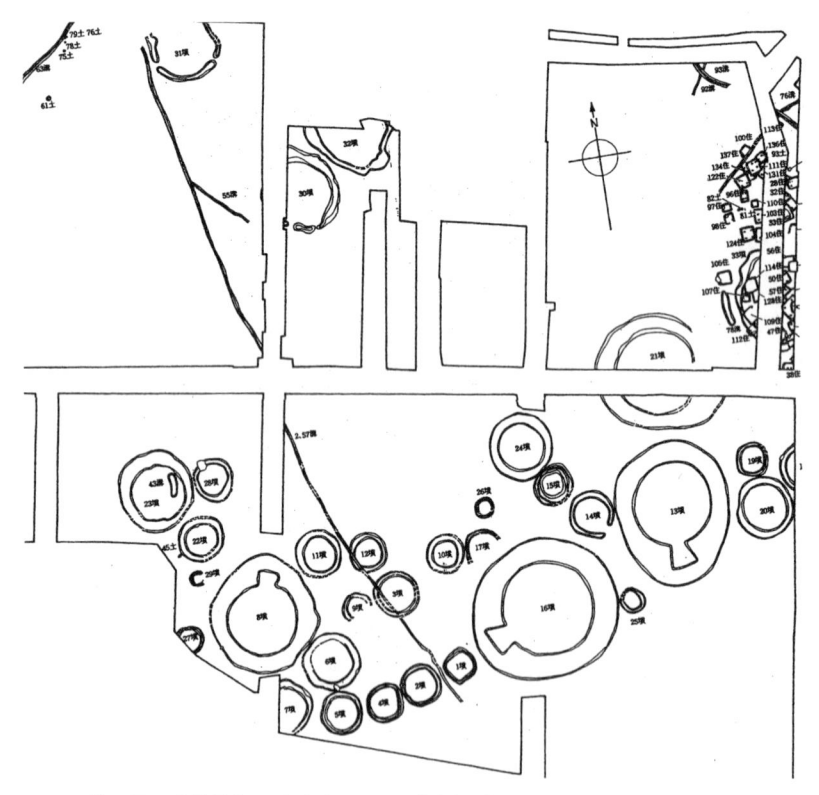

第4図　高崎情報団地遺跡における初期群集墳（1/3,000）（長井1997）

上野地域における群集墳構造の推移

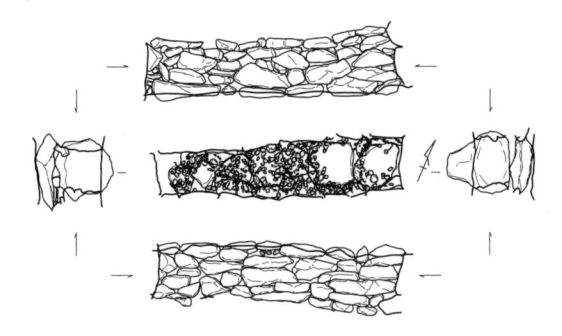

第5図　多田山3号墳の竪穴式小石榔（1/50）（深澤2004）

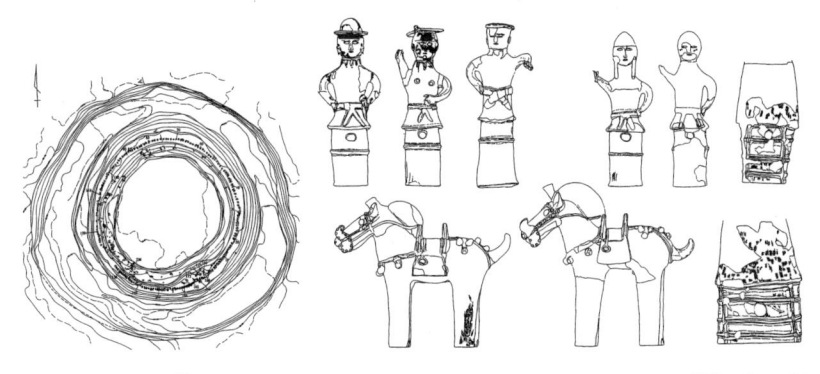

墳丘　S=1/800　　　　　　　　　　　　　　　埴輪　S=1/30
第6図　世良田諏訪下3号墳　墳丘と出土形象埴輪（三浦1998）

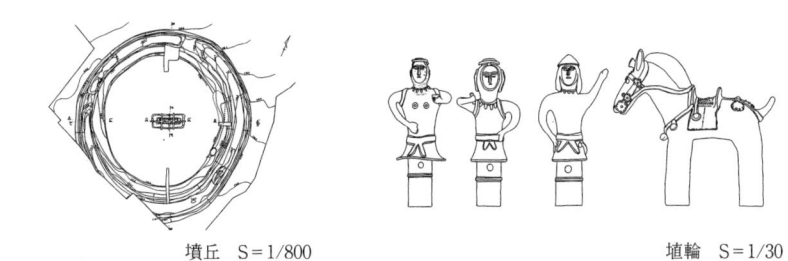

墳丘　S=1/800　　　　　　　　　　　　　　　埴輪　S=1/30
第7図　多田山4号墳　墳丘と出土形象埴輪（深澤2004）

第Ⅱ部　各地からの報告

ります。

　こうした群集墳の近年の調査事例としては、高崎市・高崎情報団地遺跡（長井1997）、高崎市・井出北畑遺跡（清水・大塚2003）、太田市・世良田諏訪下遺跡（三浦1998）、伊勢崎市・多田山古墳群（深澤2004）、邑楽郡大泉町・古海松塚古墳群（関本2002）、太田市・高林西原古墳群（高井2006）などが挙げられます。

　（2）　6世紀後半〜7世紀初頭にかけて築造される群集墳（第8図）

　一般には「後期群集墳」と呼ばれるものです。この群集墳を構成する各古墳に共通する特徴としては、埋葬施設として横穴式石室が採用されるという点が挙げられます（第9図）。その採用には、袖無型横穴式石室と両袖型横穴式石室の両者が存在しますが、その受容の様相についてはそれぞれの群の伝統性の保持や新進性の受容の状況により様相が異なるようです。

　墳丘規模及び墳形は直径20m以下の規模の円墳が主体をなし、横穴式石室の採用とあいまって、一定の高さをもつ墳丘が顕在化してきます。但し、その高さの確保にあたっては必ずしも平地に高く盛土するという方法ばかりでなく、構築場所の地形を利用し、見かけ上の墳丘高を獲得している場合も多く見られます。なお、直接的な上位墳として、前方後円墳の存在が認めら

	墳形	埋葬施設	埴輪
首長墓	前方後円墳・円墳	両袖型横穴式石室	多形式
群集墳	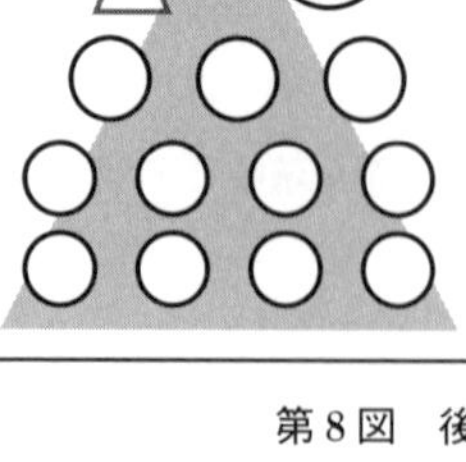	両袖型横穴式石室 袖無型横穴式石室	円筒（朝顔） 人物 馬 家 器財　etc.

第8図　後期群集墳の属性

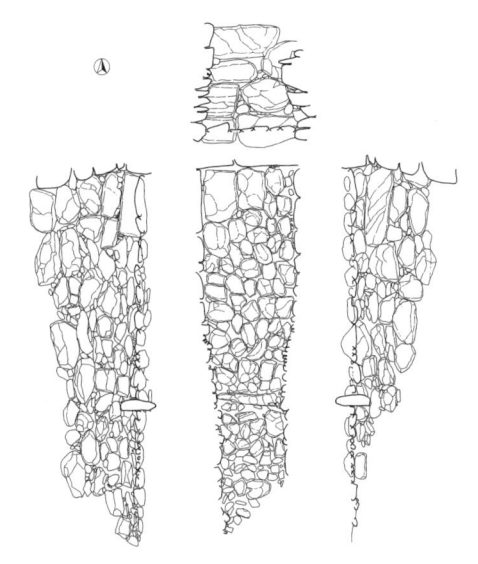

上野地域における群集墳構造の推移

第 9 図　神保下條 1 号古墳の横穴式石室（1/100）（右島 1992）

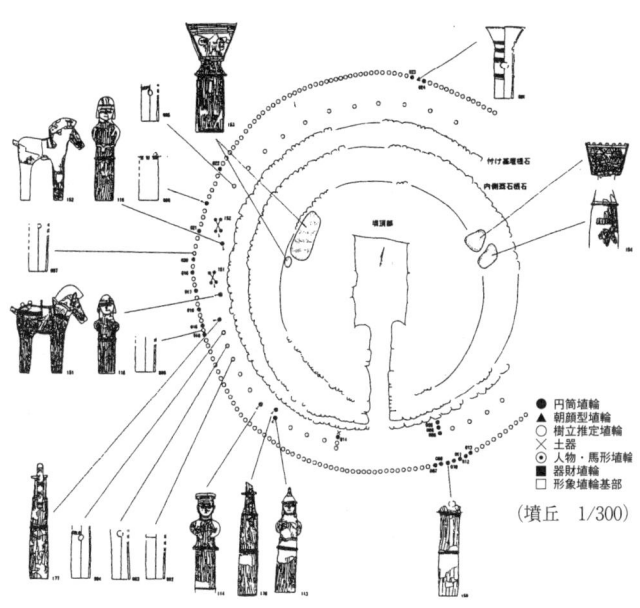

第 10 図　中原 II 遺跡 1 号古墳の形象埴輪出土分布図（入澤 2004）

れる場合もありますが、実際には群内の盟主墳的存在は大型円墳である場合が多いといえます。

墳丘への埴輪樹立は認められ、円筒埴輪と朝顔形埴輪はもちろんのこと、多形式の形象埴輪が構成に加わることも特徴です（第10図）。

こうした群集墳は、近年の調査事例としては、多野郡吉井町・安坪古墳群（入澤2005）、高崎市・和田山天神遺跡（女屋1999）などが挙げられます。

　(3)　7世紀代に築造される群集墳（第11図）

「終末期群集墳」と呼ばれるものであり、この群集墳を構成する古墳に特徴的な点は、画一性の高い横穴式石室の採用にあります。それは両袖型の玄室平面プラン、門柱石、天井構造が羨道部と玄室部では異なる"2段構造"、前庭などの汎的採用にあります（第12図）。墳丘規模及び墳形は直径15ｍ以下の規模の円墳が主体です。なお、円墳といっても整円を呈するものは少なく、それに加えて、周堀も不整なものが圧倒的に多いことも特徴のひとつです。

こうした群集墳は、近年の調査事例としては、高崎市・足門村西古墳群（若狭・綿貫1996）、利根郡昭和村・川額軍原遺跡（小村1996）、藤岡市・東平井古墳群平地前遺跡（軽部2000）、高崎市・金子如来古墳群（山田2006）など

	墳形	埋葬施設
首長墓	方墳・円墳	両袖型横穴式石室（切石積の採用）
群集墳	（不整円形）	両袖型横穴式石室

第11図　終末期群集墳の属性

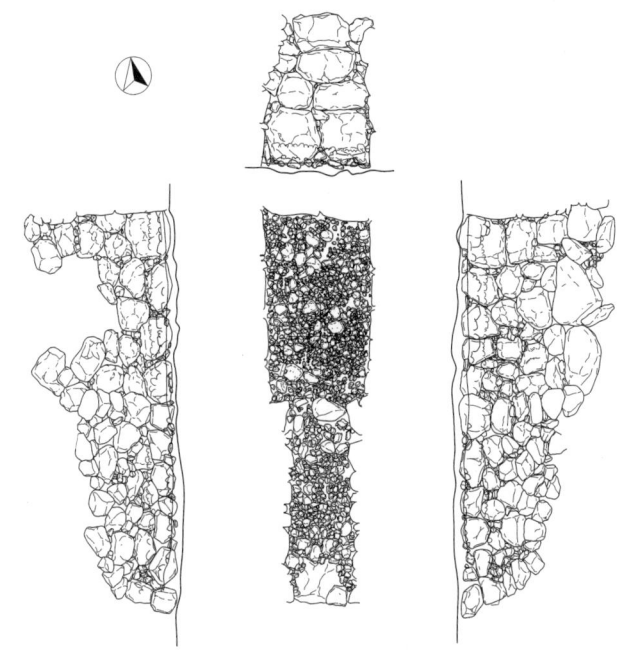

第12図　金子如来2号墳の横穴式石室（1/100）（山田2006）

が挙げられます。

2. 近年の調査事例に見る様相

（1）　高崎市・井出北畑遺跡（清水・大塚2003）（第13・14図）

　この遺跡では10基の古墳が調査されていますが、このうち6基が5世紀後半に築造された「初期群集墳」です。帆立貝形である北畑3号古墳（全長20.4m）と北畑10号古墳（全長26.8m）は群内では最大クラスの規模を持ち、円墳である北畑6～9号古墳（直径10～16m）との明確な差異をもちます。埋葬施設はいずれも削平されたようで未検出ですが、おそらくは竪穴式小石槨であったと推定できます。埴輪の出土状況も明確な特徴をもち、2条3段の円筒埴輪は全ての古墳から出土していますが、人物・動物・家形3種類の形象埴輪は北畑3・10号古墳と9号墳のみに限られます。加えて、これらの古墳の間には単独での埴輪棺や竪穴式小石槨などが認められます。

また、それ以外の4基の北畑1・2・4・5号古墳は6世紀中～後葉に位置づけがされている古墳であり、横穴式石室（推定も含む）が埋葬施設として採用されています。これらのあり方は前者の初期群集墳との継続性を認めることが難しいと想定されます。

　ところで、この古墳群における特質点は、この初期群集墳が同時期の首長墓である保渡田3古墳、特に井出二子山古墳に隣接している点にあり、同時期の重層的な墳墓構造を端的に示す重要な古墳群といえます。

　（2）　伊勢崎市・多田山古墳群（深澤 2004）（第15・16図）

　この古墳群では21基の古墳が調査されましたが、このうち9基が6世紀前半に築造された「初期群集墳」です。帆立貝形である多田山3号墳（全長25.0m）は群内最大であり、円墳である多田山1・2・4～9号墳（直径7.5～16.0m）とは明確な規模的差異を示しています。埋葬施設は竪穴式小石槨が主で、木棺直葬も存在します。多田山3号墳の中心埋葬施設は長軸長2.97mの竪穴式石室を採用し他との差異が明確です。さらに、多田山3号墳では墳丘内に埋葬施設3基と周溝内に埴輪棺1基、多田山2号墳（直径15.5m）では墳丘内に埋葬施設2基がそれぞれ存在し、「1古墳多数埋葬」のあり方を示しています。出土埴輪については、2条3段の円筒埴輪は多田山8号墳以外の8基では全ての古墳から出土していますが、人物・馬形・家形の形象埴輪は多田山2～6・9号墳で採用されているのみです。加えて、これらの古墳の間には単独での埴輪棺や竪穴式小石槨などが認められます。

　それ以外の12基のうち、多田山19・20号墳及び見切塚1号墳は6世紀中～後葉の築造であり、いわゆる「後期群集墳」を構成するものと考えられます。また、多田山10～18号墳は7世紀後半の切石積石室をもつ終末期古墳とそれに付随する古墳です。

　（3）　多野郡吉井町：安坪古墳群（入澤 2005）（第17図）

　この古墳群では17基の古墳が調査されていますが、このうち6基が6世紀後半、11基が7世紀に築造された古墳群です。

　前者の6基は直径10～約20mの円墳であり、埋葬施設には両袖型横穴式石室を採用しています。円筒埴輪をはじめ、人・馬・家のほか、盾・大刀・

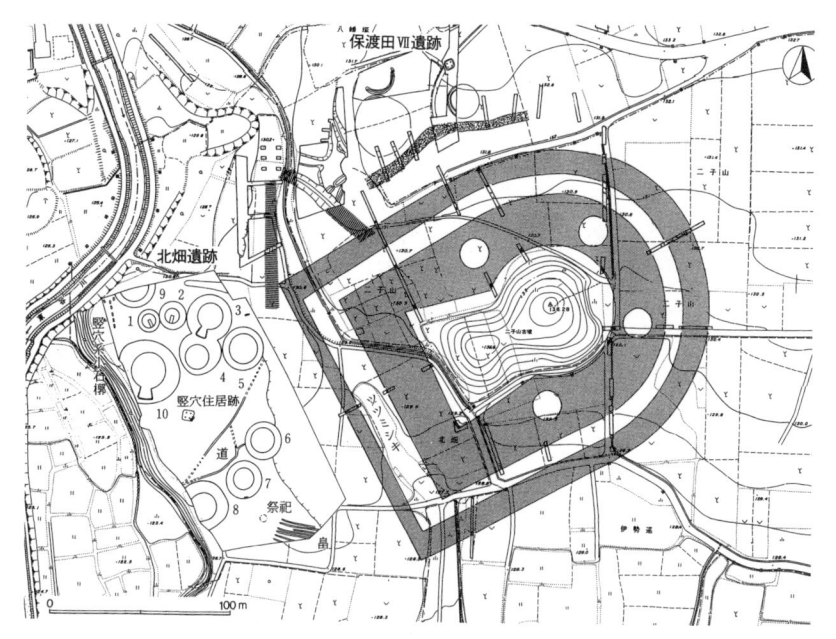

上野地域における群集墳構造の推移

第13図　井出北畑遺跡と井出二子山古墳との位置関係（若狭2000）

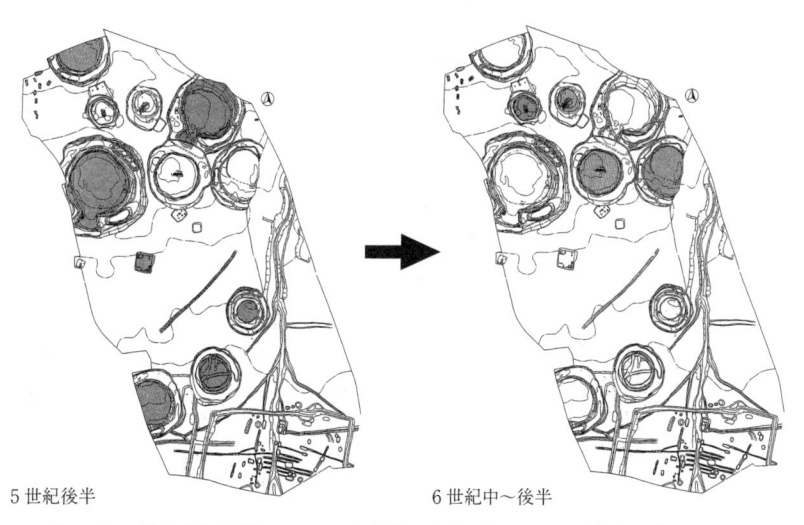

5世紀後半　　　　　　　　　　6世紀中～後半

第14図　井出北畑遺跡における古墳群の変遷（1/2,500）（清水・大塚2003）

81

第Ⅱ部　各地からの報告

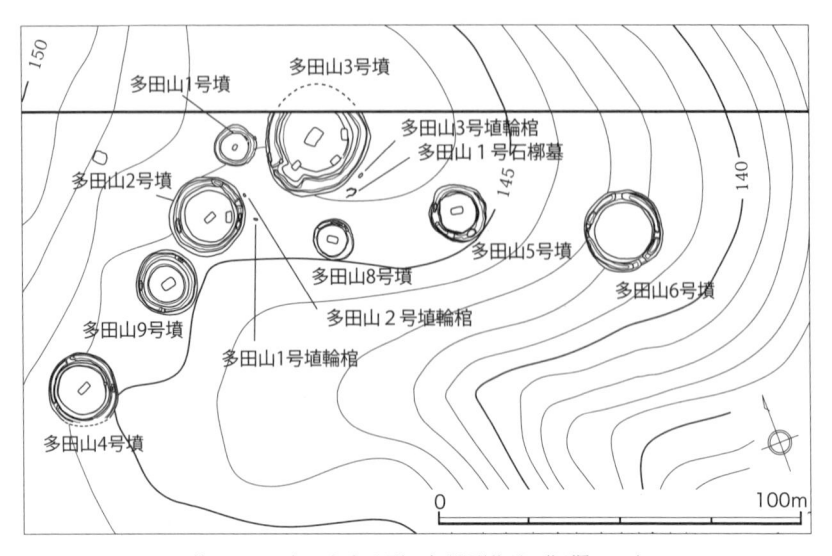

第 15 図　多田山古墳群の初期群集墳（深澤 2004）

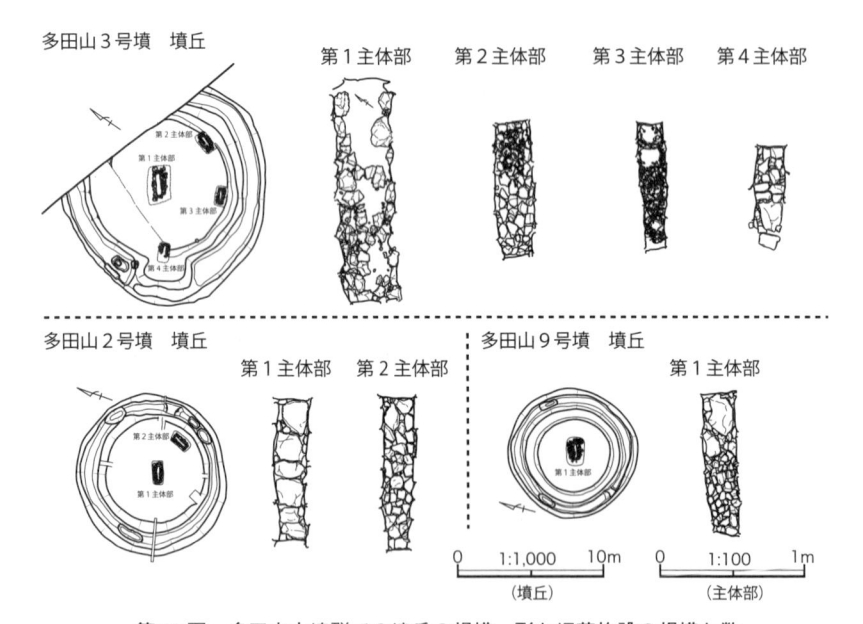

第 16 図　多田山古墳群での墳丘の規模・形と埋葬施設の規模と数

82

鞆・靫・翳・帽子などの形象埴輪も豊富に出土しています。こうした特徴からはこれらは「後期群集墳」を構成する古墳群といえます。

　一方、7世紀に築造された11基の古墳は、直径10〜19mの円墳であり、埋葬施設には両袖型横穴式石室を採用し、これらは「終末期群集墳」を構成するものと考えられます。

　(4)　高崎市・和田山天神前遺跡（女屋1999）（第18図）

　この遺跡では26基の古墳が調査されていますが、このうち5基が6世紀後半、19基が7世紀に築造された古墳群です（ほか2基は不明）。

　前者の4基は直径11〜15mの円墳であり、埋葬施設には狭長な両袖型横穴式石室を採用しています。円筒埴輪を主体とし埴輪を出土し、特に和田山4号古墳では人・馬・家・大刀・靫・盾・帽子等の豊富な形象埴輪を出土しています。こうした特徴からは「後期群集墳」を構成する古墳に相当するものと思われます。

　一方、7世紀に築造された19基の古墳は、直径7〜13mの円墳であり、埋葬施設には両袖型横穴式石室を採用しています。壁面の残存状況は思わしくないものの、和田山8・12・14・18号古墳などでは門柱石が認められ、和田山7・18・21号古墳などでは前庭も具備していることが確認されています。こうした特徴からはこれらが「終末期群集墳」を構成するものと考えられます。

　(5)　高崎市・足門村西古墳群（若狭・綿貫1996）（第19図）

　この古墳群では15基の古墳が調査されています。これらは、7世紀代に位置付けられる古墳群であり、直径約6〜19mの円墳で構成されています。埋葬施設は、残存状況が良くないものが多い中で、確認できるものはいずれも両袖型横穴式石室であり、前庭の具備も確認されています。

　各古墳の諸属性から考えるとこれらは「終末期群集墳」を構成するものと考えられます。

　(6)　藤岡市・東平井古墳群平地前遺跡（軽部2000）（第20図）

　この遺跡では23基の古墳が調査されていますが、いずれも7世紀代に位置付けられる古墳群です。これらは、直径約7〜14mの円墳であり（K8号古

第II部 各地からの報告

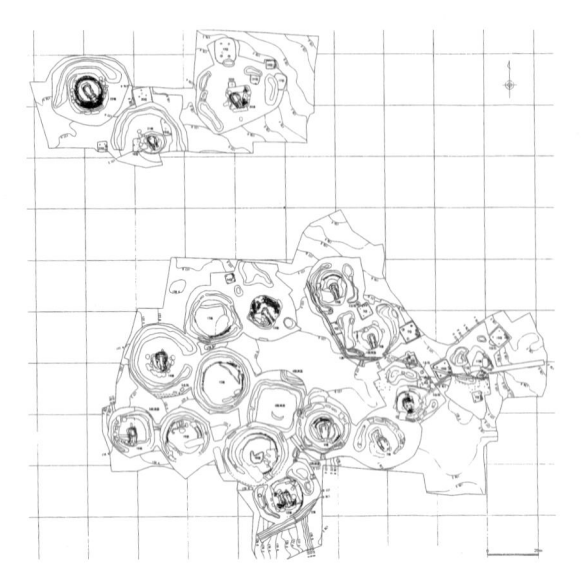

第17図 安坪古墳群における群集墳（1/3,000）（入澤 2005）

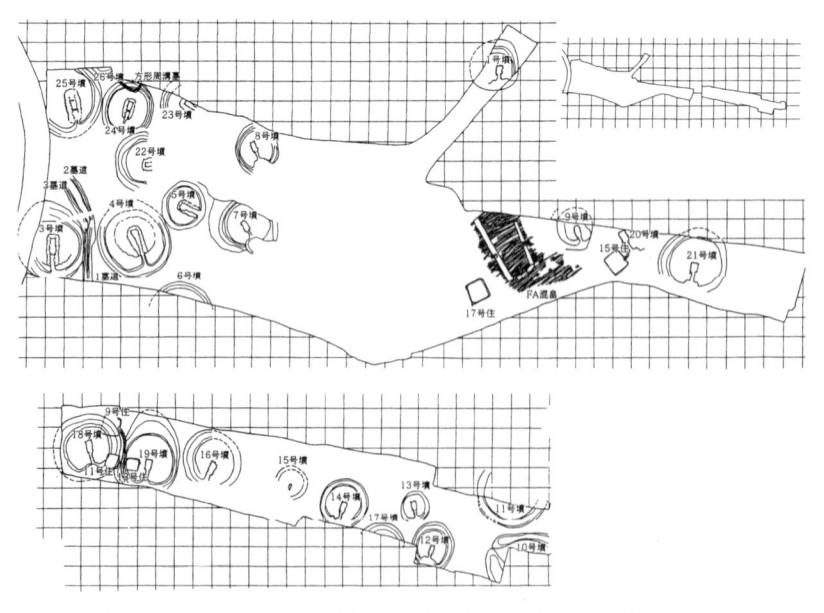

第18図 和田山天神前遺跡における群集墳（1/4,000）（女屋 1999）

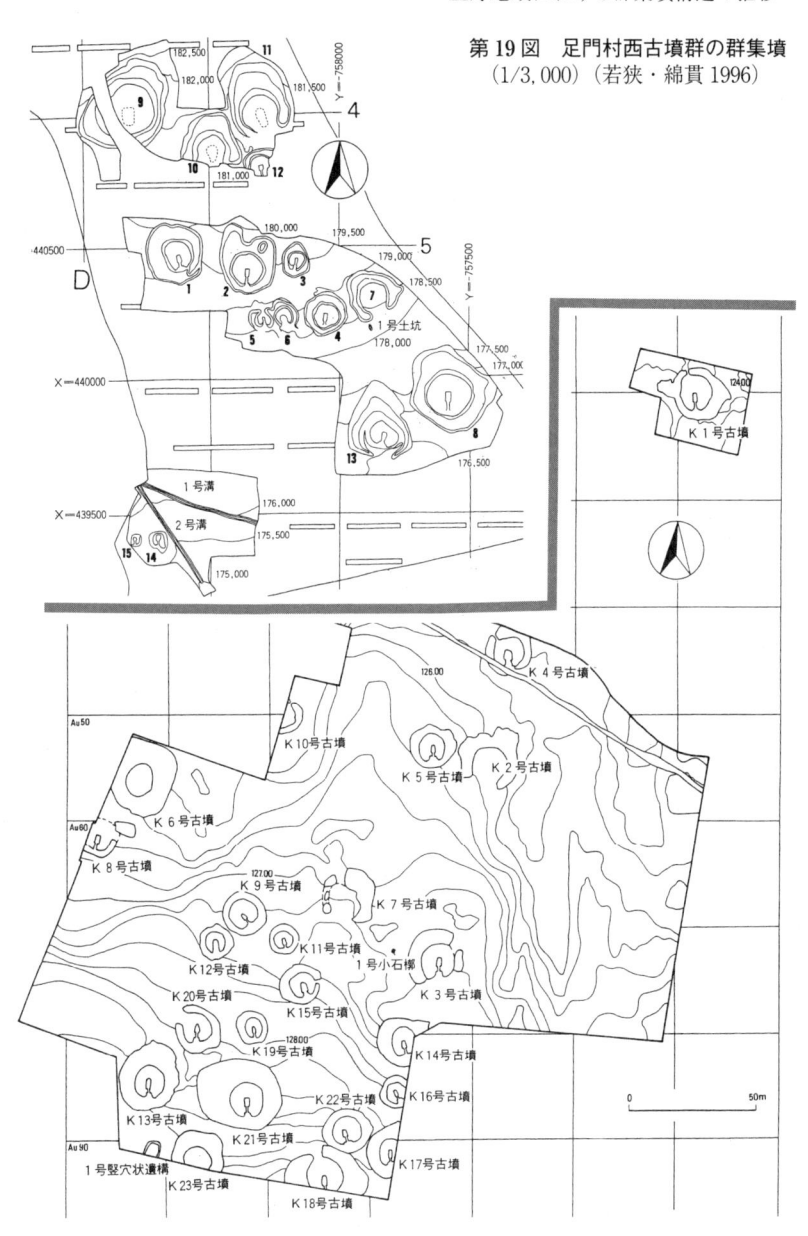

上野地域における群集墳構造の推移

第19図　足門村西古墳群の群集墳
（1/3,000）（若狭・綿貫1996）

第20図　東平井古墳群平地前遺跡の群集墳（軽部2000）

85

墳は方墳)、埋葬施設は明確な両袖型横穴式石室を主体とし、前庭も具備しています。

　東平井古墳群は6世紀代の古墳の存在も多く認められることから、限定的な位置づけには慎重な検討を要しますが、平地前遺跡における23基の古墳については「終末期群集墳」を構成するものと考えられます。

おわりに

　上野地域における群集墳の構造特徴について、先行研究と最近の調査事例とを照らし合わせながら整理を試みました。その結果、冒頭に提示した群集墳構造の推移は次の特徴によって理解することができます（図21）。

　初期群集墳については「低墳丘墳と竪穴系小石槨の採用」、後期群集墳については「横穴式石室の採用」、終末期群集墳については「定型的な両袖型横穴式石室の採用」がそれぞれの群集墳把握の主な特徴といえます。勿論、各地に造営される各時期の古墳群には、それぞれの在地の「造営理念」が存在していたでしょうから、そのことから生じるに地域間差異（造墓占地、一群を構成する古墳数、採用される石室形態の差異など）を考慮する必要は当然あるはずです。

　今後は、先行研究を加味した上での、的確な発掘調査による調査データのさらなる蓄積とその分析を経ることが必要であり、そのことが、上野地域の群集墳に内在する歴史性を解き明かす、唯一の手段となるでしょう。

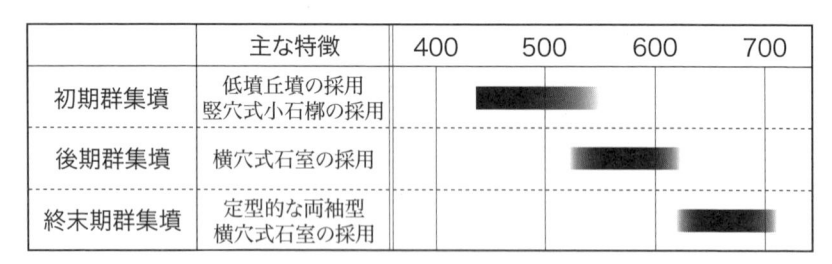

	主な特徴	400	500	600	700
初期群集墳	低墳丘墳の採用 竪穴式小石槨の採用		■■■■		
後期群集墳	横穴式石室の採用			■■■■	
終末期群集墳	定型的な両袖型 横穴式石室の採用				■■■

第21図　上野地域における群集墳構造の主な特徴

参考文献

入澤雪絵　2005　『安坪古墳群』　群馬県吉井町教育委員会
女屋和志雄　1999　『和田山天神前遺跡』　財団法人群馬県埋蔵文化財調査事業団
軽部達也　2000　『東平井古墳群平地前遺跡』　藤岡市教育委員会
小村正之　1996　『川額軍原Ⅰ遺跡』　群馬県昭和村教育委員会
鹿田雄三　1992　「赤城山南麓における群集墳成立過程の分析―群馬県伊勢崎市蟹沼東古墳群を中心にして―」『研究紀要』10　財団法人群馬県埋蔵文化財調査事業団
清水　豊・大塚美恵子　2003　『井出地区遺跡群　井出北畑遺跡』　群馬県群馬町教育委員会
関本寿雄　2002　『古海松塚古墳群』　大泉町教育委員会
高井佳弘　2006　『高林西原古墳群』　財団法人群馬県埋蔵文化財調査事業団
長井正欣　1997　『高崎情報団地遺跡』　高崎市教育委員会
長井正欣・小林　修　2001　「中期古墳から後期古墳へ」『東北・関東前方後円墳研究会シンポジウム　中期古墳から後期古墳へ』
深澤敦仁　2004　『多田山古墳群』　財団法人群馬県埋蔵文化財調査事業団
右島和夫　1992　『神保下條遺跡』　財団法人群馬県埋蔵文化財調査事業団
右島和夫　1994　「上野における群集墳の成立」『東国古墳時代の研究』
右島和夫　2000　「東国の群集墳―上野地域の事例を中心に―」『群集墳の時代―下野における成立と展開―』第14回企画展示図録　栃木県立しもつけ風土記の丘資料館・栃木県教育委員会
右島和夫　2003　「群集墳の成立背景」『福岡大学考古学論集―小田富士雄先生退職記念―』
三浦京子　1998　『世良田諏訪下遺跡』　尾島町教育委員会
山田琴子　2006　『金子如来古墳群』　高崎市教育委員会
山田俊輔　2001　「東北・関東における古式群集墳の展開」『遡航』19
山田俊輔　2005　「古墳時代中期群集墓分析の新視角」『考古学ジャーナル』528
若狭　徹・綿貫綾子　1996　『足門村西古墳群』　群馬県群馬町教育委員会
若狭　徹　2000　『保渡田八幡塚古墳』　群馬県群馬町教育委員会

北武蔵における後期古墳の動向

太 田 博 之

はじめに

　北武蔵の古墳時代後期は、前方後円墳集成畿内編年（広瀬1992：以下単に「集成編年」と略す）8期における埼玉稲荷山古墳の出現とこれにつづく埼玉古墳群の形成を中心に語られることが多い。しかし、埼玉古墳群の周辺部に展開する並行期の大型前方後円墳・円墳の評価については、さらに検討すべき問題を残している。一方、群集墳の形成は、集成編年7期にはじまり、終末期へ連続するが、古墳築造数には、時期より大きな変動が認められる。また、集成編年10期には大型前方後円墳を頂点とし、中・小型前方後円墳から、群集墳を主体的に構成する小型円墳に至る独自の秩序を形成する。

　本稿では、これらの点を議論の中心として、北武蔵における後期古墳の動向について述べる。

1. 首長墳の動向

(1) 埼玉古墳群と古墳の平面設計

　埼玉古墳群の前方後円墳には、中堤の西側に突出部や陸橋を付設した長方形の二重周堀を備えるという特徴がみられる。この特異な長方形二重周堀は、群内最古の稲荷山古墳（120 m）の段階ですでに採用され、後期後半の鉄砲山古墳（109 m）・中の山古墳（79 m）まで継承される。また、大型前方後円墳に限らず、群内最小規模の愛宕山古墳（53 m）も同型の周堀を備えている。埼玉古墳群の前方後円墳における長方形二重周堀の採用は、築造時期・墳丘規模に関係なく一貫していることがわかる。独自の周堀形態が、長期間、統一的に採用されている事実は、古墳の平面設計という可視的レベルにおいて、

他集団との差異を表示しようとする意図が、歴代の古墳築造主体に受け継がれていたことを示すものだろう。

稲荷山古墳とほぼ同時期の群馬県保渡田八幡塚（96m）・同井手二子山古墳（108m）では、内堀の4カ所に円墳状の「中島」を配置する平面設計がみられる。やや遅れて、栃木県では、下野市・壬生町地域を中心に、「基壇」を特徴とする下野型古墳が広く分布する。一様に地域的個性の表出と映るこれらの動向は、畿内の古墳を範型とする古墳時代中期段階までの同一性志向とは、異なる意識を反映していると理解すべき現象である。集成編年8期以降、関東の古墳築造者の間に、前方後円墳に対する価値意識の変化が生じていることを示している。

(2) 埼玉古墳群と若小玉古墳群

埼玉古墳群の北方に存在する若小玉古墳群（行田市）は、4基以上の前方後円墳と大形円・方墳に、小型円墳を主体とした群集墳が付属する古墳時代後・終末期の古墳群である（金子1980）。前方後円墳には愛宕山古墳（73m）、荒神山古墳（73m）、三方塚古墳（58m）があり、相互に近接して存在した笹塚・稲荷塚も、本来は70m台の前方後円墳であった可能性が高い。若小玉古墳群におけるこれらの前方後円墳の築造時期には、なお不明な部分も多いが、三方塚古墳からは6世紀中葉段階に編年される円筒埴輪が出土していることから、前方後円墳の出現は、集成編年9期段階まで遡る。また、終末期には円墳の八幡山古墳（90m）、方墳の地蔵塚古墳（28m）など複室構造の横穴式石室を備える大型古墳が築造されている。こうしたことから、若小玉古墳群では、古墳時代後期から終末期にかけて、大型古墳が継続的に造営されていたことは確実といえ、埼玉古墳群の被葬者集団とは別個に、長期に継続した首長系譜の存在がうかがえる。

なお、三方塚古墳の周辺では、大規模な「古式群集墳」の存在が明らかになっている。造営時期は出土する埴輪・土師器から集成編年8期を中心とする[1]。

一方、埼玉古墳群においても、近年、終末期古墳の状況が判明しつつある。鉄砲山古墳東方に所在する浅間塚古墳（前玉神社古墳）は、墳丘径58mの大

第Ⅱ部　各地からの報告

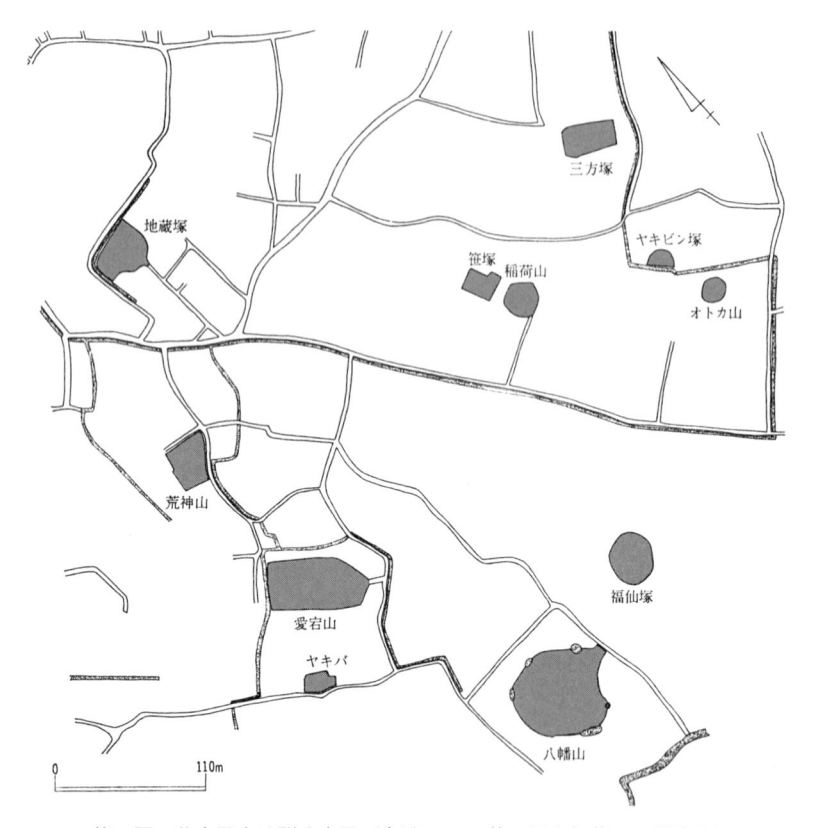

第1図　若小玉古墳群分布図（金子 1980：第3図を転載・一部改変）

形円墳で、前方後円墳消滅後の首長墓の有力な候補である。また、中の山古墳の東方に所在する戸場口山古墳は、二重周堀を備える墳丘辺 42 m の大型方墳で、浅間山古墳に後続する段階の首長墓と推測される。

　以上のような、埼玉・若小玉古墳群の形成過程から、北武蔵の上位首長の系譜は、古墳時代後期から終末期段階にかけて、有力な二系統が並立する状態にあった可能性が高いといえる。

（3）　大型前方後円墳築造の消長

　集成編年8期以降、北武蔵における墳丘主軸長 100 m 以上の前方後円墳の築造は、7基を数える。分布は埼玉古墳群とその周辺地域に限定され、他の

地域にはみられない。築造時期は、FA下の稲荷山古墳と二子山古墳が集成編年8期に、他の5基はすべて集成編年10期に該当する。

これに対し、集成編年9期の前方後円墳は、埼玉古墳群を含め、墳丘規模の縮小傾向が認められる。埼玉古墳群の瓦塚古墳は、墳丘下旧表土層中にHr-FAの堆積を認め、MT15〜TK10段階の須恵器を出土する当該期の代表的な前方後円墳であるが、墳丘全長は73mにとどまる。周辺地域では、永明寺古墳（羽生市・78m）が集成編年9期後半段階に該当し、墳丘主軸長は瓦塚古墳を上回るものの、前段階の稲荷山・二子山古墳との格差は大きい。

これに対し、集成編年9期の円墳には、墳丘直径が、前方後円墳の墳丘長を大きく上回る例がみられる。埼玉古墳群の丸墓山古墳（105m）は、かつて二子山古墳以前の築造とされていたが、墳丘下旧表土層中にHr-FAの堆積が確認され、築造時期は集成編年9期まで降る。地域はやや離れるが、甲山古墳（熊谷市・90m）も同期に該当する可能性が高い。集成編年9期の北武蔵では、最大規模を示す古墳の墳形が、前方後円墳から円墳に変化していることがわかる。

(4) 後期後半の大型前方後円墳

集成編年10期には埼玉古墳群とその周辺に、墳丘主軸長100mを超える5基の大型前方後円墳が相次いで築造される。このなかで、鉄砲山古墳、真名板高山古墳（127m）、天王山塚古墳（107m）には埴輪の樹立が確認されるのに対し、若王子古墳（103m）、小見真観寺古墳（112m）では埴輪を欠いている。このことから、これらの古墳の築造時期には若干の時間差も考えられるが、約10km四方の狭い範囲で墳丘主軸長100m以上の大型前方後円墳の築造が集中する現象は、古墳時代全期を通じて、集成編年10期以外には認められない。

また、埼玉鉄砲山古墳を除く4古墳の近辺では、集成編年9期以前に同規模の大型前方後円墳の築造がみられない[2]。また、古墳時代終末期において、大型前方後円墳に後続する有力な円・方墳の存在を確認できない点も共通する。つまり、集成編年10期にみられた大型前方後円墳の築造は、埼玉古墳群以外、いずれも単発に終わっており、埼玉・若小玉両古墳群の伝統勢力が、

第Ⅱ部　各地からの報告

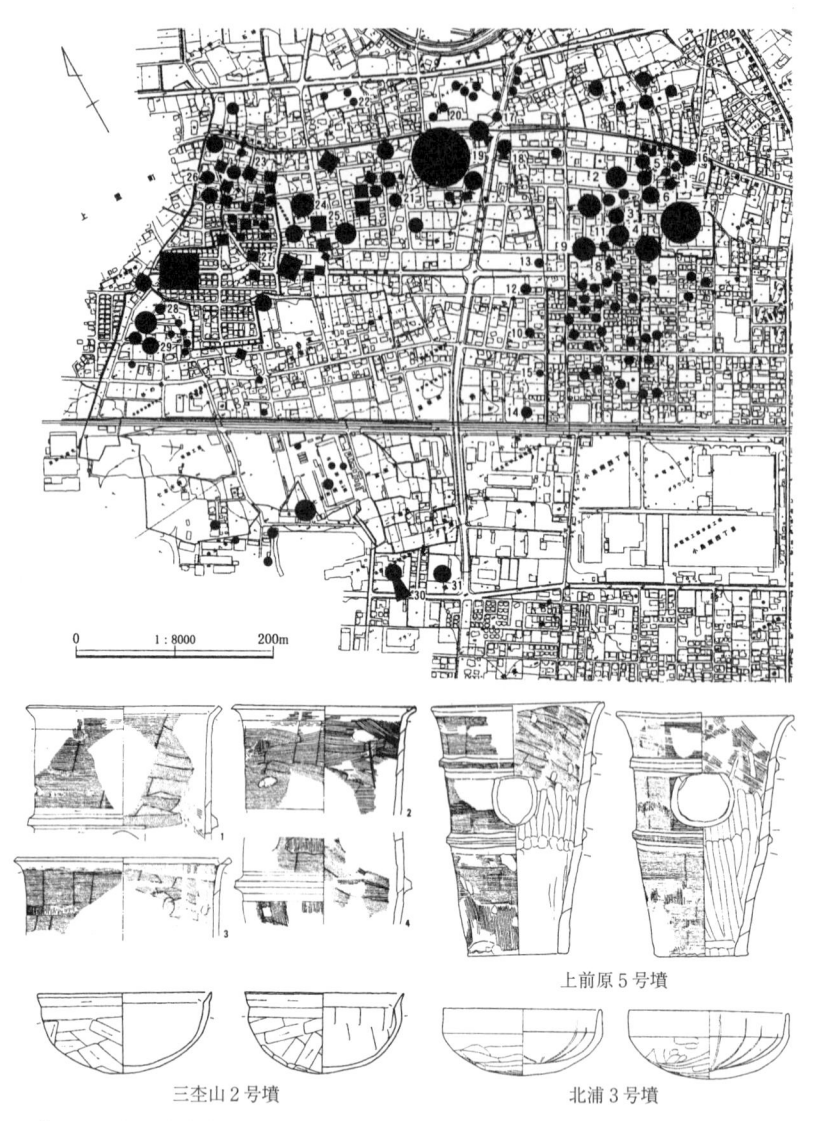

第2図　旭・小島古墳群（上前原5号墳、三杢山2号墳、北浦3号墳）の分布と
集成編年7期の出土遺物（埴輪1/10、土器1/6）
(太田編1990：第7図、同2004：図22・24、同2006：図2、本庄市教育委員会編
1986：第9・10図から転載・一部改変)

終末期にも大型円・方墳の築造を継続していることと対照をなしている。

2. 群集墳の動向

(1) 群集墳造営の開始時期

北武蔵での群集墳形成は、集成編年7期に始まる。外面二次調整にBc種ヨコハケを施す窖窯焼成の円筒埴輪、TK208段階の須恵器、典型的な坏蓋模倣坏出現以前の不定形な坏蓋模倣坏や内斜口縁坏に代表される和泉式後半期の土師器などの出土が指標となる。旭・小島古墳群（本庄市）、塚合古墳群（同）、塚本山古墳群（美里町）などでは、これらの遺物を出土する直径20m以下の小型円墳が複数存在しており、北武蔵における「古式群集墳」形成の画期と位置づけられる。ただし、埴輪・須恵器の普及は未だ限定的で、戸森松原古墳群（深谷市）のように、これらを伴わない群集墳もみられる。

つづく集成編年8期に形成を開始する群集墳も多い。外面二次調整を欠く円筒埴輪とTK23・47段階の須恵器、鬼高式期の典型的な土師器坏蓋模倣坏の出土が指標となる。また、人物・馬形埴輪が、群集墳レベルで一般的に導入されるのもこの段階である。新屋敷古墳群（鴻巣市）、西五十子古墳群（本庄市）、東五十子古墳群（同）、後山王古墳群（美里町）など短期間に集中的な築造を見ることを特徴とする。

さらに、集成編年10期に至って、あらたに形成を開始する群集墳も少なくない。埋葬施設に横穴式石室を採用する円墳を主体に構成される典型的な「新式群集墳」[3]として成立し、人物・馬形埴輪に器財埴輪を加えた豊富な形象埴輪群を伴う。造営は埴輪消滅ののちも継続し、終末期前半にかけて盛期を迎える。三ヶ尻古墳群（熊谷市）、鹿島古墳群（深谷市）など大規模な群集墳を形成する場合が多い。

(2) 群集墳形成の2つの盛期

北武蔵の群集墳造営は、集成編年7期に始まり、終末期へと継続していく。しかし、この間の古墳築造の歩速は常に一定であったわけではない。

新屋敷古墳群（鴻巣市）、後山王古墳群（美里町）では、築造時期の判明する古墳の多くが、群集墳造営当初の集成編年8期に集中し、集成編年9期前

第 II 部　各地からの報告

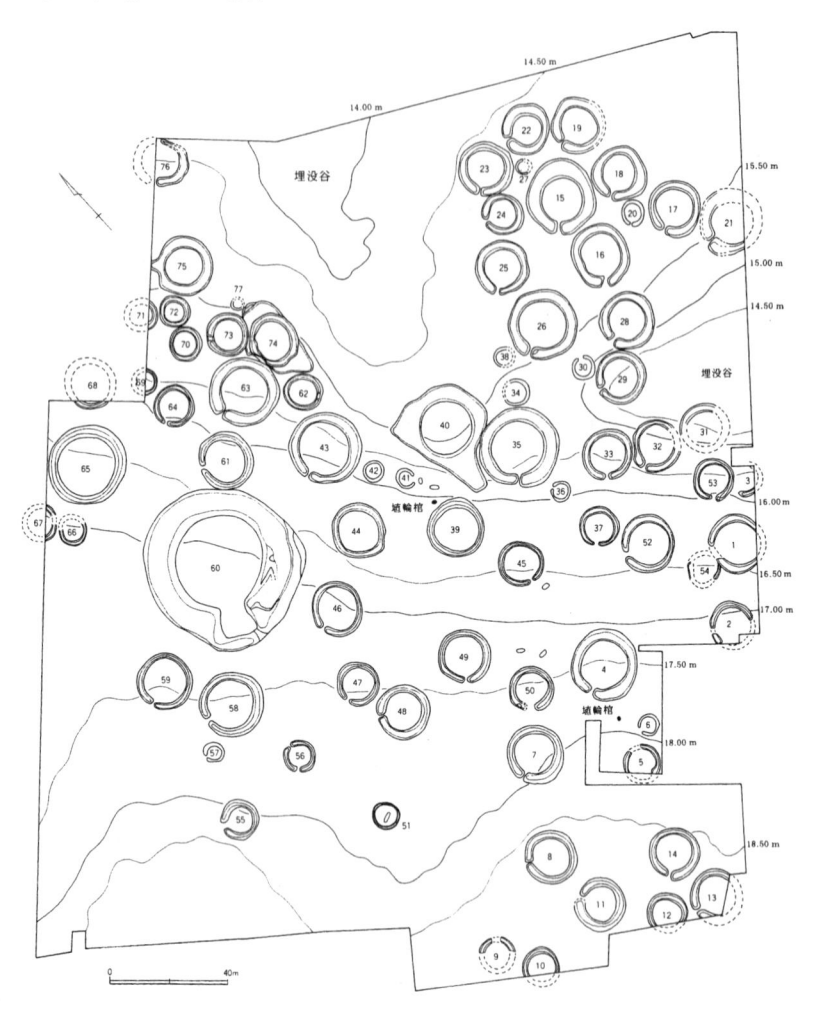

第 3 図　新屋敷古墳群分布図（大谷編 1998：第 190 図を転載・一部改変）

半までに築造の古墳を加えると全体の 80% 前後を占める。また、東五十子
古墳群（本庄市）では 31 基中 23 基が集成編年 8 期に集中し、その後、断絶
期間を経て、集成編年 10 期後半に形成を再開している。集成編年 8 期に築
造の盛期があり、集成編年 9 期の中断期を経て、集成編年 10 期にふたたび
造墓活動が活発化するパターンは西五十子古墳群（本庄市）や、集成編年 7

期に形成を開始している旭・小島古墳群、塚合古墳群、塚本山古墳群においても同様である。

このように、北武蔵の群集墳形成の盛期には、集成編年8期を中心とする段階と、集成編年10期後半から終末期前半にかけての前後二段階の時期があり、これに対し、集成編年9期を中心とする段階は、前後の時期に比べ、群集墳形成の低調な時期にあたっていることがわかる。

(3) 群集墳形成の盛期と群集墳型式

青柳古墳群（児玉郡神川町）の北塚原7号墳（円・16 m）は、埋葬施設に狭長な無袖型横穴式石室を採用しているが、MT15段階の須恵器甕を出土し、築造時期は古式群集墳の段階に並行する。群集墳への横穴式石室導入が早い地域では、群集墳形成のふたつの盛期のうち、第一の盛期である「古式群集墳」のなかに、「新式群集墳」の要素がすでに現れている。同様のことは畿内の群集墳でも指摘されているが（和田1992）、北武蔵においても、群集墳形成における前後二段階の盛期と、「古式＝竪穴系」・「新式＝横穴式」という埋葬施設の構造差に基づく理念的な群集墳型式とは、厳密には対応しない現象が存在する。

(4) 群集墓の形成過程

集成編年7期のうちに形成を開始する群集墳は、先行する前・中期の古墳と同一の群を成していることが多い。柏崎・古凍古墳群は、古墳時代前期の前方後方墳を古墳群形成の嚆矢としている。塚本山古墳群では、古墳時代前・中期の小型方墳が、群内に数多く混在し、旭・小島古墳群では、これに中期の円墳が加わっている。戸森松原古墳群でも集成編年7期の円墳群と古墳時代前期の方墳群が相互に一定の間隔を空けて分布し、先行する古墳を意識した計画的な配置が推測される。

これに対し、新屋敷古墳群、西五十子古墳群、東五十子古墳群など、集成編年8期に築造を開始する群集墳では、群内に先行する前・中期の古墳を含まない。古墳時代前期以来の地域の伝統的勢力が、他の新興勢力に先行して群集墳形成を開始することを示しているといえる。

以上から、古墳時代の群集墓形成には、①前期の方墳群、②集成編年8期

を中心とする古式群集墳、③集成編年10期から終末期前半にかけての新式群集墳という三段階の盛期が存在すると理解される。

　また、実態的な群集墓の形成パターンは、
①古墳時代前期における小型方墳の築造にはじまり、集成編年7・8期に「古式群集墳」を形成し、10期・終末期に「新式群集墳」の形成をみる類。
②集成編年8期に「古式群集墳」として形成を開始し、9期の停滞・空白期間を経て、10期・終末期に「新式群集墳」の形成をみる類。
③集成編年10期に「新式群集墳」として形成を開始し、終末期へと継続する類。
の3タイプに類型化できるだろう。

　(5)　群集墓の造営主体

　古墳時代前期の方墳群と「古式群集墳」・「新式群集墳」の形成主体を社会的階層的性格の面から明確に区分することは難しい。実際、上記の①のタイプに該当する旭・小島古墳群、塚本山古墳群などでは、「新式群集墳」段階においても少なからぬ古墳の築造があり、古墳時代前期の方墳、「古式群集墳」段階の小型円墳とともに、三時期の古墳がモザイク状に展開している。これらの事例は、特定の地域集団が自らの伝統的墓域を保持しつつ、長期にわたって断続的な古墳造営を行なう場合があったことを示すもので、群集墓形成主体として、古墳時代を通じ、強固に存在した有力世帯層の姿を暗示するものといえる。

3. 後期古墳の空間構成

　(1)　大型前方後円墳と群集墳

　ここまで述べたことからも理解されるように、北武蔵では大型前方後円墳の規模の大小と群集墳の築造数の多寡との間に一定の相関性が認められる。

　埼玉古墳群とその周辺域では、集成編年8・10期に墳丘主軸長100mを超える大型前方後円墳が築造される。そして、集成編年9期には、前方後円墳の規模の縮小化とともに首長墳の墳形に変化がみられる。その一方で、群集墳造営の盛期には集成編年8期を中心とした段階と集成編年10期から終末期にかけての段階二時期があって、集成編年9期を中心とする段階は、群集

墳形成の停滞する時期にあたり、大型前方後円墳出現の時期が、群集墳形成の盛期と合致していることが理解される。このことから、群集墳形成の要因としてしばしば指摘される「上位首長の勢威が相対的低下し、そのことが下位首長による造墓活動を促進した」という図式は、北武蔵の場合にはあてはまらないだろう。むしろ、北武蔵における群集墳形成のふたつの盛期は、大型古墳の築造者である有力首長層の主導により、周辺の中・小首長層の再編成が図られたことを示していると理解したい。

(2) 階層構造の二態

集成編年8期以降の北武蔵には、大型前方後円墳を頂点とし、中間層に中・小型前方後円墳・帆立貝式古墳を挟んで、末端に古式・新式群集墳を置く重層化傾向が明確化する。ただし、中間層の構成には古式と新式の段階で相違が認められる。

集成編年8期を中心とする「古式群集墳」段階では、中間層として帆立貝式古墳が位置するが、規模に大小があり、小型の帆立貝式古墳の場合は群集墳内の中核的古墳として存在していることが多い。また、墳丘主軸長60～70ｍ台の中型前方後円墳は少数が見られるものの、墳丘長50ｍ以下の小型前方後円墳は確認できない。「古式群集墳」段階における中間層の形成は、のちの「新式群集墳」段階に比べ、それほどに明確なではない。

これに対し、「新式群集墳」の段階では帆立貝式古墳が減少し、代って全長50ｍ以下の小型前方後円墳の築造が顕著となる。中型前方後円墳も古式群集墳段階に比べ増加する。首長各層によるこのような造墓活動のあり方は、上位の首長により、あらたな中間層の創出が図られ、前方後円墳被葬者層として編成されることで、下位首長層の序列化が推進された結果といえる。

(3) 生産物の広域的流通

古墳時代後期後半の関東には、石室・石棺石材や埴輪など古墳の築造に関係する特定の物資が、日常的な流通の範囲を超えて、広域的に流通する現象が見られる。これらの物資のなかには、一定の流通圏を形成するものもあり、そこに国造の成立過程をみようとする議論も存在する。

北武蔵に関係する物資をみると、上総から埼玉古墳群の将軍山古墳に、石

第Ⅱ部　各地からの報告

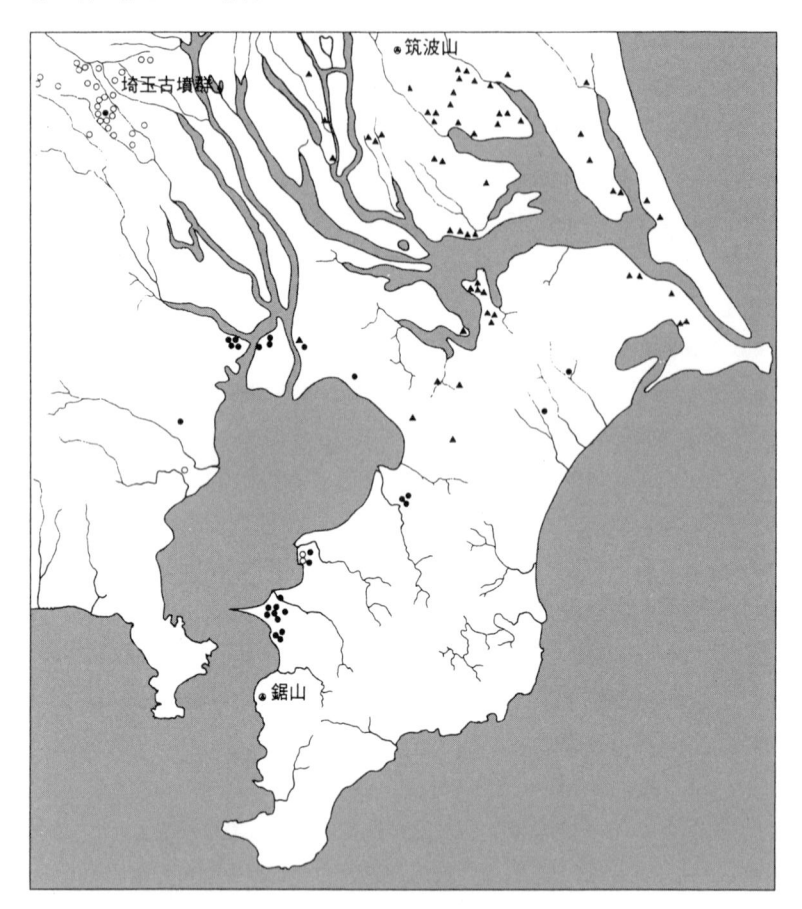

第4図　古墳使用石材の分布（●：房州石、○：緑泥片岩、▲：筑波石）
（松尾 1997：第1図を転載）

室石材として「房州石」が運ばれている。一方、北武蔵からは、緑泥片岩製石棺が川崎市第六天塚古墳（円・18 m）、木更津市金鈴塚古墳（前方後円・95 m）に供給されている（松尾 1997）。また、生出塚窯産の埴輪が、南武蔵の東京湾や上総の山倉1号墳（前方後円・46 m）に運ばれている（日高 1997）。
　さらに、最近では、利根川中流域で生産された埴輪が、南武蔵へ供給されている事実も報告されている。（中里 2006）。群馬県伊勢崎市・玉村町・埼玉

県本庄市を中心とした地域[4]には、胎土に角閃石安山岩を含む埴輪が集中的に認められるとともに、一部が遠く南武蔵の多摩川流域や東京湾岸にも分布している。この角閃石安山岩を含む埴輪は、生産遺跡が未発見であり[5]、また生産に関与した組織も単一であったとは限らない。しかし、利根川中流域における分布には一定のまとまりがあることから、生産遺跡もこの分布域の内にあると予想される。南武蔵へは、利根川中流域で生産された製品が供給されたと考えてよいだろう[6]。

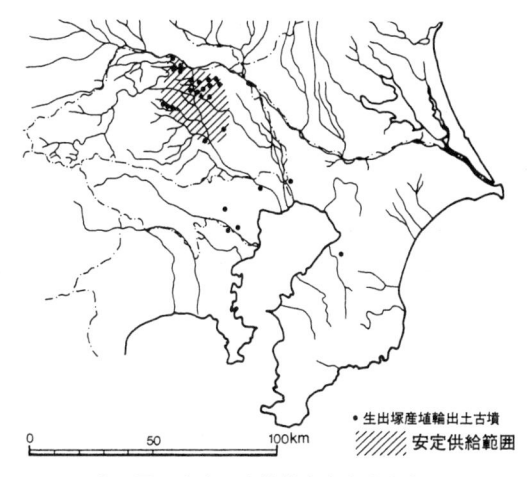

第5図　生出塚窯埴輪出土古墳分布図
（日高1997：図2を転載）

　ところで、こうした古墳築造に関係する各種物資の受給関係は、やや複雑である。多方面からの埴輪・石材の供給を受けている南武蔵の例にみるように、生産地と供給地との地域間の対応は、固定的ではない。また、個々の首長間の関係も、常に一対一の個別的なものではく、同一古墳に多系統の埴輪や石室石材が供給される事実がしばしば認められる。このような各種物資の受給実態からは、地域間においても、また首長個人間においても、同時多面的な関係が通常であり、交差的に発達した首長間関係の存在が推測される。

　なお、地域間における物資受給のありかたには、相互的関係と一方向的関係の2つのパターンが認められる。埼玉古墳群周辺地域と上総の東京湾東岸地域は、集成編年10期段階において、ともに墳丘主軸長100m前後の大型前方後円墳の築造をみるが、上記のように、この2つの地域の間では石棺・石室石材の相互的な供給がおこなわれている。これに対し、墳丘主軸長100mを超す大型前方後円墳の築造を認めない南武蔵地域では、集成編年

第Ⅱ部　各地からの報告

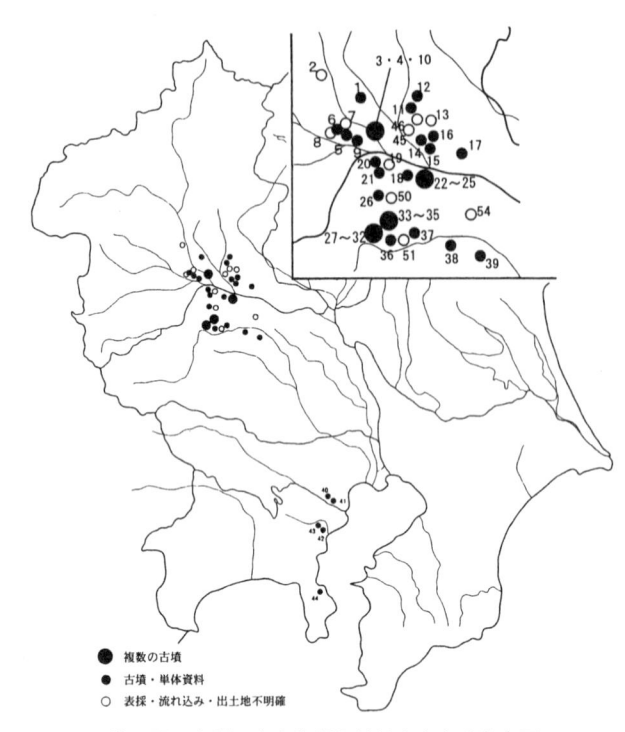

第6図　角閃石安山岩混入埴輪出土古墳分布図
（中里 2006：第2図を転載）

9・10期段階においては、ほとんど埴輪生産がおこなわれず、他地域からの一方的な供給によって需要が賄われている。

この2つの関係をモデル化すればつぎのようになるだろう。前者は、古墳築造に関係する各種資材の生産と流通を管掌する上位首長間の対等的関係に基づくもので、遠距離かつ相互方向の移動として現象し、物資「交換」として認識されるパターンである。これに対し、後者は、上位首長と中・小首長層間の階層的傾斜を背景に、前者に比較すると近距離で、単一方向の移動として現象し、物資の「配付」・「分与」として認識されるパターンである。古墳時代後期後半の地域間における各種物資の移動は、上記の2つのパターンが重層的に現象した結果であると理解される。

ここまでにみたような古墳築造に関係する特定物資の流通の背景には、造墓活動自体が首長間関係の確認行為として重要な位置を占めているような社会が存在しているようにみえる。そして、一連の物資が各地の上位首長の管掌下に生産されたものであるとすれば、それらの分布は、上位首長による

「交換」や「配付」・「分与」行為の反映と理解される。石材や埴輪の広域流通の裏側には、従来の地域圏を越えて、相互に連携し、広範な中・小首長層の結集を企図した各地上位首長による活動が存在したと考えられるだろう。

　註
1) 若小玉古墳群内の群集墳は、ことごとく墳丘を失っているため、埋葬施設の型式は不明であるが、一部に集成編年10期に降下する古墳も含まれる。
2) 小見真観寺古墳の至近には虚空蔵山古墳（50ｍ±）、天王山塚古墳の近くには夫婦塚古墳（45ｍ）、本村1号墳（40ｍ）、東浦古墳（58ｍ）など、集成編年10期段階の前方後円墳が存在する。埼玉古墳群の周辺に存在した中・小の在地的勢力が、築造する古墳の規模を一時的に大型化させたということになるだろう。
3) 「新式群集墳」は和田晴吾氏（和田1992）の提唱された名称による。ただし、和田氏の新式群集墳の定義は限定的で、埋葬施設に畿内型横穴式石室が採用された群集墳を指すものとされており、東日本の群集墳には必ずしもあてはまるものではない。本稿での「古式群集墳」・「新式群集墳」は、単に「古式＝竪穴系」・「新式＝横穴式」という埋葬施設の構造差に基づく群集墳型式を示す言葉として用いている。
4) 埼玉県北西部の本庄市を中心とする児玉地域は、今回のシンポジウムの地理的的区分でいえば、北武蔵よりもむしろ上野の動向との連動性が高い地域といえる。少なくとも、荒川・元荒川流域の大里・北埼玉地域とは明確に区分される文化的様相をもつ。
5) 中里は角閃石安山岩を含む埴輪の生産地として、本庄市赤坂埴輪窯跡を候補にあげている。
6) 周知のように、角閃石安山岩は群馬県榛名山二ッ岳を起源とし、6世紀中葉とされるFP降下時の爆裂の際に多量に噴出していることから、胎土に角閃石安山岩を含む埴輪は、利根川流域で広範に生産されていたことも考えられる。しかし、実際の集中分布域は、中里の指摘した範囲にとどまるようである。この地域で活動した埴輪生産組織が、角閃石安山岩を含む粗砂を混和剤として意図的に使用した結果であろう。

第 II 部　各地からの報告

引用・参考文献

太田博之（編）　1990　『旭・小島古墳群小島北浦地区発掘調査報告書』本庄市遺跡調査会報告第 1 集　本庄市遺跡調査会

太田博之（編）　2004　『旭・小島古墳群―上前原 1～3・5～11 号墳―』本庄市埋蔵文化財調査報告第 27 集　本庄市教育委員会

太田博之（編）　2006　『旭・小島古墳群―林地区 I―』本庄市埋蔵文化財調査報告書第 3 集　本庄市教育委員会

大谷　徹（編）　1998　『新屋敷遺跡 D 区』埼玉県埋蔵文化財調査事業団報告書第 194 集　財団法人埼玉県埋蔵文化財調査事業団

金子真土　1980　「II 八幡山古墳の立地と環境」『八幡山古墳石室復原報告』、pp. 2-5　埼玉県教育委員会

中里正憲　2006　「角安混入埴輪の分布と製作域」『考古学の諸相 II』坂詰秀一先生古希記念論文集、pp. 914-924　匠出版

日高　慎　1997　「埴輪からみた交流と地域性」『人物埴輪の時代』、pp. 74-81　葛飾区郷土と天文の博物館

広瀬和雄　1992　「前方後円墳の畿内編年」『前方後円墳集成　畿内編』、pp. 24-26　山川出版

本庄市教育委員会（編）　1976　『本庄遺跡群発掘調査報告書 III』本庄市埋蔵文化財調査報告第 8 集

松尾昌彦　1997　「横穴式石室石材の交流と地域性―房州石使用古墳を中心として―」『人物埴輪の時代』pp. 79-82　葛飾区郷土と天文の博物館

和田晴吾　1992　「群集墳と終末期古墳」『新版古代の日本』第五巻近畿 I、pp. 325-350　角川書店

多摩川流域および周辺における後・終末期古墳群の特性と地域構造

松 崎 元 樹

はじめに

本稿で扱うのは南武蔵の後・終末期古墳群である。当該地域は東京都および神奈川県北東部を含む広大な領域を有するため、これを包括的に扱うことは不可能である。また、古墳群全体を対象とした詳細な調査事例も限定されることから、むしろ表題にある多摩川流域とその周辺に絞って、古墳群の特性と地域性を抽出することで、その地域動向を報告したい。

1. 古墳群の分布と画期

多摩川流域の古墳の分布は、下流域左岸の武蔵野台地東端部や右岸台地上、中・上流域の段丘面から多摩丘陵地内に及んでおり、ある程度の地域的なまとまりを示している（第1図）。その分布状況はほぼ律令制下の郡の領域に相当し、下流から荏原・橘樹・多磨の3郡にまたがっている。南部地域では鶴見川水系にある丘陵地帯や台地においても、数多くの古墳群が営まれており当該地域は都筑・久良郡に属している。また、荏原郡北部の豊島郡域においても、荒川流域や東京湾西岸の台地縁辺や内陸部に古墳群が形成されている。

これらの大部分は後期以降に形成されたもので、古墳時代終末期にかけての群小墳や横穴墓群によって占められている。参考までに、南武蔵の後・終末期古墳の数を比較したのが表1で、これによれば、多磨郡以外では高塚古墳をはるかに超える数の横穴墓が掘削されており、当地域

第1表　南武蔵の後・終末期古墳数

種別	高塚古墳		横穴墓	
領域	群数	基数	群数	基数
豊島郡	7	35	32	114
荏原郡	7	20	83	371
橘樹郡	8	19	31	118
多磨郡	18	153	32	150
都筑郡	4	23	66	128

＊橘樹郡には一部久良郡域を含む。両墓数は公表された資料を基に集計し、不確実な古墳は除いた。（江口2005をもとに作成）

の顕著な特質ともいえる。私見では、多摩川流域を中心とする古墳造営の画期は、つぎの5つの時期に区分される[1]。

第1の画期は、大型の前方後円墳が下流域両岸に出現する前期中葉段階である。第2の画期は中期前葉にもとめられ、中〜下流域における帆立貝形古墳の継起的造営に加え、副葬遺物に畿内の影響を強く有する。つづく、第3の画期は、中期後葉の円墳を主体とする竪穴系埋葬施設をもつ古式群集墳の出現であり後期前葉にかけて存続する。第4の画期は、新たに導入される横穴式石室墳の出現であり、本流域周辺では概ね後期後葉段階に相当する。第5の最終画期は終末期で、前方後円墳の消滅と小規模石室墳や横穴墓により構成される終末期群集墳が形成される段階である。

2. 地域首長墓と古墳群の動向

(1) 前方後円墳の消長

多摩川下流域両岸では、田園調布・日吉・加瀬台古墳群において前期中葉から全長100m級の大型前方後円墳（宝莱山古墳・亀甲山古墳・加瀬白山古墳・観音松古墳）が築造されており、中流域の砧地域や鶴見川支流域でも中規模の前方後円・方墳（砧中学校7号墳・稲荷前1・16号墳）が造られていることから、水系を媒介とする各地域首長勢力の結びつきが想定される（寺田2003・野本2005）。ところが、この地域では前期末葉には前方後円墳の造営が一旦停止し、代わって中期前葉から、多摩川野毛地域に帆立貝形古墳や造出し付円墳を採用する首長墓が継起的に築造され始める。ただし、これら首長墳の規模は前代よりも明らかに縮小する（第2図）。

一方、多摩川中・上流域では、中期中葉頃から中小規模の砧・狛江・下布田・平山古墳群等が新たに出現する。中でも、狛江古墳群は5世紀中葉から6世紀中葉にかけて円墳を主体とし、竪穴系埋葬施設をもつ古墳群で構成される流域初期の群集墳としての位置づけが可能である。

後期前葉には再び下流域左岸の田園調布や右岸の二子地域、鶴見川水系の日吉台地域等に前方後円墳が復活造営されるが、全長40〜60mほどの中規模墳であり前・中期のあり方とは大きく性格の異なるものと考えられる。

多摩川流域および周辺における後・終末期古墳群の特性と地域構造

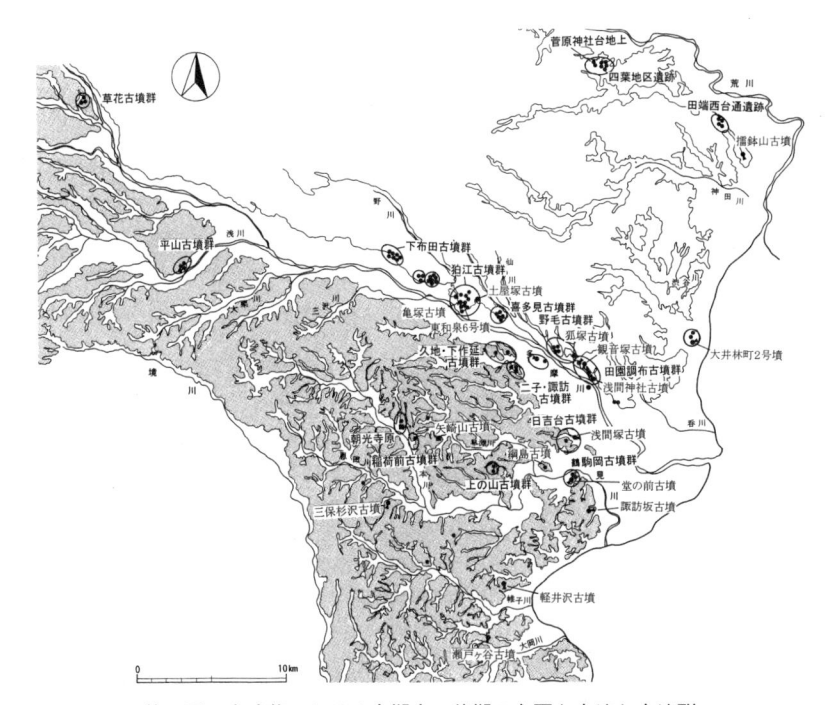

第1図　南武蔵における中期末～後期の主要な古墳と古墳群

第2図　多摩川中・下流域左岸の古墳変遷図（寺田2003を改変）

第 II 部　各地からの報告

　田園調布古墳群では 6 世紀末葉までに、浅間神社古墳 (60 m)─庵谷古墳 (60 m)─観音塚古墳 (48 m)・多摩川台 1 号墳 (39 m) が継起的に築造され、荏原郡域では 6 世紀後葉の観音塚古墳以後に横穴式石室が本格的に導入される[2]。都築郡内では三保杉沢古墳 (28 m)、久良郡域では軽井沢古墳 (26.5 m) が築造され、これらの主体部はほぼ同時期に横穴系埋葬施設への転換が図られ、いずれも地域首長墓としての最後の前方後円墳に横穴式石室が採用されている。

(2)　中期中葉〜後期前葉の古墳群

a) **狛江古墳群**　多摩川中流域左岸の低段丘面に展開する古墳群で、約 50 基で構成され、東から岩戸・和泉・猪方の 3 支群に区分される。狛江古墳群の形成初期の様相に関しては、近年実施された岩戸支群に属する土屋塚古墳 (径 58 m) の調査によって次第に明らかになってきた (宇佐美ほか 2006)。この大型円墳からは黒斑を有し、方形透かしをもつ円筒埴輪が多量に検出され、5 世紀中葉の築造が確認された。和泉支群の駄倉塚古墳とともに、当古墳群に埴輪が導入される最初期の古墳である。また、弁財天池 1 号墳も 5 世紀中葉前後に築造された古墳であるが、これには埴輪は伴わず径 30 m 以下の規模である。同一支群にあっても埴輪を有するものと、伝統的な土師器供献を志向する古墳の 2 タイプが混在する (第 3 図)。また主体部についても、礫槨・木炭槨・竪穴石室等と多様であり、初期の群集墳の形成過程が一様ではなかった点がうかがえる。後期前葉には猪方支群中に全長 41 m の帆立貝形の亀塚古墳が出現しており、円墳主体の群構成に変化がみられる。亀塚古墳からは古式群集墳として知られる奈良県御所市石光山古墳群中の 8 号墳 (前方後円墳) に共通する剣菱形杏葉・f 字形鏡板付轡などの馬具をはじめ、多量の武器類・神人歌舞画像鏡などが出土しており、盟主墳としての位置づけが可能である。この時期、下流域において途絶していた前方後円墳が復活造営される動きと何らかの関連性が想定される。当古墳群は横穴式石室が導入される後期後葉前には構築を停止しており、終焉の在り方にも特長がある。

b) **下布田古墳群**　当該古墳群は狛江古墳群よりさらに上流に位置し、ほぼ同時期から形成される (第 4 図)。全部で 14 基ほどが近接して確認されており、

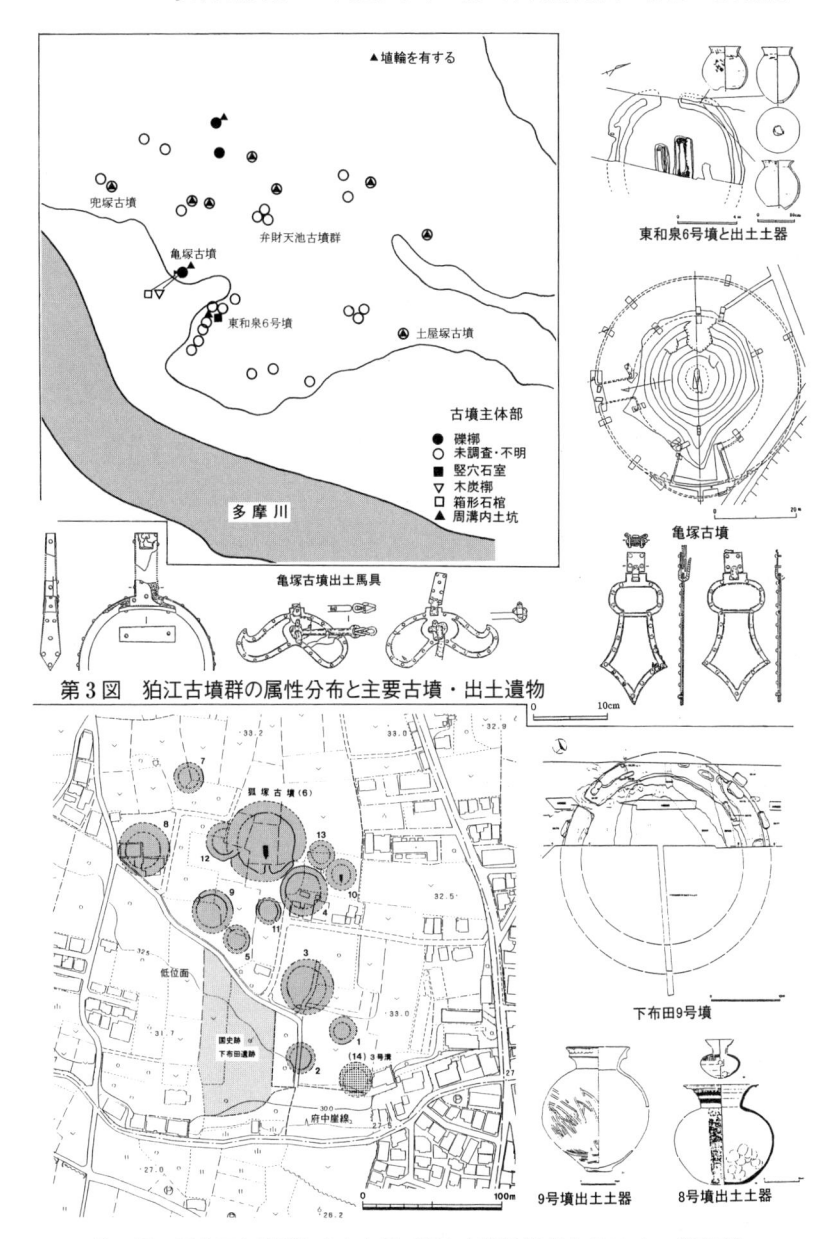

多摩川流域および周辺における後・終末期古墳群の特性と地域構造

第3図 狛江古墳群の属性分布と主要古墳・出土遺物

第4図 下布田古墳群と出土土器（調布市遺跡調査会 2003 を一部改変）

墳丘規模は外径20〜40mを有する（調布市教育委員会2003）。この中で、9号墳は5世紀前葉末に築造されており、周濠内外には側壁抉り込みの土坑墓が掘削されている。また、8号墳の周濠から初期須恵器が出土しており、古墳群の性格を考える上で重要な資料である。当古墳群は概ね6世紀後半段階まで継続しており、6号墳（狐塚古墳・60m）において横穴式石室が採用されている。これは、狛江古墳群の様相とは大きく異なる点であり、最後まで埴輪を伴わない点も含めて留意される点である。

こうした特性を有する中小の古墳群としては、流域では他に飛田給古墳群、平山古墳群、草花古墳群などが挙げられ、いずれも多磨郡内の離れた地域にブロック的に形成されたものである。古墳群の様相からすれば、狛江古墳群とは明らかに異なるものであり、存続時期や規模の差が構築集団の性格の違いを表していると考えられる。一方、同じ時期に野毛・砧地域に形成される小規模群集墳については、大多数の古墳に埴輪を有することから、これら上流域の古墳群とは若干異なるようである。

中期後葉に出現する初期群集墳の造墓集団については、その分布状況から、前期以来古墳築造を実施してきた伝統的な在地豪族の他に、この時期新たに台頭してきた中小豪族によっても形成されたと考えられる。さらに、狛江亀塚古墳が示すように、渡来系要素を色濃く有する副葬遺物の存在は、造墓集団の出自や性格に関わるものとして重視され、同時に本流域における中期から後期への移行期における変化の画期として位置づけることができる。

3. 石室墳・横穴墓の構造と地域性

（1） 切石積石室墳の様相

南武蔵地域における横穴式石室には、凝灰質砂岩による切石積石室と河原石積石室の二者が存在する。前者はおもに東南部、後者は西北部を中心とする分布範囲を示す。本格的導入時期はほぼ共通し、後期後葉のTK43型式期にある。それ以前にも、一部に先駆け的な横穴式石室墳が見られるものの、導入の契機は中小規模の前方後円墳や円墳である。

多摩川・鶴見川流域の後・終末期の古墳でとくに注目されるのが、切石積

石室墳の様相である。本石室は荏原・橘樹・都筑郡域では出現期から普遍的にみられ、河原石積石室を主体とする多磨郡の在り方とは好対照をなす。荏原・都筑郡では短冊形ないしは矩形を基本とする両・片袖の石室構造を有し、TK209〜217 型式期にかけて円墳を主体とする石室墳を創出するが、どれも石室全長 4〜6 m あまりの平均的な規模を示している。これに対し、橘樹郡や多磨郡域ではいわゆる胴張り複室構造を有する石室墳が造営される。多磨郡では局地的に当該形式の石室墳が導入され注目される。このタイプの石室は、北武蔵の比企地方（東松山市周辺）や若小玉地域に多くみられるもので、少なくとも 6 世紀末葉に出現する。南武蔵においては、川崎市加瀬台の第六天古墳が初現期の胴張り複室墳と考えられ、組合せ式石棺を内蔵する。出土土器から 6 世紀末葉の築造と推定される。この石室床面には凝灰質砂岩の切石が敷かれており、北武蔵のかぶと塚古墳石室とも共通する要素をもつ。7 世紀以降みられる石室は、玄室が極端な円形プランを有する形態に変化しており、三室構造を採るものが認められる。多摩川上流域においては、北大谷古墳（円墳又は方墳 39 m）、熊野神社古墳（上円下方墳 32 m）に加え、野川流域の天文台構内古墳（方墳 30 m）が類似する三室構造を有するものであり、7 世紀前葉以降、継起的に各地域に構築されたものと考えられている（池上 1992・2006、江口 2005、草野 2006）。また、二室構造を有する稲荷塚古墳（多角形墳？34 m）や臼井塚古墳も和田古墳群中に築造される。ほぼ同時期に近隣地域に出現する当該形式の石室墳については、多磨郡内における地域動向に深く関わる現象と認識される。本来河原石積石室が主体を占める地域において、胴張り複室の切石積石室墳が出現する背景には、地域性の枠組みを超えた石室墳造営者の社会的地位が象徴されている。

　一方、下流域の橘樹郡においても第六天古墳付近に加瀬台 3 号墳（円墳）が構築され、次いで梶ヶ谷地域には矩形の三室構造をもつ馬絹古墳（円墳 33 m）や法界塚古墳等が造営される。馬絹古墳の石室には顕著な胴張りは無いものの、規模や構造において熊野神社古墳との共通性がうかがえる。また、荏原郡域においては、TK217 型式期に世田谷区下野毛岸 3 号横穴墓にみるような特異な形式の墓室が出現する。すなわち、玄室のみローム基盤を刳り

第Ⅱ部　各地からの報告

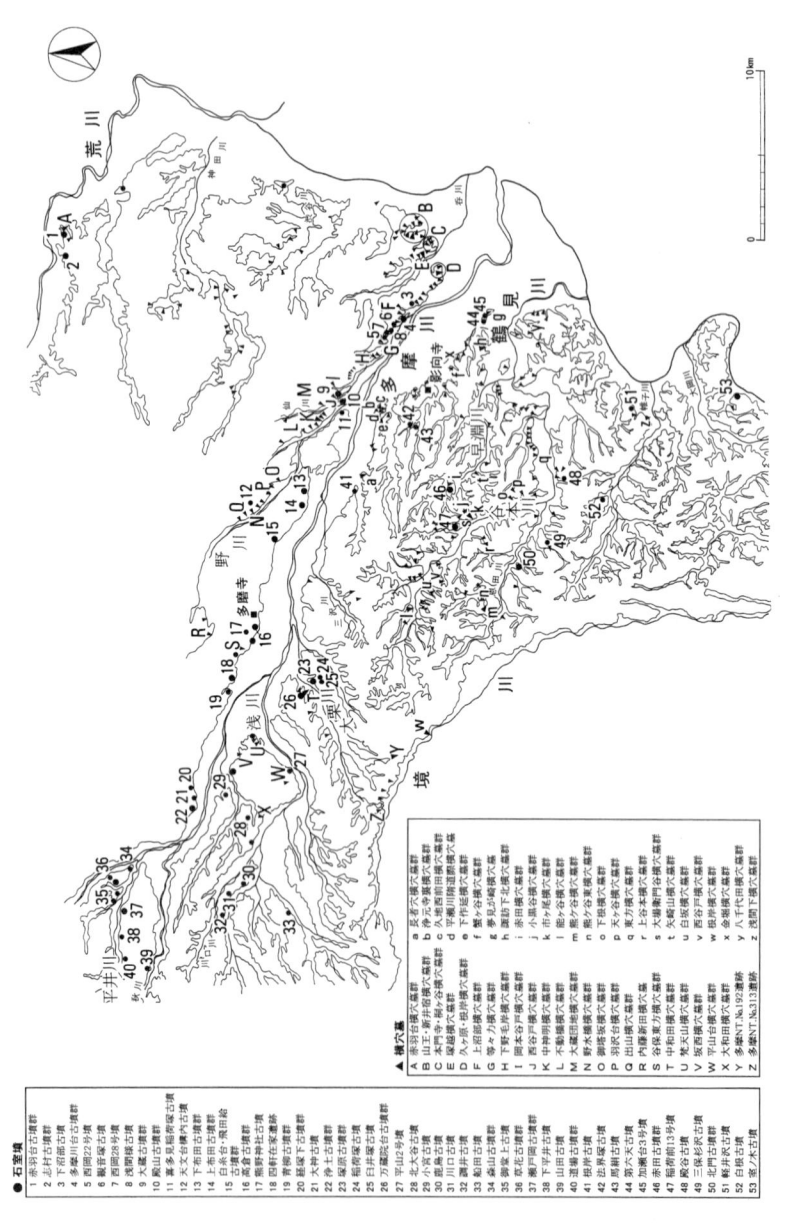

第5図　多摩川流域・周辺地域における主要な石室墳・横穴墓の分布

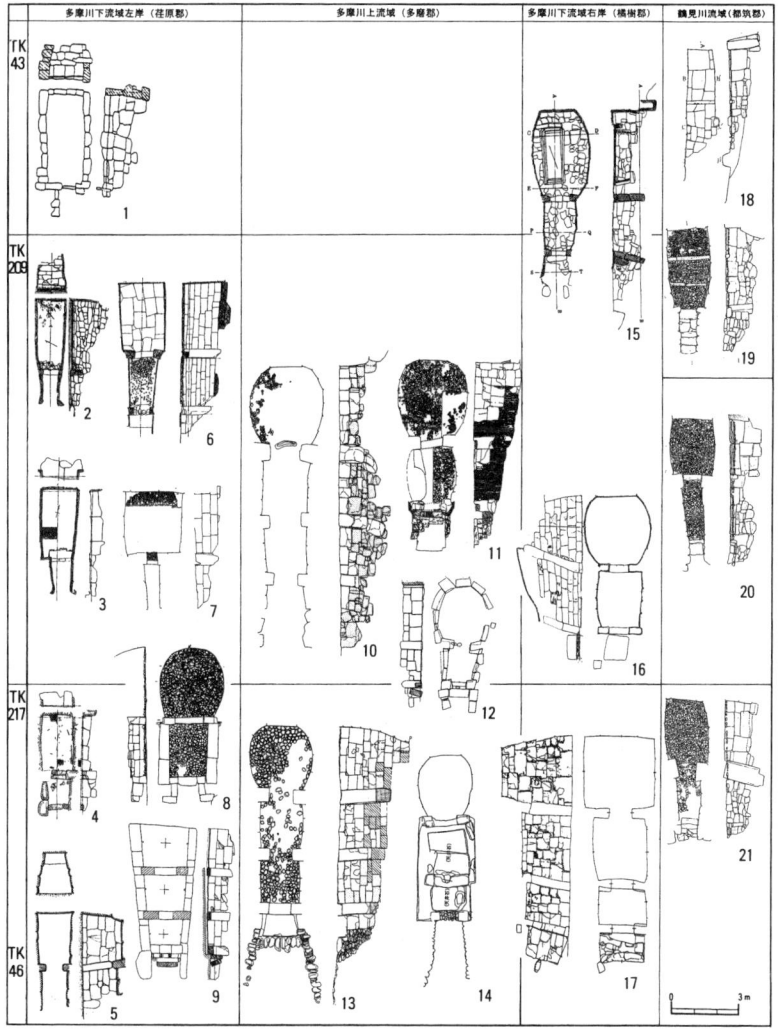

多摩川流域および周辺における後・終末期古墳群の特性と地域構造

1. 観音塚古墳　9. 大蔵1号墳　13. 熊野神社古墳　17. 馬絹古墳　21. 赤田1号墳
2. 多摩川台5号墳　10. 北大谷古墳　14. 天文台構内古墳　18. 三保杉沢古墳
3. 多摩川台4号墳　11. 稲荷塚古墳　15. 第六天古墳　19. 赤田2号墳
4. 多摩川台8号墳　12. 臼井塚古墳　16. 加瀬台3号墳　20. 赤田3号墳

第6図　切石積石室墳・横穴墓の様相

111

抜き、羨門および前室部を凝灰質砂岩切石で構築する、明らかに胴張り複室墳を意識したものであり（池上1992）、この時期横穴墓造営集団においても、複室構造を志向する傾向がみられる。さらに、喜多見地域には小規模ながら三室構造を示す大蔵1号墳などが認められ、法界塚古墳とも共通する。

　これら複室（胴張り）構造を呈する石室墳については、他の石室墳と比較して明らかに突出する規模の主体部を有しており、特に多摩川上流部では顕著な差が認められる（第7図）。おそらく、7世紀以後に在地有力者の石室形態として定着し、採用されたことは確実といえる。これら石室墳の編年観に関しては、確実な年代を示す遺物が乏しいため確定が困難であるが、従前指摘されてきた使用尺度の変化や、切石加工技術の進化に着目すれば、大きく7世紀前葉と中葉段階の二時期に構築の画期があると推測する。ことに7世紀中葉には、規模こそ違いがあるものの、多摩川流域各所で複室墳が造営される点は注目される。この時期に何らかの地域再編が実施され、当該石室が一斉に地域首長墓として構築されたと考えられる。

　胴張り形や複室構造を有する石室墳の系譜については、北九州、筑後地域が最有力視され、6世紀後葉から構築される。さらに、使用石材の違いはあるものの、武蔵に展開する当該石室の諸形態すべてがこの地域に存在すると言っても過言ではない。両遠隔地間に何らかの交流があったことはほぼ確実と考えられるが、その要因は不明である。筑後地域での胴張り複室墳の受容に関しては、必ずしも首長墓としてのみ展開しておらず、むしろ中小の群集墳に多く採用されている。このことから、武蔵地域における胴張り石室墳のあり方に関しても、再考する余地があることを付け加えておきたい。今後、胴張り複室墳に関しては北九州系石室の一類型として位置づけた上で、検討されるべきであろう[3]。

(2) 初現期の横穴墓

　当地において横穴式石室の導入とほぼ同時期に、横穴墓も伝播・定着し、多摩川・鶴見川下流域において導入期の横穴墓が出現する。この中で、多摩川右岸に位置する津田山丘陵および矢上川筋の新作・井田地区の横穴墓群がいち早く形成される。津田山丘陵では東西1.5km、南北0.5kmの範囲に

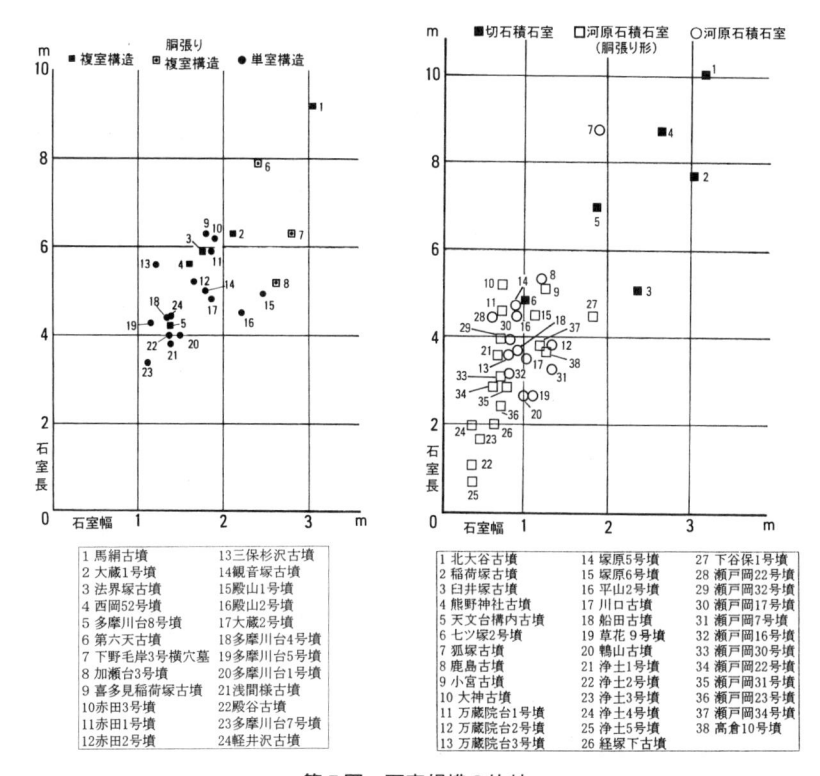

多摩川流域および周辺における後・終末期古墳群の特性と地域構造

第7図　石室規模の比較

100基を優に超える横穴墓が掘削されているが、久地西前田・久本・浄元寺裏・平瀬川隧道際（西）横穴墓群等（竹石ほか1998、後藤ほか1996、新井1966）において、墓室に造り付けや組合せ式の石棺を有する例が認められ、一部蓋石が遺存する（第8図）。また、墓室天井部がドーム状を呈するものが多く含まれている。石棺内蔵の横穴墓は、多摩川左岸の久ヶ原横穴墓群や等々力渓谷横穴墓群にも派生的に分布しており、当地における初期の横穴墓の特質と認識できる。この他、西前田2号横穴墓（2次）のように木棺を内蔵する例も確認され、多様な横穴墓の様相がうかがえる。すでに、池上悟・田村良照両氏が指摘するように、これらの横穴墓の系譜は柏原市高井田・安福寺横穴墓群などの河内型横穴墓、ひいては北九州地域の豊前型横穴墓に求められよ

113

第Ⅱ部　各地からの報告

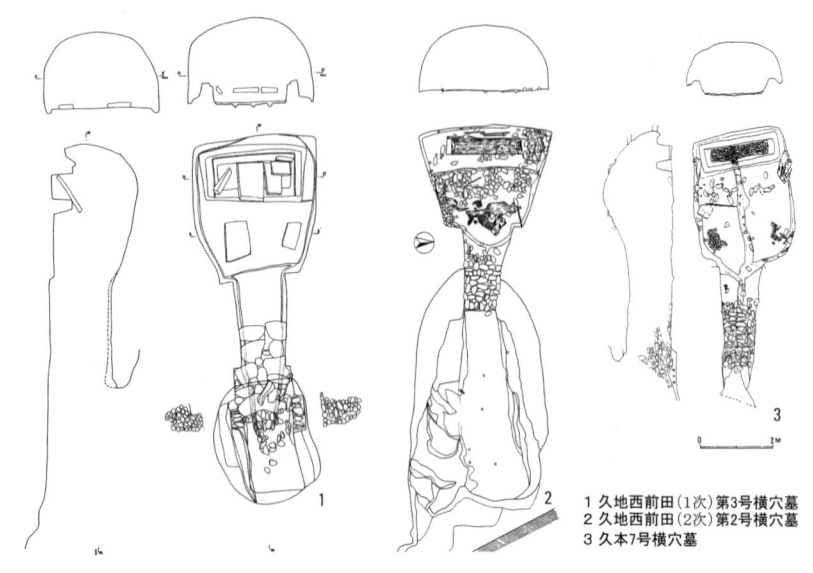

1　久地西前田(1次)第3号横穴墓
2　久地西前田(2次)第2号横穴墓
3　久本7号横穴墓

第8図　津田山地域の石棺・木棺内蔵横穴墓
(後藤1996・竹石1988より作成)

う(池上1991、田村2002)。筆者も同様の考えである。ただ、遠江地方の菊川流域の横穴墓にも同じ特徴を有する横穴墓が存在することから、直接的な伝播のほかに、東海地方を経由した当地への導入過程も考慮すべきかと思われる。いずれにしても、南武蔵初期の横穴墓造営集団が東海以西との交流を有することは否めず、当該地域の横穴墓群の出現契機をさぐる上できわめて重要視される。

4．終末期群集墳の様相と地域動向

　(1)　群集墳の分析

　終末期の群集墳形態としては、その在り方から大きく3類型に分類される。①類は散在的に分布する石室墳と横穴墓群により構成されるもの、②類は密集する小規模な石室墳のみで構成されるもの、③類は数十基以上の横穴墓群のみで構成されるもの、である。以下、各類型の群集墳例について検討する。

a) 日野・多摩市和田古墳群（第9図）　多摩川中流域の本流と大栗川との合流

点付近に形成された古墳群で、万蔵院台古墳群（3基）・中和田横穴墓群（16基）・塚原古墳群（10基）・稲荷塚古墳・臼井塚古墳等によって構成され、大栗川両岸に立地する（桐生1995）。塚原古墳群が最も早く出現し、6世紀中葉～7世紀中葉まで継続する。TK43型式期に河原石積の横穴式石室が導入され、ほぼ同時期に万蔵院台においても石室墳が出現する。7世紀前葉には、これら古墳群とはやや離れた高所に切石積胴張り複室墳の稲荷塚古墳と臼井塚古墳が継起的に築造されており、他の古墳群とは一線を画すような選地を示す。これら石室墳の創出母体がさきの古墳群である蓋然性は高い。さらに、塚原古墳群の衰退期に呼応するように、新たに万蔵院台下の崖面に中和田横穴墓群が形成され始め、石室群集墳に代わって横穴墓群が7世紀後葉に盛行する。和田古墳群では7世紀前葉末の胴張り複室墳の出現以後に、群集墳構成に大きな変化が認められ、地域集団の構造的な変容がうかがえる。

b）**横浜市赤田古墳群・横穴墓群**（第10図）　早淵川流域の丘陵に立地する古墳群で、尾根部に単独で築造された赤田2号墳とその斜面部に密集して掘削される横穴墓42基によって構成される。凝灰質砂岩切石の両袖石室を主体部とする2号墳の構築年代は、出土須恵器から6世紀後葉におかれる（上田ほか1991、吉田ほか1990、浜1997）。横穴墓群の詳細は不明だが、その形成初期段階には一部石室墳と並存すると考えられる。ただ、大部分の横穴墓は2号墳構築後に掘削され、景観的には石室墳に従属する造墓集団の在り方を示す。このような例は都筑郡内では多くみられ、他に荏原郡や多磨郡においても確認でき、三鷹大沢地区の天文台構内古墳と周辺横穴墓群との関係に酷似する。以上が①類に属する群集墳例である。

c）**あきる野市瀬戸岡古墳群**（第11図）　多摩川最上流域の平井川右岸段丘面に形成された②類の群集墳で、全体で40～50基で構成されており、私見ではA～Eの5群に分けられる。主体部は全長3～4mの小規模な河原石積石室で、地表面下掘り方内に構築する特徴を有し全体に均一的な様相を示す。なお、30号墳では石室に至る斜行する墓道が検出されている（松崎ほか2001）。石室形態には短冊形や胴張り形がみられ、石槨状を呈する小石室も確認されている。出土遺物から7世紀第2四半期～末葉にかけて構築されたもので、

第II部　各地からの報告

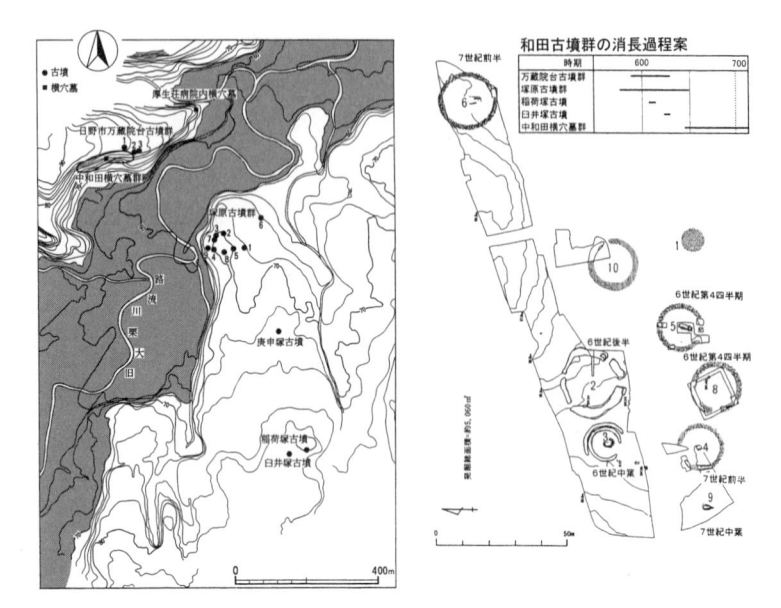

第9図　和田古墳群の分布構成と塚原古墳群（桐生1995を一部改変）

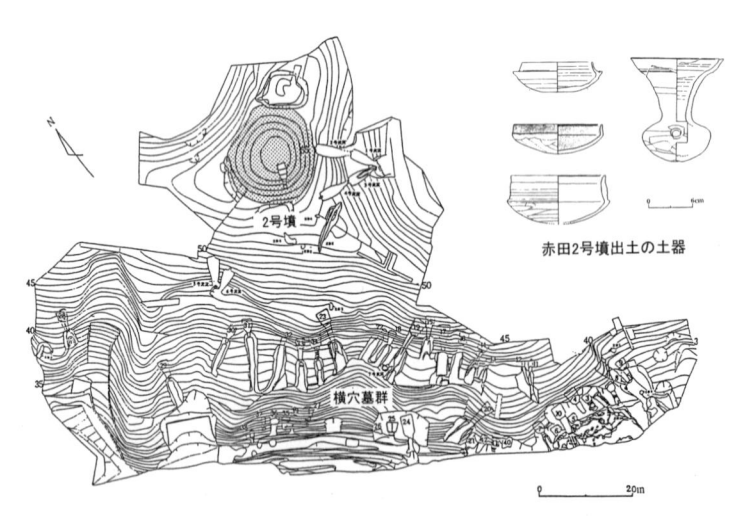

第10図　赤田古墳群2号墳・横穴墓群（上田ほか1991・吉田1990を改変）

116

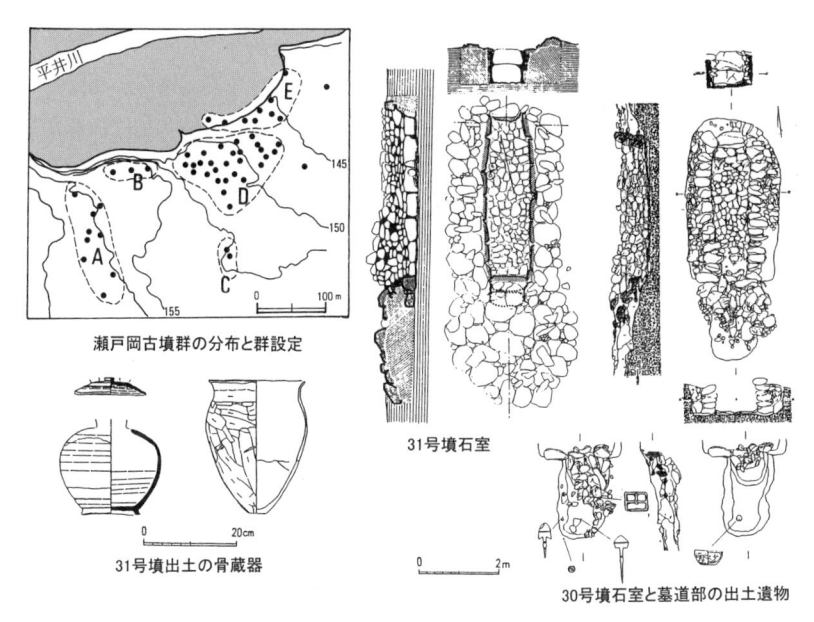

多摩川流域および周辺における後・終末期古墳群の特性と地域構造

31号墳石室

31号墳出土の骨蔵器

30号墳石室と墓道部の出土遺物

第11図　瀬戸岡古墳群の分布と石室墳（松崎ほか2001）

奈良時代以降には火葬墓として石室が再利用される例が多い（大塚1953、後藤1956）。

　きわめて狭い範囲に比較的短期間に多くの古墳が造られていることや、近接する場所に同様の形態・規模を有する石室墳が構築される傾向がつよいことなどから、多摩川流域における唯一の密集型群集墳（辰巳1983）と認識される。この点では横穴墓群の在り方とも共通しており、性格的にはきわめて近いものと判断される。他の類例としては、多磨郡域では国立市青柳古墳群（四軒在家遺跡）や府中市高倉古墳群等が挙げられる。これらは小円墳群であるが、畿内における終末式群集墳（和田1992）に対比できるものと思われる。瀬戸岡古墳群の場合、現時点では、周囲に有力墳が見当らないことから、自立的な経営基盤をもつ氏族集団により造墓されたものと推察される。

　③類の群集墳はさきの津田山横穴墓群をはじめ、大田区久ヶ原・山王・塚越各横穴墓群、横浜市市ケ尾横穴墓群をはじめ、鶴見川本・支流域の多摩丘

第Ⅱ部　各地からの報告

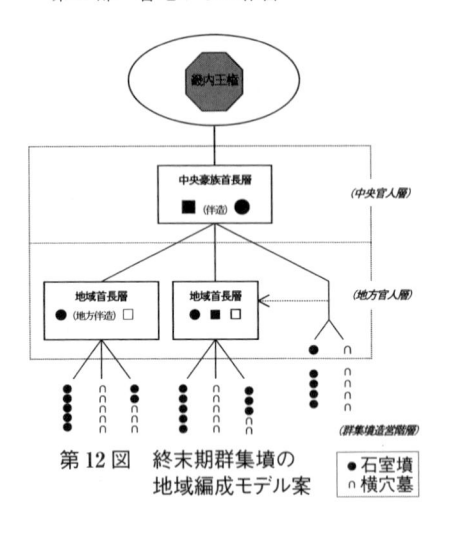

陵地域において普遍的に形成されるタイプで荏原・橘樹・都筑郡に多くみられる。横穴墓は数基から数十基が密集して掘削され、半ば画一化された墓室により一定の場所を墓域化する傾向がつよいことから、強固な紐帯をもつ造墓集団の存在がうかがえる。その在り方からみて、これらの造墓集団は従来の在地勢力とは一線を画すかたちで新たに入植した新興勢力の可能性が高く、①類に帰属する横穴墓群とは異なる性格を有するものと考えられる。

第12図　終末期群集墳の地域編成モデル案
●石室墳
○横穴墓

(2)　群集墳の地域性と性格

　石室墳と横穴墓の様相について雑駁に述べてきたが、両者の属性分布を示したのが図13である。それぞれ A. 切石積石室墳主体の分布域、B. 切石組羨門をもつ横穴墓分布域、C. 河原石積石室墳主体の分布域、D. 河原石閉塞の横穴墓分布域を表わす。これによると、A・Bが切石組構造を志向する集団の文化圏、C・Dが河原石組構造を志向する集団の文化圏といえ、石室墳と横穴墓の構築集団が不可分の関係にあったことを示している。すなわち、多摩川流域における古墳構造の基本的な地域性がここに存在する。

　これまでの内容を基に、当該地域における終末期群集墳の編成の概要について模式化したのが図12である。7世紀以降、畿内王権による地方豪族層の官人化が促進されていくが、群集墳造営階層の基本的な性格が王権との関係の中で大まかに2つに区分される。1つは地域首長傘下に編成される伝統的な支配関係、もう1つは直接的に中央豪族の下に編成される従属関係が想定される。この場合、群集墳階層上部までが官人化されることを意味する。これは畿内系文物の保有状況とも密接に関わる問題であり、軍事的秩序を含めた畿内王権による地域支配の多様な在り方を示すものと考える[4]。

多摩川流域および周辺における後・終末期古墳群の特性と地域構造

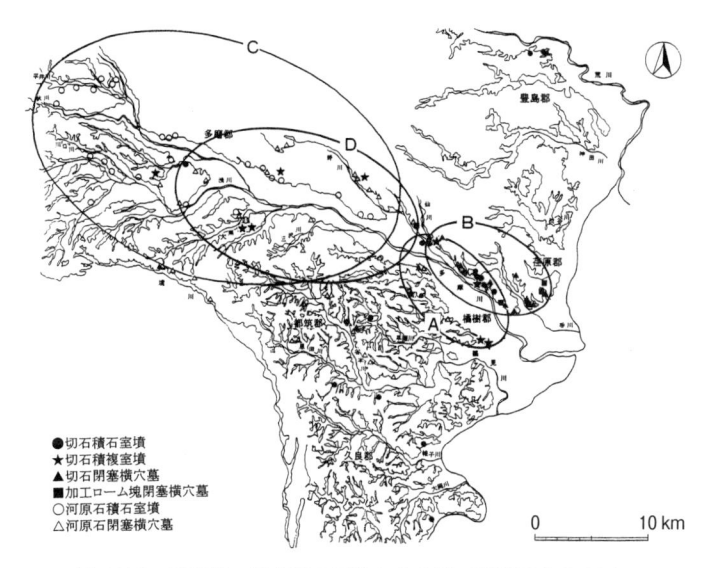

第13図　石室墳・横穴墓の属性と分布域（松崎ほか 2006a）

第14図　副葬遺物の種別分布と核地域（松崎 2006b）

(3) 終末期の地域動向

最後に副葬遺物からみた地域社会の動向についてふれておきたい。

図14はいわゆる畿内系とされる遺物の出土状況について、種別分布を示したもので、金銅装大刀・拵付大刀・象嵌装大刀・銅鋺などを出土する古墳や横穴墓の分布が、一定の地域に集約される傾向がうかがえる（松崎2006a・2006b）。つまり、畿内系文物が出土する地域では、継続的に威信財が供給された可能性を示唆する。その範囲は意外に狭く、同一郡内においても複数の核地域が存在する。さらに、荏原郡や橘樹郡ではこれらが石室墳よりもむしろ横穴墓から出土する傾向があり、造墓主体における新興勢力としての特性を示すものと認識される。

これら副葬遺物が中央豪族と地方豪族との結びつきを示すものであるならば、多摩川流域における在り方は、さらに小地域、いわば律令体制下における郷程度の領域支配をもつ地域集団と畿内との関係を示すものと捉えられる。核地域やその周辺に胴張り形複室墳が構築される蓋然性が、ここにあると考えられる。威信財的な文物は地域の再編・統合に先立ち、地域勢力の懐柔に使用された可能性が高いとみられ、胴張り複室墳の造営は南武蔵の地域首長が新たな政治秩序に組み込まれる過程において、自らの出自や地位・身分の承認であったと推測される。おそらく、終末期群集墳もこうした地域動向と連動するように、出現・展開したものと理解できる。

註

1) 多摩川流域の古墳文化の画期に関しては、かつて4期区分案（松崎2002）を提示したが、今回の検討では中期後葉以降の古式群集墳の出現が、一定の普遍性を有するものと評価されるため、中期前葉と後期後葉の間に一画期を設定し修正する。
2) 初現期の横穴式石室墳として田園調布古墳群の西岡28号墳があげられ、切石積石室を有するようである。詳細は不明だが六鈴鏡や馬具等が出土しており、遺物から構築時期は6世紀前葉末と推定されている。若干の伝世期間を考慮しても、6世紀中葉頃には構築された可能性がある。

3) 東国における北九州系の横穴式石室については、すでに田村悟氏により集成と検討が加えられている。この中で、武蔵地域の複室構造の石室に関しても筑後周辺の石室との対比が試みられており、平面形や奥壁等の構造的な特徴が北九州地方と類似することから、その影響下に構築された可能性が指摘されている（田村2005）。
4) 河村好光氏は、後期古墳営造における軍事的な側面を重視する立場から、能登志雄川流域の横穴墓造営集団を首長系列の古墳群に従属するものと捉え、血縁原理を中核とする族制的軍事編成に組み込まれた、いわば従士階層と位置づける（河村1980）。これらは伝統的な地域支配の在り方を堅持する集団属性として、終末期まで存続した可能性が高いと思われるが、一方で生産や流通を基盤とする新たな集団の出現が地域編成に変革を及ぼしたものと想定される。

引用・参考文献

新井　清　1966　「川崎市津田山横穴群概要」『考古たちばな』第5・6合併号　高津図書館友の会

池上　悟　1991　「東国横穴墓の型式と伝播」『おおいた考古』4、pp. 93-116　大分県考古学会

池上　悟　1992　「南武蔵における古墳終末期の様相」『国立歴史民俗博物館研究報告』第44集、pp. 245-283　国立歴史民俗博物館

池上　悟　2006　「複室胴張り構造の石室―三鷹市天文台構内古墳」『季刊考古学』第96号、pp. 91-94　雄山閣

上田　薫ほか　1991　「神奈川県」『関東横穴墓遺跡検討会』　茨城県考古学協会

宇佐美哲也ほか　2006　『土屋塚古墳発掘調査報告書』　狛江市教育委員会

江口　桂　2005　「前方後円墳以後と古墳の終末―東京都―～武蔵府中熊野神社古墳と多摩川流域の様相を中心に～」『シンポジウム　前方後円墳以後と古墳の終末』第10回　東北・関東前方後円墳研究会大会発表要旨

大塚初重　1953　「武蔵・瀬戸岡における奈良時代墳墓」『駿台史学』3号　駿台史学会

河村好光　1980　「後期古墳の編成秩序とその展開」『考古学研究』第27巻第1号、pp. 22-47　考古学研究会

桐生直彦　1995　「多摩市内の古墳」『多摩地区所在古墳確認調査報告書』

草野潤平　2006　「複室構造胴張り形切石石室の動態」『東京考古』第24号、

第II部　各地からの報告

　　　　　　　　pp. 55-73　東京考古談話会
後藤喜八郎　1996　『久本横穴墓群発掘調査報告書』
後藤守一　1956　『多摩地方の古墳群』東京都文化財調査報告書第3集
竹石健二　1998　『久地西前田横穴墓群―第1次調査―』『同―第2次調査―』
辰巳和弘　1983　「密集型群集墳の特質とその背景―後期古墳論 (1)」『古代学研究』100号、pp. 10-18　古代学研究会
田村悟　2001　「北部九州の後期古墳概観」『東海の後期古墳を考える』、pp. 29-73　東海考古学フォーラム三河大会実行委員会編
田村良照　2002　「南武蔵南部の横穴墓―横浜・川崎地域―」『考古論叢　神奈河』第10号、pp. 77-96　神奈川県考古学会
寺田良喜　2003　「多摩川中・下流域左岸の古墳―田園調布・野毛古墳群と砧・狛江古墳群にみる集団関係」多摩地域史研究会第13回大会要旨、pp. 1-33　多摩地域史研究会
調布市遺跡調査会　2003　『下布田遺跡―第54地点（布田六丁目土地区画整理事業）の調査―』古代編
野本孝明　2005　「多摩川下流域の古墳―最近の発掘調査・研究から考える―」『大田区立郷土博物館紀要』第15号、pp. 26-53　大田区立郷土博物館
浜田晋介　1997　「加瀬台9号墳の調査成果と課題」『加瀬台古墳群の研究II』、pp. 66-88　川崎市民ミュージアム
松崎元樹　1994　「多摩川下流域左岸における横穴墓の検討」『考古学から見た大田区―横穴墓資料編―』、pp. 2-62　大田区教育委員会
松崎元樹　2002　「多摩川水系にみる古墳文化の地域特性」『多摩川流域の古墳時代―国府以前の様相―』多摩地域史研究会第12回大会要旨、pp. 5-25　多摩地域史研究会
松崎元樹　2006a　「古墳時代終末期の地域構造―多摩川流域の石室墳および横穴墓の検討」『考古学論究』9号、pp. 117-135　立正大学考古学会
松崎元樹　2006b　「東京の横穴墓」『東京の古墳を考える』、pp. 103-125　雄山閣
松崎元樹ほか　2001　『天神前遺跡　瀬戸岡古墳群　上賀多遺跡　新道通遺跡　南小宮遺跡』東京都埋蔵文化財センター調査報告第95集
吉田好孝ほか　1990　『横浜市緑区赤田の古墳』　日本窯業史研究所
和田晴吾　1992　「群集墳と終末期古墳」『新版古代の日本』第5巻、pp. 325-350　角川書店

下総地域における後期群集墳

萩原 恭一

はじめに

　房総半島の北部に位置する下総地域で群集墳の形成が本格的に開始されるのは、古墳時代後期後半の6世紀に入ってからであり、その大半は6世紀中葉以降に形成が本格化します。一部の群集墳の中には初現古墳の築造が4世紀まで遡る古墳も見られますが、それらの古墳群の大半は古墳築造の中断期間が長く、その初現的古墳の築造を契機として群集化が開始されるとは考えられません。あくまでも墓域としての利用の開始が一部この時期に始まるものもあると見るべきです。確かに、その古墳群にとっての「群集化の契機は何か」という問題は古墳群・群集墳を考える場合には大きな問題です。以下、下総地域の代表的群集墳を水系別に概観して行きます。

1. 代表的群集墳

（1）印旛沼北東域

①公津原古墳群　当該地域において、竜角寺古墳群とともに重要な位置を占める古墳群が公津原古墳群です。北から順に八代台古墳群、天王・船塚古墳群、瓢塚古墳群の3支群によって構成されています。八代台古墳群は全32基で前方後円墳1基、円墳25基、方墳6基、天王・船塚古墳は全47基で前方後円墳4基、円墳33基、方墳9基、瓢塚古墳群は50基で前方後円墳1基、円墳30基、方墳19基で構成されています。

　公津原古墳群は、竜角寺古墳群と性格を異にし、古墳の造営開始時期は4世紀前半まで遡り、小型の方墳から築造を開始します。その後、円墳へと変容します。円墳段階の代表的な例としては、乳文鏡が検出されている瓢塚

第II部　各地からの報告

第1図　下総地域の主要群集墳（白井 2002 より）

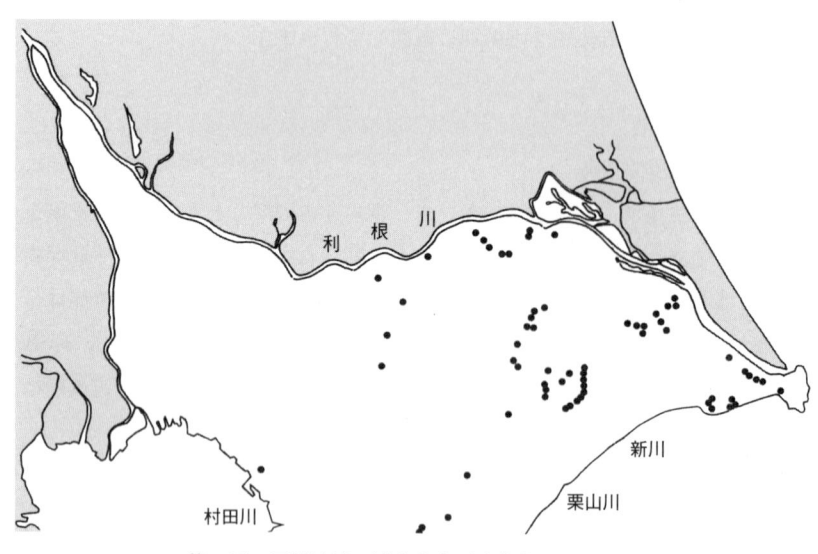

第2図　下総地域の横穴分布（千葉県 2004 より）

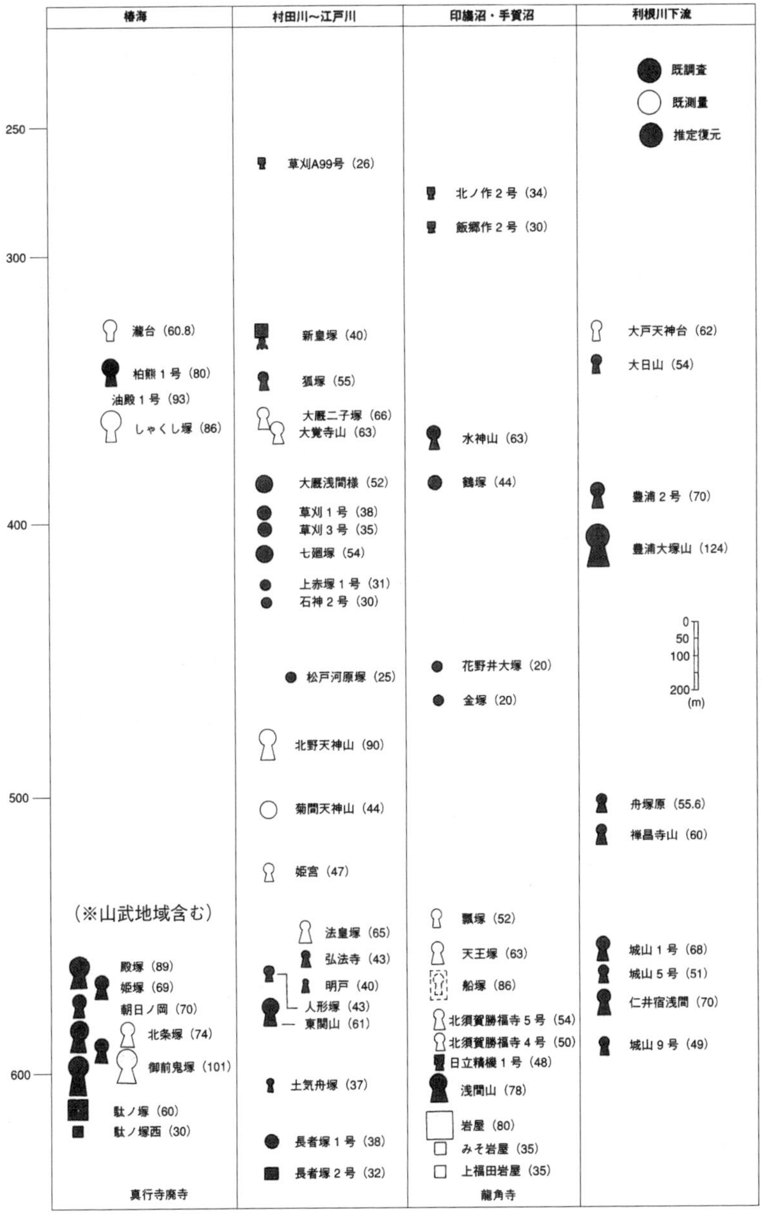

下総地域における後期群集墳

椿海	村田川～江戸川	印旛沼・手賀沼	利根川下流

● 既調査
○ 既測量
● 推定復元

250

300
　　　　　　　　草刈A99号 (26)
　　　　　　　　　　　　　　　　北ノ作2号 (34)
　　　　　　　　　　　　　　　　飯郷作2号 (30)

　　瀧台 (60.8)　　　　　　　　　　　　　　　　大戸天神台 (62)
　　柏熊1号 (80)　　新皇塚 (40)　　　　　　　　大日山 (54)
　　油殿1号 (93)　　狐塚 (55)
　　しゃくし塚 (86)　大鷹二子塚 (66)
　　　　　　　　　　大覚寺山 (63)　水神山 (63)

400
　　　　　　　　　大鷹浅間様 (52)　鶴塚 (44)　　豊浦2号 (70)
　　　　　　　　　草刈1号 (38)
　　　　　　　　　草刈3号 (35)　　　　　　　　豊浦大塚山 (124)
　　　　　　　　　七廻塚 (54)
　　　　　　　　　上赤塚1号 (31)
　　　　　　　　　石神2号 (30)
　　　　　　　　　　　　　　　　　　　　　　　0
　　　　　　　　　　　　　　　　　　　　　　　50
　　　　　　　　　　　　　　　　　　　　　　　100
　　　　　　　　　松戸河原塚 (25)　花野井大塚 (20)　200 (m)
　　　　　　　　　　　　　　　　金塚 (20)

　　　　　　　　　北野天神山 (90)

500
　　　　　　　　　　　　　　　　　　　　　　　舟塚原 (55.6)
　　　　　　　　　菊間天神山 (44)
　　　　　　　　　　　　　　　　　　　　　　　禅昌寺山 (60)
　　　　　　　　　姫宮 (47)

（※山武地域含む）
　　　　　　　　　　　　　　　瓢塚 (52)
　　　　　　　　　法皇塚 (65)　天王塚 (63)　　城山1号 (68)
　殿塚 (89)　　　弘法寺 (43)　船塚 (86)　　　城山5号 (51)
　姫塚 (69)　　　明戸 (40)　　　　　　　　　仁井宿浅間 (70)
　朝日ノ岡 (70)　人形塚 (43)　北須賀勝福寺5号 (54)
　北条塚 (74)　　東関山 (61)　北須賀勝福寺4号 (50)　城山9号 (49)
　御前鬼塚 (101)　　　　　　　日立精機1号 (48)
600
　駄ノ塚 (60)　　土気舟塚 (37)　浅間山 (78)
　駄ノ塚西 (30)
　　　　　　　　　　　　　　　岩屋 (80)
　　　　　　　　　長者塚1号 (38)　みそ岩屋 (35)
　　　　　　　　　長者塚2号 (32)　上福田岩屋 (35)

　　真行寺廃寺　　　　　　　　　龍角寺

第3図　下総地域の主要古墳変遷図（千葉県2004を一部改変）

125

第Ⅱ部　各地からの報告

17号墳（円墳：27m）、埋葬施設から石枕が検出されている瓢塚32号墳（円墳：27m）などがあります。

　大型古墳が出現し、群構成が大きく変容するのは、6世紀前半からと考えられます。古墳群中最大の古墳は船塚古墳です。全長86mを計る古墳ですが、現状の墳形は長方墳としか言いようのない形態です。採集できる埴輪片から想定できる時期は6世紀前半ですが、調査歴を持たず不明な点の多い古墳です。終末期古墳としてこの他に何基かの方墳が存在しています。

　竜角寺古墳群と性格を異にするもう1つの点は、埴輪にあります。印旛沼周辺域は、6世紀後半には下総型埴輪の分布の中心域であり、下総型埴輪の中心域はこの時期に下総型以外の埴輪を出さないという特徴を有しています。公津原古墳群においては、下総型埴輪を持つ可能性が考えられるのは天王塚古墳（前項後円墳：63m）程度であり、現状では下総型埴輪の最盛期に埴輪を持つ古墳がほとんど確認されていません。このことは、印波国造と関わりのある古墳群として、竜角寺古墳群と並んで取り上げられることの多い公津原古墳群ではありますが、6世紀後葉以降に大型古墳の造営が見られないことと併せて評価すれば、当該期の主たる勢力の中心は、竜角寺古墳群に移動していると考えるべきでしょう。

　公津原古墳群と次に挙げる竜角寺古墳群との間には、上福田古墳群、大竹古墳群が存在しています。上福田古墳群は全22基で構成され、内13基は方墳であり、大半は竜角寺岩屋古墳より後出の終末期方墳と考えられます。特に13号墳は、前庭部に置かれた須恵器から、7世紀末葉段階まで埋葬が行われていたことが確実です。同古墳群は、他に前方後円墳3基、円墳6基で構成されています。大竹古墳群は円墳16基で構成される古墳群ですが、詳細は不明です。

　②**竜角寺古墳群**　印波国造との関連性が最も強いと想定されるのが竜角寺古墳群です。現在把握されている構成古墳の数は113基です。古墳群の造営は、現段階で分かっている最も古い段階の埴輪を有する101号墳の6世紀第2四半期段階に開始され、終末は岩屋古墳の後に続く終末期方墳段階まで続くと考えられます。101号墳の埴輪は、下総型以前の埴輪です。全113基中、

下総地域における後期群集墳

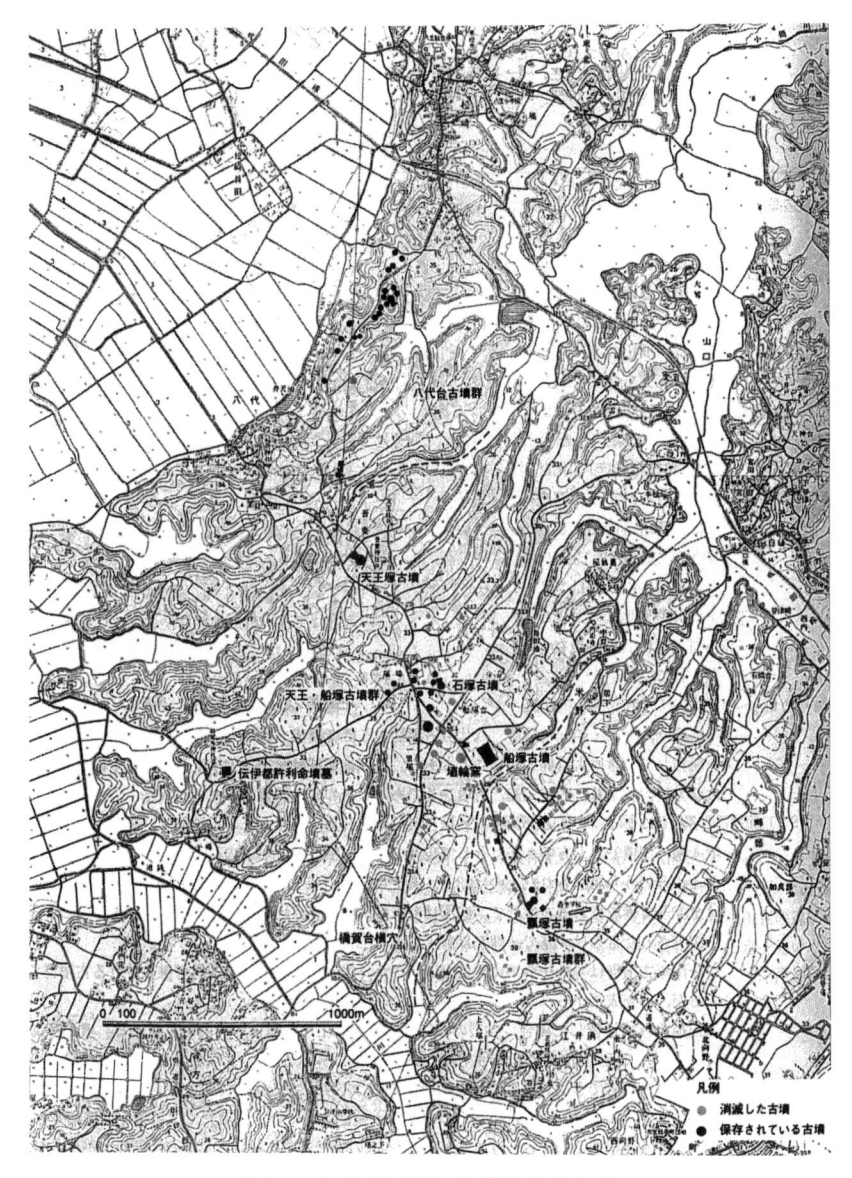

第4図 公津原古墳群（千葉県 2003 より）

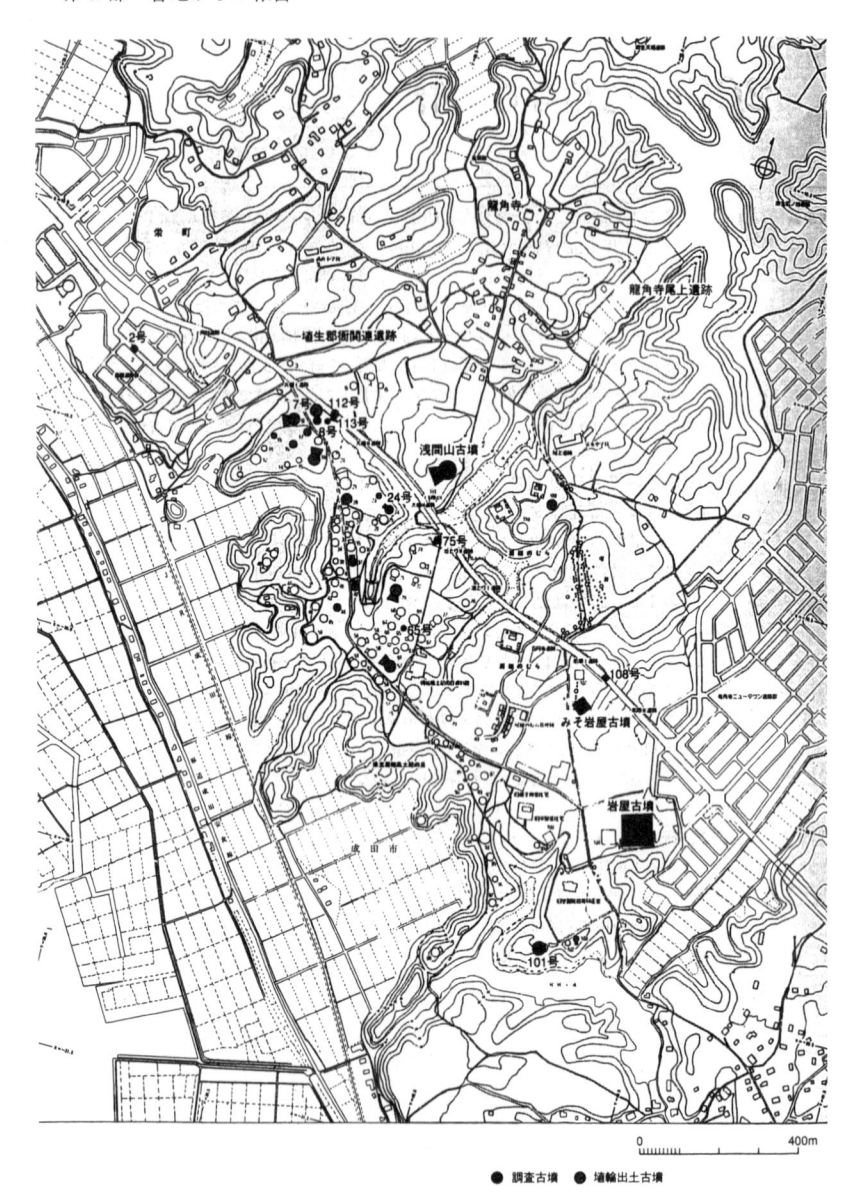

第Ⅱ部　各地からの報告

第5図　竜角寺古墳群（千葉県 2003 より）

埴輪を持つ古墳は 16 基を超えると考えられ、その大半は 6 世紀後半の下総型埴輪段階のものです。最大規模の前方後円墳は浅間山古墳 (78 m) であり、絹雲母片岩を用いた複室構造の横穴式石室を持ちます。副葬品としては、天冠、鍍金を施した馬具類、挂甲等が挙げられます。浅間山古墳は埴輪を持たぬ、最終末段階の前方後円墳です。浅間山古墳以前の段階においても埴輪を有する比較的大型の前方後円墳は存在しますが、浅間山古墳と比べた場合墳丘規模は小型です。浅間山古墳に続く終末期古墳を代表するのは大型方墳の岩屋古墳 (79 m) です。在地の石材である貝化石を用いた単室構造の横穴式石室 2 基が、埋葬施設として存在します。本古墳群を特徴づけるもう 1 つの点は、小規模前方後円墳の存在です。前方後円墳は計 37 基であり、構成する古墳全体の三分の一の割合を占め、全長 20 m〜30 m というきわめて小型のものが多く見られます。また、円墳も小型のものが多く、径 10 m 代のものが多く見られます。本古墳群の北側には山田寺系の瓦を出す初期寺院の龍角寺が存在し、古墳群の北西隅には律令期の埴生郡衙と考えられる大畑遺跡が存在します。

③**南羽鳥古墳群**　印旛沼北東域で様相が把握できている群集墳として、このほかに南羽鳥古墳群が知られています。公津原古墳群同様に、小支谷により細かく分断された台地上に全 38 基の古墳が築かれており、前方後円墳 5 基、円墳 30 基、方墳 3 基で構成されています。最大の古墳は南羽鳥高野 1 号墳（前方後円墳：44 m）で、墳丘相似形の二重周溝が巡らされています。南羽鳥正福寺 1 号墳（円墳：20.5 m）は二重周溝を持ち、ムササビ形埴輪及び魚形埴輪が出土したことで知られる古墳です。ムササビは全国でも初めての資料であり、魚形は県内では数例が知られているだけです。これらの古墳は、埴輪から 6 世紀第 2 四半期から中葉にかけての築造と考えられ、埴輪はやはり、下総型以前のものです。

(2)　印旛沼南岸鹿島川流域

①**岩富古墳群**　岩富古墳群は、印旛沼に流れ込む鹿島川流域の台地上に位置します。大作遺跡・池向遺跡・松向作遺跡等の主体となる古墳群を中心に、細かい小支谷で刻まれた台地の上に広がる古墳群です。5 世紀後半から古墳

第 II 部　各地からの報告

造営が開始され、終末期古墳の後の奈良時代まで連綿と墓域として使用されています。古墳数は全209基で、102基の土壙もこの範囲内で確認されています。最古段階の古墳と考えられるのは、木棺直葬の埋葬施設から剣や方形刃先の鋤鍬先が検出された大作1号墳（円墳：10 m）、馬の殉葬土壙が周溝内から検出されたことで有名な大作31号墳（円墳：15 m）です。一方、岩富古墳群中最大の古墳は池向5号墳（帆立貝形前方後円墳：37 m）です。池向5号墳は軟質砂岩切石積み横穴式石室と、絹雲母片岩の箱式石棺を埋葬施設にする古墳です。埴輪を持たないことからも、最終末段階の前方後円墳と考えられます。岩富古墳群の最大の特徴は、竜角寺古墳群のように大規模と呼べるような古墳を擁することなしに、中小規模の古墳のみによって構成されている点にあります。

②**物井古墳群**　物井古墳群は印旛沼に注ぎ込む鹿島川流域の台地上にあり、岩富古墳群よりも上流部に位置します。前方後円墳2基、帆立貝形前方後円墳7基、円墳71基、方墳4基の計84基で構成される古墳群です。古墳群の形成開始は6世紀代であり、7世紀後半段階で墳形が方墳に移行し、奈良時代に入ってからも方形周溝遺構と呼ばれる方形の周溝を持つ小区画墓が築かれ、墓域として使われ続ける地域です。主墳と呼べるような規模の古墳は見当たらず、中小規模の古墳によって構成されている点は、岩富古墳群に類するものです。ただし、岩富古墳群と異なり、現在のところ5世紀代にまで遡るような古墳は見当たりません。数は少ないですが、下総型埴輪が樹立されている古墳が存在します。

(3)　利根川下流域

①**城山古墳群**　城山古墳群は利根川の開析平野の南に隣接する台地上に広がる古墳群です。前方後円墳8基、方墳2基、円墳11基、形状不明古墳7基で構成されます。形成の開始は5号墳（前方後円墳：51 m）で、木棺直葬の埋葬施設と、下総型以前と考えられる埴輪が確認されています。6世紀前葉から中葉の築造と考えられます。主墳は1号墳（前方後円墳：68 m）で、片袖型の単室構造横穴式石室が埋葬施設です。伝世鏡と考えられる三角縁神獣鏡、環頭大刀、頭椎大刀、円頭大刀、鹿角装刀子、衝角付冑、挂甲小札、天冠、

銀製空玉等の夥しい副葬品が検出されており、まさに地域首長と呼ぶに相応しい人間の墓です。墳丘には、下総型埴輪を中心とする埴輪が巡らされていました。横穴式石室の形態は、下総地域としては古式に入るものであり、6世紀の中葉後半に築造され、6世紀末頃まで追葬が行われていたものと考えられます。6号墳（前方後円墳：42m）は、埴輪を持たない最終末前方後円墳で、くびれ部中段に軟質砂岩切石積みのドーム形単室構造の横穴式石室が構築されています。3号墳（方墳：19m）は、終末期方墳と考えられる。埋葬施設は盗掘のため確定できませんが、墳頂部と南面裾部で各1基ずつの計2基検出されており、ともに絹雲母片岩を用いた箱式石棺と想定されます。出土須恵器から7世紀前半の築造と考えられます。竜角寺古墳群に比べて、主墳級の古墳の規模は小さいですが、後期から終末期の地域首長墓の系譜が同一台地上で連綿と把握できる古墳群であるという特性を持っています。

(4) 栗山川流域

①**多古台遺跡群** 多古台遺跡群は、九十九里海岸から太平洋へと流れ込む栗山川流域に面する台地上に所在する古墳群です。前方後円墳2基、円墳29基、方墳7基で構成される群集墳です。最古期に築造されたと考えられる古墳はNo. 8-6号墳（前方後円墳：60m）です。当該古墳は最古期の築造であるとともに、本古墳群中最大規模の古墳であります。埋葬施設は木棺直葬で、副葬品として鉄剣、石釧、ガラス小玉、石製模造品等が検出されています。築造時期は副葬品から4世紀前半と考えられます。この他に、刀子・斧・鎌・剣形等の豊富な石製模造品が出土したことで知られるNo. 1-1号墳（円墳：23m）が5世紀後半の築造と考えられます。横穴式石室の築造は、6世紀末から7世紀初頭の築造と考えられるNo. 3-9号墳（円墳：29m）から開始されます。軟質砂岩切石積みの両袖形単室構造の石室です。No. 3-5号墳（方墳：22m）からは蓮華文の施されている金銅製帯金具等が検出されています。当該古墳群の最大の特徴は、古墳群造営開始期の古墳が4世紀前半という、下総地域においては比較的古い段階に築造された古墳が、群中最大の古墳である点にあります。そして、決して基数は多くはありませんが、中期にも継続して墓域として使用され、長い中断期を経て、終末期方墳の段階まで

第Ⅱ部　各地からの報告

墓域として使用され続ける点にあります。

　(5)　手賀沼周辺域

　①我孫子古墳群　手賀沼周辺域は非常に広い範囲に中小規模の群集墳が展開しており、全体を当該域の群集墳として取り扱うのであれば、総数500基を超える古墳が確認されています。代表的群集墳は、手賀沼北岸の根戸船戸古墳群、白山古墳群、子の神古墳群、高野山古墳群、香取神社古墳群等です。当該地域に分布する古墳の総基数は他の古墳群に比してかなり多いが、手賀沼周辺という極めて広い範囲を対象としており、個別支群はそれほど大規模なものではありません。水神山古墳（前方後円墳：63m）は東葛飾地域最大の古墳です。埴輪は樹立されておらず、後円部墳頂に割竹形木棺が設置されており、ガラス小玉、滑石製管玉などが副葬品として検出されています。前期末から中期初等に属する古墳です。子の神古墳群や高野山古墳群は、印旛沼周辺と並んで下総型埴輪の分布が多い古墳群です。当該古墳群において注目されるものに終末期前方後方墳の存在があります。日立精機1号墳（前方後方墳：48m）がそれです。くびれ部に単室構造の軟質砂岩切石積み横穴式石室が築かれています。時期は7世紀半ば頃と考えられます。上総地域の前方後方墳としては7世紀後半の市原市六孫王原古墳（45m）、東間部多11号墳（約30m）が知られています。

　(6)　千葉市域

　①生実・椎名崎遺跡群　生実・椎名崎遺跡群は、千葉市と市原市の境を流れる村田川の北に広がる遺跡群です。小支谷が複雑に入り込む台地上に計287基の古墳が築かれています。古墳造営の開始時期は古く、馬ノ口遺跡には一辺15～18mの出現期小規模方墳が築かれています。前期古墳も、数は少ないですが西ノ原遺跡、富岡古墳群に数基円墳と方墳が確認されています。当該遺跡群中最大の前方後円墳は大覚寺山古墳（前方後円墳：63m）です。前方部が低く、埴輪を持たないことから前期古墳の可能性が考えられます。中期には七廻塚古墳（円墳：54m）が築かれ、3基の木棺直葬の埋葬施設が検出されており、銅鏡（雲文鏡）、腕飾形石製品、滑石製模造品等が検出されています。また、上赤塚1号墳（円墳：31m）は2基の木棺直葬埋葬施設が検出

132

されており、内1基から石枕、立花、石製模造品等が検出されています。

群集化が著しくなるのは、6世紀中頃からです。以後7世紀後半までの間に、約200基の古墳が築かれます。総基数に比して約70%がこの時期に築かれていることになります。後期群集墳は前方後円墳と円墳で構成されています。古墳埋葬施設は6世紀後半から軟質砂岩を用いた箱式石棺や横穴式石室を用いるようになります。この時期の代表的前方後円墳が人形塚古墳（前方後円墳：41m）です。長方形二重周溝を巡らし、墳丘区画線が検出されたことで有名な古墳です。墳丘には山武市（旧・成東町）経僧塚古墳の埴輪と極めて近似した埴輪が巡らされています。長方形周溝は山武郡横芝町殿塚古墳や姫塚古墳にも見られる形態であり、埴輪とともに山武郡域との強い繋がりが考えられる古墳です。墳丘形態は、7世紀の前半までは円墳が主体ですが、7世紀中頃からは方墳が築かれるようになり、埋葬施設は軟質砂岩切石積みの横穴式石室のみとなり、箱式石棺は見られなくなります。当該古墳群では、この後も方形周溝を持つ古墳が奈良時代にまで連綿と築かれます。

2. 横穴群

横穴分布の全県比率では、印旛郡1%、香取郡2%、海上・匝瑳郡4%という分布比率であり、上総・安房地域に比べると築造されている基数は多くありません。印旛沼沿岸、利根川下流域、旧椿海沿岸域が主たる分布地域です。印旛沼沿岸域の酒々井町カンカンムロ横穴では、銅鋺が検出されています。利根川下流域の下総町西大須賀横穴群は34基で構成される横穴群ですが、このうち26号墓からは6世紀後半と考えられる埴輪片が検出されています。造営時期が当該横穴群中最古であるとともに、埴輪が確実に横穴にともなうものであれば、全国的に見ても非常に稀少な例と言えますが混入の可能性も否定できません。また、佐原市関峯横穴群からは7世紀後半の押出仏が検出されています。一方、旧椿海沿岸の八日市場市八重崎横穴群や丸山横穴群では玄室内に軟質砂岩切石や絹雲母片岩を用いた箱式石棺が据え付けられています。

当該地域の横穴は、造営されている基数は決して多くはないものの、副葬

第Ⅱ部　各地からの報告

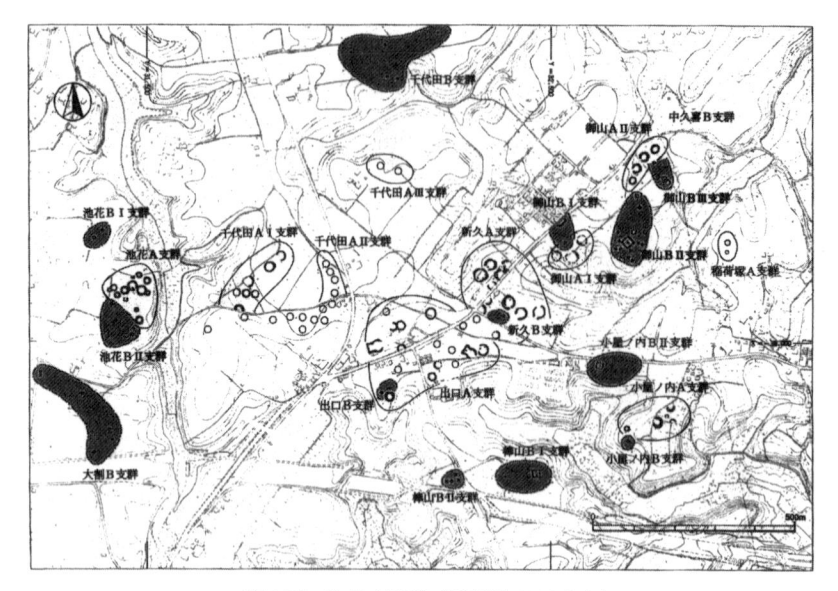

第6図　物井古墳群（千葉県 2003 より）

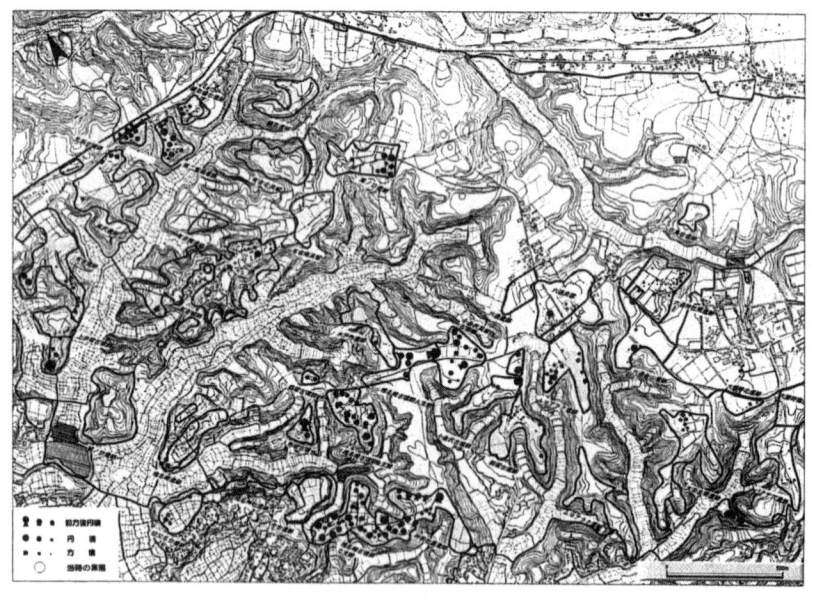

第7図　生実・椎名崎遺跡群（千葉県 2003 より）

134

下総地域における後期群集墳

第8図　城山古墳群（千葉県2003より）

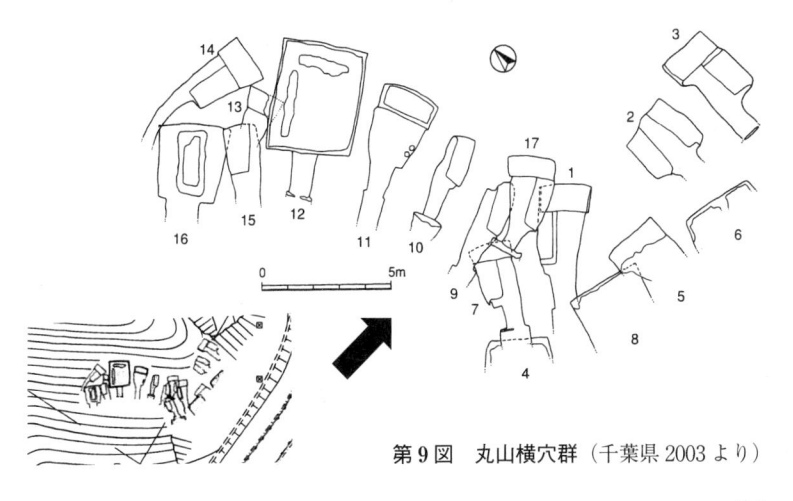

第9図　丸山横穴群（千葉県2003より）

135

品や構造などに特徴が見られ、高塚古墳と比較した場合においても、内容的には決して軽視して良いようなものではありません。

おわりに

　以上、下総地域において比較的実態が把握できている代表的な群集墳及び特徴的な横穴群を概観してみました。勿論、このほかにも中小の群集墳は大量に存在しているし、それらの中には個別に貴重な資料が検出されているものも多数知られていますが、群集墳を捉えることが本稿の趣旨ですので省略しました。

　（1）**群集墳の消長に見る特徴**　下総地域において群集墳の造営が活発になるのは、冒頭にも書いたとおり6世紀中葉以降の段階からです。しかし、代表的な古墳群・群集墳として取り上げた中には、4世紀前半から築造が開始された成田市公津原古墳群や、多古町多古台遺跡、それに5世紀後半から築造が開始された佐倉市岩富古墳群が存在します。特に多古台遺跡の場合、群構成中最大の古墳が築造されたのが最古期であることは、下総地域の古墳群・群集墳としては希少な例であり、注目すべきです。公津原古墳群や岩富古墳群の場合、群中最大規模の古墳が築造されるのはこれより遥かに遅れて、6世紀に入ってからのことです。これは、下総地域に見られる一般的な古墳群・群集墳の築造契機とほぼ合致するものです。このことは、言い古されていることですが、集落の規模と数の爆発的増大と、明らかに期を一にしていることの証明と考えられます。集落の数と規模とが増えるということは、当該地域における人口が爆発的に増大することを意味します。爆発的な人口の増加は自然増においてはあり得ず、人間の大規模な移動によってはじめて成立します。関東地方の他の地域においても6世紀中葉以降の集落数、集落規模の拡大は普遍的な現象であり、下総地域における群集墳の形成はまさにこの段階に行われています。また、その後の7世紀代から8世紀以降にまで続く小型区画墓の継続的営造は、「古墳という形」をとる墓制というものの意味を考える上で重要な問題です。

　（2）**大型古墳の消長と群集墳の消長との比較**　ここで、下総地域における

136

大型古墳の消長を群集墳の消長と比較して考えると以下のようになります。下総地域における大型古墳の消長は第3図に見るとおりです。4世紀から5世紀前葉にかけて、比較的大型の前方後円墳が築かれるのは、しゃくし塚古墳（前方後円墳：82m）・おけ塚古墳（前方後円墳：約80m）を擁する多古町柏熊古墳群、瀧台古墳（前方後円墳：約70m）を擁する旭市（旧：干潟町）鏑木墳群、三之分目大塚山古墳（前方後円墳：123m）を擁する香取市（旧：小見川町）豊浦古墳群、大戸天神台古墳（前方後円墳：62m）を擁する香取市（旧：佐原市）大須賀川下流域古墳群それに水神山古墳（前方後円墳：63m）を擁する我孫子市我孫子古墳群です。

柏熊古墳群は、東方2kmの地点に6世紀中葉以後に北条塚古墳（前方後円墳：71m）が築かれ、後期において大型古墳が築かれる墓域は明らかに移動していると考えられます。鏑木古墳群には、6世紀末の最終末前方後円墳である御前鬼塚古墳（前方後円墳：101m）が築かれます。豊浦古墳群は現・利根川によって形成される自然堤防上に形成される古墳群であり、下総地域では数少ない低地古墳群の代表です。三之分目大塚山古墳の後にかなりの時間を空けて富田2号墳（前方後円墳：48m）、富田3号墳（前方後円墳：42.5m）、富田1号墳（前方後円墳：39m）の前方後円墳が6世紀前半～6世紀後半にかけて築造されます。しかし、南東に1.5km離れた台地上に6世紀後葉の城山1号墳（前方後円墳：68m）が築かれ、当該地域における首長墓域は城山古墳群に移動していると考えるべきでしょう。大須賀川下流域古墳群は、大須賀川が現・利根川に合流する地点付近の台地上と低地に築かれる複数古墳群の集合体です。前期古墳と推定される大戸天神台古墳に始まり、5世紀後葉の権現前古墳（前方後円墳：約60m）、6世紀前葉の禅昌寺山古墳（前方後円墳：約70m）まで比較的規模の大きな前方後円墳が築かれます。我孫子古墳群では、最終末段階に規模は中型ですが前方後方墳という墳形を採用する日立精機2号墳（前方後方墳：42m）を擁しています。

これら以外の古墳群・群集墳は、一部小型古墳の造営が早くから始まるにしても、大型古墳の造営を含む古墳群の造営は後期から始まるということです。これが顕著に見られるのは竜角寺古墳群です。浅間山古墳や岩屋古墳の

第II部　各地からの報告

ような、大型古墳を伴う群の形成は完全に6世紀に入ってからであり、それに先行する古墳の築造は見られません。つまり、6世紀に入ってから忽然として現れる古墳群です。これと酷似する形成の仕方を見せるのは、隣接する上総北東端、武社の地域―現、山武郡北部の地域です。武社の地域は後期後半・終末期にかけての極めて短期間に、比較的大型の前方後円墳、大型方墳がいくつかのブロックに分かれて築造されます。特に、埴輪祭祀終了後に築造される大型前方後円墳は、極めて近接した時期もしくはほぼ併行時期に各ブロックで築かれているという特徴を有します。北から順に、大堤権現塚古墳（前方後円墳：115 m）、小池大塚古墳（前方後円墳：75.9 m）、胡摩手台16号墳（前方後円墳：86 m）、不動塚古墳（前方後円墳：63 m）がそれです。この後に駄ノ塚古墳（方墳：60 m）が築かれ、郡名寺院と考えられる真行寺廃寺、武射郡衙と考えられる島戸東遺跡へと収斂されて行きます。これは、浅間山古墳、竜角寺、大畑遺跡と近接地で遷移して行く竜角寺古墳群の様相に極めて酷似しています。

　(3) **横穴群に見る特徴**　一方において、上総地域や安房地域ほど顕著な例ではありませんが、横穴群の存在は古墳時代終末期を捉える上で重要な因子のひとつです。その大半は7世紀代に築かれて、8世紀初頭頃まで追葬が行われています。全県比率での分布数は決して高くなく、また、一群あたりの基数も夷隅郡域などに比べると多いわけではありません。しかし、副葬品としての押出仏、銅鋺などの出土等は、やはり横穴の被葬者層を考える上では貴重な資料です。

　特異な例として挙げられるのは、先に記したように太平洋側北部の横穴の中に見られる、箱式石棺が玄室内に造り付けられている例です。八日市場市八重崎横穴群、丸山横穴群、米倉横穴群等では、この地域の高塚古墳埋葬施設に見られるのと同様の、軟質砂岩切石もしくは絹雲母片岩を用いた箱式石棺が玄室内に造り付けられています。当該地域は他の下総地域同様に、横穴よりも高塚古墳の比率の方が遥かに高い地域です。特定地域を見た場合の、横穴と高塚古墳との関連性というものは、いまひとつ明確にされていませんが、これらの箱式石棺造り付け横穴例は、高塚古墳の埋葬施設が横穴式石室

に用いられている例と考えるべきです。従って、これらの存在は、同一地域内において、横穴と高塚古墳が無関係に存在しているわけではない、という一証左と言うことができるでしょう。

参考・引用文献

小沢　洋　2005　「房総における古墳時代中期群集墳の展開」『考古学ジャーナル』No. 528

白井久美子　2002　『古墳から見た列島東縁世界の「形成」』

杉山普作　2000　「千葉における前方後円墳の終焉とその後」『前方後円墳の終焉とその後』　東北・関東前方後円墳研究会

千葉県　2003　『千葉県の歴史　資料編考古2』

千葉県　2004　『千葉県の歴史　資料編考古4』

(財)千葉県文化財センター　2003　『千葉県所在洞穴遺跡・横穴墓詳細分布調査報告書』

沼澤　豊　1990　「千葉」『古墳時代の研究11』　雄山閣

松尾昌彦　2003　「千葉県域の後期古墳に見る画期とその意味」『後期古墳の諸段階』　東北・関東前方後円墳研究会

上総における古墳群構成の変化と群集墳

小沢　洋

はじめに

　上総の古墳時代は総体的に見ると、前期・中期・後期とも大形前方後円墳の造営によって特色づけられ、終末期に至っても大形方墳や一部に前方後方墳の造営が認められる。一方、個別的に見ると、上総の中には河川流域単位（水系単位）の地域圏が分立し、それぞれに独自の展開を遂げている。そしてこれらの地域圏は、『古事記』や『先代旧事本紀』（国造本紀）に見られる「国造」の配置にほぼ対応しており、西上総の村田川流域は菊間国造、養老川流域は上海上国造、小櫃川流域は馬来田国造、小糸川流域は須恵国造、東上総の木戸川・作田川流域は武社国造、一ノ宮川・夷隅川流域は伊甚国造の設置された地域にそれぞれ該当すると考えられる。国造については、出典が後世の文献ということもあり、全ての存在が立証されているわけではないが、少なくとも上総（あるいは房総）諸地域においては、その存在を反映するような形で大形古墳、主要古墳の分布が認められていることは注目すべきである。

　そして大形古墳造営の動向と、小規模古墳造営の動向との間には強い相関性が認められると言ってもよい。以下、上総における古墳時代各時期の古墳群構成の変化を概述してゆくにあたって、時期区分の私案を提示しておく。私は古墳時代を5期に区分し、出現期を3世紀後半、前期を4世紀、中期を5世紀、後期を6世紀、終末期を7世紀とする比較的簡便な区分案を採用している（第1・2表）。

第1表　上総主要古墳編年表（小沢2001一部改変）

時期		小糸川流域	小櫃川流域	養老川流域	村田川流域	木戸作田川流域	一宮夷隅川流域
出現期	3世紀後葉〜末葉		▲高部32号32 ▲高部30号34 ▲滝の口8号48	●神門5号43 ●神門4号46 ●神門3号54			
前期	4世紀初頭〜前葉	▲駒久保6号42	▲山王辺田2号34 ▲鳥越25 ▲飯籠塚102	▲諏訪台33号18 ▲東関部多2号36 ▲今富塚山110	▲草刈A99号26		
	4世紀中葉	▲道祖神裏56	△浅間神社103 △坂戸神社63	▲姉崎東原33 ▲姉崎天神山130			▲能満寺74 △油殿1号93
	4世紀後葉〜末葉		△白山神社89 ▲手古塚60	▲釈迦山93	△大覚寺山62 ▲新皇塚60 ●大厩浅間様45		
中期	5世紀初頭〜前葉				●七廻塚54 ●上赤塚1号31	●島戸境1号20	
	5世紀中葉　前半	▲内裏塚144	▲高柳銚子塚130	▲姉崎二子塚116	▲大厩二子塚63		
	5世紀中葉　後半	●八重原1号37 ▲弁天山86	▲祇園大塚山100		△北野天神山90		●浅間山1号26
	5世紀後葉〜末葉	▲上野塚45		●富士見塚25	▲菊間天神山40		
後期	6世紀初頭〜前葉			▲金環塚47 ▲山王山69		▲殿部田1号36	●台30 ●横山1号30
	6世紀中葉〜後葉	▲九条塚103 ▲稲荷山106 ▲古塚89 ▲西原60	▲稲荷森80 ●鶴巻塚	●根田銀環塚34 ▲原1号70 ▲吉野1号52 ▲鶴窪60	▲東関山80 △姫宮62 ▲人形塚41	▲殿部88 ▲姫原59 ▲朝日ノ岡70 ▲西ノ台90	▲台1号34
	6世紀末葉〜7世紀初頭	▲姫塚61 ▲三条塚122 ▲蕨塚48 ▲上原塚47	△酒盛塚 ▲丸山77 ▲金鈴塚95	▲山倉1号45 △堰頭45 ▲持塚2号29	▲椎名崎45 ▲小谷1号45 ▲帝盤 ▲土気舟塚44	▲小池大塚72 ▲不動塚63 ▲大堤権現塚115 ▲蕪木5号47	
終末期	7世紀前葉〜中葉	■割見塚40 ■亀塚37 ■森山塚27	■松面44 ■雷塚2号32	▲六孫王原45 ▲東関部多11号25 ■牛久3号32		■駄ノ塚60 ■駄ノ塚西60 ○松尾姫塚65	

墳形凡例　▲=前方後円墳　▲=前方後方墳　●=纏向型前方後円墳　▲=帆立貝形前方後円墳
●=円墳　■=方墳　▲=不明　△▲○□（白抜き）=時期未確定古墳

第Ⅱ部　各地からの報告

第2表　上総における弥生〜古墳時代の墳墓構成の変化（小沢1998）

①弥生中期（2C）	集団墓的方形周溝墓群。一群中の基数が多い。大きな規模の差もなく均質的であり、造営者層は集落内の下部階層にまで及んでいた可能性がある。
②弥生後期（3C前・中）	族長墓的方形周溝墓群。造営者層がより有力な者に限定されてくる傾向が見られ、墳墓の規模の大小の差も顕著となる。しかしながら、それはまだ優劣差に止まり、明確な形での階層序列は生まれていない。
③古墳前期初頭（3C後）	初期前方後方墳を頂点として、周囲に数基の方墳が造営される。方墳の造営者は前段階の方形周溝墓群の被葬者よりさらに限定される。
④古墳前期前半（4C前）	地域連合体の頂点に前方後円墳造営者が、その連合体の中に前方後方墳造営者を頂点とする集団、方墳造営者を頂点とする集団がいて、さらにそれぞれの小集団に帰属する方墳造営者層がある。
⑤古墳前期後半（4C後）	地域の統合化が進み、次第に前方後円墳造営者の支配体制が強化されるとともに、前期末頃から古墳の造営も大形古墳に限定的な（労働力の集約される）傾向が強まり始める。
⑥古墳中期前半（5C前）	従来の首長領域がさらに大きく統合される段階であり、大形前方後円墳の造営に労働力が集約されるが、一部に方墳造営の継続が認められる。
⑦古墳中期後半（5C後）	大形前方後円墳造営者層を頂点とする隔絶された階層秩序の下に、各小地域の族長層による円墳の造営が開始され、それは同族墓的に造営者層の拡大を見せる。
⑧古墳後期前半（6C前）	畿内大王墓の規模の縮小、並びに全国的な墳丘規模縮小の趨勢を受けて、前方後円墳の規模が縮小し、それに伴って小地域族長層による円墳の造営数も限定される。
⑨古墳後期後半（6C後）	関東地方諸地域の首長勢力の巻き返しとともに、首長級前方後円墳が再び大形化し、中形前方後円墳・方墳を従えた首長系列の古墳群と、首長配下にある小地域集団の小形前方後円墳を中核とする古墳群に分化して、円墳造営者数も過去最大に達する。丘陵地帯で横穴墓の造営も開始される。
⑩古墳終末期前半（7C前）	畿内政権からの規制を受けて、首長墓は大形方墳に、その系列下で少数の方墳が造営されるが、小地域集団の墳墓造営は大幅に制限される。
⑪古墳終末期後半（7C後）	首長墓の造営が停止し、地方豪族層が寺院の造営に向かう中で、造墓規制が緩み、小地域集団の族長クラスを中心に再び小規模な終末期方墳の築造が盛んになる。方形墳墓の造営はその後火葬骨を埋葬する段階まで続く。

142

1. 出現期・前期〜中期前半の古墳群

　古墳出現期の上総は、市原市神門5・4・3号墳や木更津市高部32・30号墳のような出現期前方後円墳・前方後方墳の東京湾岸部への拠点的な出現によって特徴づけられる。両古墳群のような、従前にない壮大な墳丘の出現と盛土内埋葬の始まりを以って、私は「古墳時代の創始」と考えている。このうち前方後方墳には、あたかも主従的関係を示すように、近接して方墳が併存する場合が多いが、その数は僅少で前方後方墳と一対の場合が多い。墳丘規模の上では前方後方墳を上回る神門の前方後円形墳の場合には、至近に従属的な存在の古墳が見当たらなかったが、同じ養老川下流域の小田部(おだっぺ)古墳（円形墳）の存在や、同一台地上の諏訪台古墳群内の在り方から見て、円形・方形両者の小規模墳が墓域を隔てて併存していた可能性がある。

　いずれにしても、弥生時代中期から後期にかけて、次第に限定性、集約性を強めてきた墳墓が、この段階に至って、より特定的存在と化して古墳時代の幕開けを迎えたことは確かであろう。古墳時代創始期において、墳丘をもつ古墳はより限られた存在ではなかったかと理解している。

　前期段階に移行し、定形化した前方後方墳（前方部にも明瞭な墳丘をもつ前方後方墳）、及び前期大形・中形前方後円墳の造営される時代に入ると、その下部階層と見られる小規模古墳（方墳）の数も前段階に比べれば大幅に増加する。これを第1次群集墳現象と呼び換えても差し支えないであろう。木更津市手古塚古墳背後の俵(たわら)ヶ谷(がやつ)古墳群の事例がその一例であり、また至近に前期前方後円墳が未確認な小櫃川中流域の袖ヶ浦市大竹二又堀古墳群なども、この時期の群在的な方墳の在り方を示している。その一方で、前期には前方後円墳と小規模方墳の中間層として存在する30〜40ｍ級円墳（市原市海保(かいほ)3号墳など）の存在も確認されている。なお、出現期・前期の方墳は、後期の同規模円墳に比して、必ずしも低墳丘とは言えないことを付言しておく。

　中期前半に入ると、大形前方後円墳の造営は終息し（市原市釈迦山古墳・君津市白山神社古墳などを前期末の築造と推定）、それに代わるものとして大形円墳（千葉市七廻塚古墳・上赤塚古墳など）の築造が見られる時代が到来するが、この時期の小規模古墳としては主として方墳（市原市草刈古墳群・大厩古墳群

など）が造られ、その数は減少する。中期初頭～前葉は古墳数が総体的に減少した時期として理解される。またこの時期に小規模古墳における方墳から円墳への転化が起きたと考えられ、その状況は、木更津市宮脇古墳群や市原市草刈古墳群などにおいて断片的にたどることができる。なお、方墳から円墳への変化は斉一的というよりも、段階的で地域差もある変化ではなかったかと理解している。

2. 中期後半の古墳群

中期前葉～中葉（須恵器編年 TK73～216期）になると、西上総各流域では、河口付近の低地に大形前方後円墳が相次いで造営される。姉崎二子塚古墳（市原市）、高柳銚子塚古墳（木更津市）、内裏塚古墳（富津市）がそれである（第1図）。これらの古墳は、台地や丘陵上にあった前期前方後円墳を凌ぐ隔絶した規模で造営され、より広域な地域統合の達成を示している。

これらの大形前方後円墳の築造から一段階遅れた5世紀中葉後半以降（TK208～23期）、円墳数の著しい増加現象が認められる。これらの円墳の被葬者は、広域首長による統括下で新たに再編された小地域支配者層（集落長クラス）の墳墓と見られる。この段階になると、前期後半～中期前半まで拠点的に認められた大形円墳は姿を消し、短甲を副葬する円墳を中核として、20ｍ台以下の古墳が主流をなすようになり、前方後円墳との階層格差が歴然としたものとなる。

なお、この段階の円墳の造営主体は、古墳群単位で見ると、集落長クラスの者に限定され、無制限に拡大したものではなかったと考えられる。中期の円墳が比較的まとまって造営されている古墳群の調査例（木更津市請 西鹿島塚古墳群など）を見ても、その造営状況は段階的、過渡的な内容を示しており、後期後半に見られる短期多造型の「群集墳」とは程度差が大きいことを示している。中期後半は、円墳の造営地域が拡大したことを含めて、古墳の総数自体は倍増したかに見えるが、それが必ずしも円墳造営者の階層的な拡大に直結するものではないと考えている。

上総における中期の円墳の埋葬施設は総じて木棺直葬であり、埋葬施設の

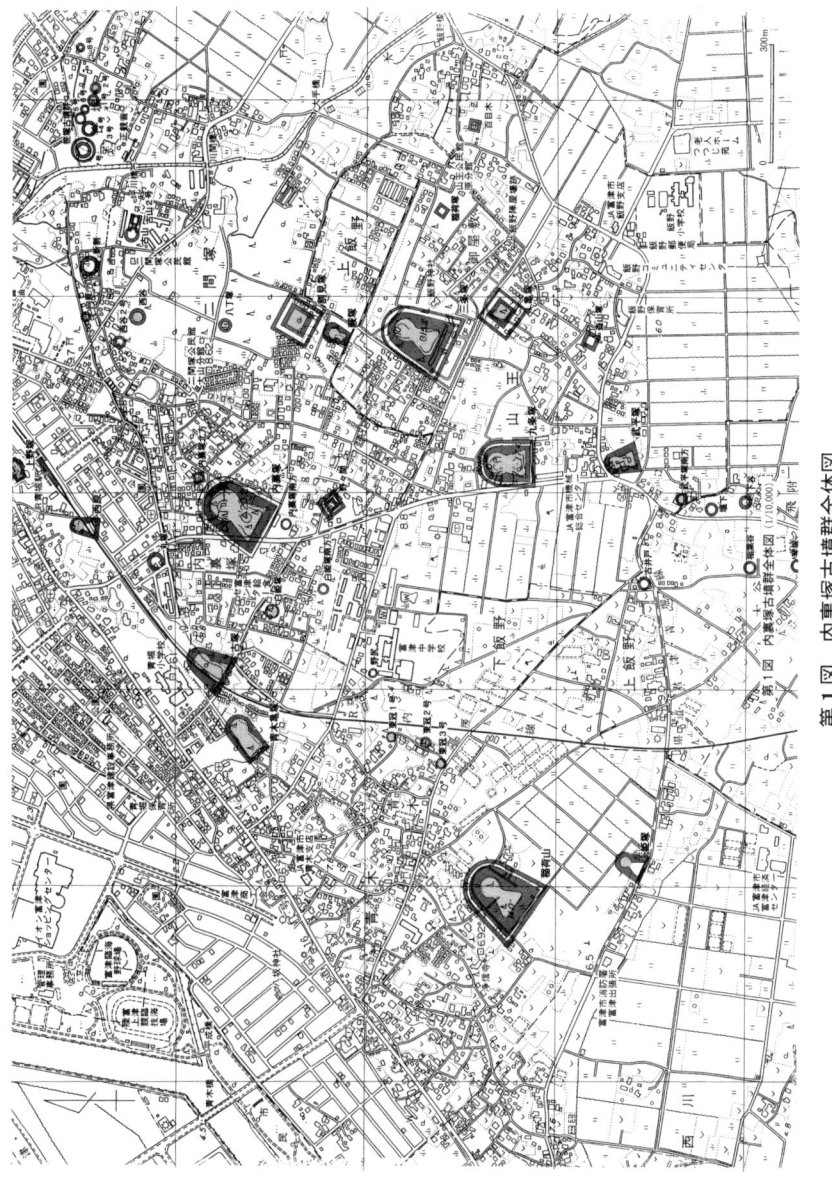

上総における古墳群構成の変化と群集墳

第1図 内裏塚古墳群全体図

第Ⅱ部　各地からの報告

上での顕著な地域色は認められない。また前期〜中期前半段階までしばしば見られた割竹形木棺は、中期後半にはほとんど見られなくなり、箱形木棺が主体となる。

　中期後半の上総は、総体的に見ると、首長系前方後円墳と小規模円墳（20m台以下）にほぼ二極化された時期として捉えられ、中間層は基本的に存在していないと見られる。いずれにしても、中期後半は円墳造営者が急速に増加した時期であることは確かであり、これを「初期群集墳」ないしは「古式群集墳」と呼ぶこともできなくはないが、後期後半における文字通りの群集墳との程度差や階層構造の相違を考えると、「群集墳」という用語の使用、概念の適用には少なからず抵抗を感じる。

3. 後期前半の古墳群

　上総では、後期前半（TK47・MT15・TK10期）に入ると、首長系前方後円墳の規模が縮小もしくは造営の空白期を迎えたと見られる。養老川流域では、この段階の前方後円墳として、市原市姉崎古墳群中の山王山古墳（69m）や上流部の江子田金環塚古墳（47m）が知られているが、中期段階に比べるとその規模は縮小している。また小櫃川・小糸川流域では、この時期に該当する前方後円墳が見当たらず、首長墓の空白期間として捉えることができる。村田川流域では、市原市菊間古墳群中の未発掘古墳の中にこの段階の古墳が潜在している可能性もなくはないが、現段階では不明とせざるを得ない。また東上総の木戸川・作田川流域（山武地域）では、この段階まで首長系と認定できるような前方後円墳の存在を確認することができない。一ノ宮川・夷隅川流域（長生・夷隅地域）では、中期以来前方後円墳の造営が途絶えているが、この地域における後期古墳の衰退は、「安閑紀」に記された伊甚国造の失脚と伊甚屯倉（みやけ）の設置に関連する事象とも捉えることができる。

　この時期は円墳の数も中期後半に比べて減少したまま推移する時期として捉えられる。丘陵・台地上の古墳群がまとまって広域的に調査されている小櫃川下流域（木更津市請西地区）の状況を見ても、この段階の古墳は基数も限られており、細々と存続しているといった感が強い。その一方で、請西鹿島

塚8号墳のような小規模前方後円墳の存在も一部に認められている。また流域の小規模な（総数の少ない）古墳群においては、この時期の古墳が欠落している場合も多い。

　上総における後期前半は、中期後半に定着した各集落長クラスによる円墳の造営が、造営者層の拡がりを見せることなく、限定的に続いた時期として捉えることが可能であろう。一方、この時期の集落は、中期後半から継続的に営まれているケースが多く、かまどの定着や土師器の「須恵器模倣型坏」の定形化など、生活様式の変化が見られるほか、中期後半まで盛行を極めた石製模造品祭祀の衰退などの現象が認められている。

　この時期も基本的には中期後半の延長であり、首長墳対集落長クラスの円墳といった二極的な図式であったと見られるが、首長墳自体が縮小ないしは欠如しており、中期段階のような隔絶性が緩んだ時期として捉えることが可能であろう。なお、後期前半（6世紀前半）における首長墓の縮小ないし途絶現象については、畿内を含めた汎列島的視野から再検証する必要があろう。いずれにしても、後期前半の上総は、中期と後期後半の間に挟まれた低迷の時代として捉えざるを得ない。

4. 後期後半の古墳群

　後期後半（MT85・TK43・TK209期）に入ると、一転して多数の古墳が造営される著しい隆盛の時代が到来する。とくに西上総の小櫃川流域・小糸川流域、東上総の木戸川・作田川流域（山武地域）では、大形・中形の前方後円墳が相次いで連続的に造営されている。このうち山武地域は前期〜後期前半には際立った古墳が見当たらなかったが、この時期に至って新たな首長勢力が勃興した地域として捉えられる。また養老川流域でも首長墓系列と見られる中小規模の前方後円墳が引き続き築造され、村田川流域でも、この時期に該当すると見られる前方後円墳がある。

　このうち首長系古墳の分布が最も集約的で、その全体像がよく知られている小糸川流域の富津市内裏塚古墳群の状況を見ると、墳丘長100ｍ級の前方後円墳（九条塚古墳・稲荷山古墳・古塚古墳・三条塚古墳）を盟主として、

第Ⅱ部　各地からの報告

50～70m級の中クラスの前方後円墳（西原古墳・姫塚古墳・蕨塚古墳など）、その下位に20～30m級の円墳（白姫塚古墳・丸塚古墳・新割古墳ほか）といった首長集団内部での墳墓の階層性、重層的な構造が捉えられる（第1図）。なおこの時期の内裏塚古墳群内の各古墳の埋葬施設は全て横穴式石室を採用しており、盟主クラスの古墳には二重周溝と埴輪列の存在が認められる。

小櫃川流域の祇園長須賀古墳群でも、遺存状態は不良ながら、大形前方後円墳（稲荷森古墳・金鈴塚古墳）、中小前方後円墳（丸塚古墳・酒盛塚古墳）、円墳（鶴巻塚古墳・塚の越古墳など）の存在から、断片的にではあるが、内裏塚古墳群と近似した古墳群構成を本来示していたであろうことが推察される。

一方、この時期になると、各流域の台地や丘陵上の小規模古墳も急激に増加する。この時期の古墳群の在り方を見ると、30～40m級の小規模前方後円墳を中核として、それを取り巻くように複数基の円墳が併行して造営されており、首長系古墳群における階層構造が、その縮小版として各小地域にも取り入れられたかのような古墳群構成を示している。なお、小櫃川・小糸川流域の状況を見る限り、小地域古墳群の埋葬施設は木棺直葬（箱形木棺）が圧倒的に多く、円墳にまで横穴式石室を採用した首長系古墳群とは、埋葬施設の上でも、副葬品の上でも明らかな階層差が認められている。すなわち、低地部に造営された首長系の20m級円墳と、丘陵部に築造された40m級前方後円墳とを比較すると、埋葬施設や副葬品の面で前者の方が明らかに卓越性を示している。

また、首長系古墳群内の前方後円墳・円墳では、横穴式石室内から多いもので10体以上にも及ぶ人骨が出土し、一古墳内多人数埋葬の在り方を示しているが、台地・丘陵部の小地域古墳群では大多数の古墳で木棺の複数埋葬が認められており、石室墳の代用的な側面も看取される。石材自体が貴重な、石の少ない地方において、小規模古墳における木棺直葬の複数埋葬は、一つの地域色としても捉えることができるであろう。

このほか、丘陵・台地部の小地域前方後円墳に多く見られる事象として、後円部埋没周溝の存在がある。後円部を全周する周溝の存在は、円墳から前方後円墳への墳形の改築を示す痕跡とも捉えられ、小規模前方後円墳の存在

意義を改めて問い直すべき疑問点の一つとも言い得るが、本稿ではその点に関する詳細は省略しておきたい。

なお、同じ西上総でも、北部の養老川流域や村田川流域においては、6世紀末葉段階を中心に、台地部の小地域古墳群における横穴式石室墳（切石積小規模石室）の存在が比較的多く知られており、埋葬施設の上での地域差が認められている。

また西上総では小糸川よりも南の地域（湊川流域等）、および東上総の一ノ宮川・夷隅川流域（長生・夷隅地域）、さらに房総半島南端の安房地域では、高塚古墳よりも横穴墓の方が圧倒的な多数を占めている。丘陵・台地上の小規模円墳など高塚古墳の分布と、横穴墓の分布とがほぼ反比例の関係で認められていることから、基本的に横穴墓は高塚古墳の代用の墓制（古墳の一部）であると見なすことができよう。すなわち、横穴墓は高塚古墳よりも階層的に劣る墓制とは考えられず、多くは狭隘な丘陵（房総丘陵）という地形的な要因によって、この墓制が選択されたと考えることができる。東上総、とくに長柄町一帯で多く認められている技巧的優秀性を備えた横穴墓の存在などは、高塚古墳分布地域における前方後円墳と同格な階層性を示している可能性も否定できない。

なお、上総における横穴墓の創始年代は、6世紀後葉と見られ、小規模円墳の急増期と大きく変わらないものと考えられる。

5. 終末期の古墳群

後期後半の6世紀末頃までをピークに累々と築かれてきた円墳の造営は、7世紀初頭（TK209期後半）を境に急速に終息する。この現象は、一面では小地域の台地や丘陵上では古墳を造営するスペースが無くなるほどの状態になった（空間的な飽和状態に達した）ことを、要因の一端と見なすこともできるであろう。

終末期に入ると、首長系古墳における墓制が、前方後円墳から方墳へと一新される。そのことを契機に、首長集団内部における古墳造営者層も再び限定されたものとなり、従来の大形・中形前方後円墳の序列が、方墳の規模の

序列に反映され、従前の円墳被葬者層は、古墳造営から除外されたと見られる。なお、養老川流域の市原市姉崎古墳群では、首長系列の古墳として六孫王原古墳のような前方後方墳が採用されていることが注目される。

このような首長系方墳の造営期は長くは続かず、追葬を別にすれば、遅くとも7世紀前半の内に収束するものと推定される。そして各地域の豪族層は、7世紀後半に入ると、寺院の造営へと権威の表象を転換することになる。

7世紀前葉〜中葉（TK217期相当）における小地域の古墳はきわめて少なく、限定された存在である。6世紀後半（後期後半）に小規模前方後円墳を造営していた階層の継承者のみが方墳の造営を許されるような状況だったのかもしれない。それは集落長クラスないしはさらに広範な地域の有力者であった可能性が高い。首長系古墳の造営に外圧的な規制が看取されるように、小地域における古墳の造営にも、それに連動する規制が働いていたと考えられる。

ところがそのような規制は7世紀も後半に入る頃から次第に緩み、7世紀後葉〜末葉には、かつての群集墳が復活したように多数の方墳が群集して造営されるようになる。台地上ないし丘陵上が後期後半までの古墳によって埋め尽くされている場合、そのような終末期群集墳は斜面部に造営され、木更津市請西大山台古墳群・高部古墳群・関田塚古墳群などに見られるように、周溝形態の上ではコ字形墳を形成するものも多い。これに対して市原市諏訪台古墳群などのように、終末期群集墳が台地の一角を広く占有する場合もある。

このような終末期後半の古墳群の中でも、埋葬施設に切石積石室や箱形石棺を採用したやや規模の大きいものと、木棺直葬の群小墳という階層差が認められている。切石積石室で二重周溝をもつ木更津市請西山伏作5号墳などは小地域の中でも最上位の古墳として位置づけることができ、市原市東間部多11号墳などの前方後方墳も同様の位置づけが可能であろう。なお、終末期方墳を継承する方形墳墓の造営は、その後奈良時代（8世紀）に入ってからも、火葬骨を埋葬する墳墓という形で存続してゆく。

6. 上総における古墳群の特性

　上総には外観として「群集する古墳群」が非常に多く形成されているが、それがイコール群集墳ではなく、出現期～終末期の各時期の古墳が併存しているケースの方が通有である。80基以上の古墳が調査されている木更津市塚原古墳群の一例では、後期後半の古墳が全体の42％という数値が出ているが、約半数近くといったところが、古墳総数に占める後期群集墳の実態的な割合であろうと思われる（第2図）。

　同じ上総でも、小櫃川北岸以北（ほぼ袖ヶ浦市以北）までは地形的に下総台地の一部（台地地形）であるのに対し、小櫃川南岸以南は丘陵地帯で、南へ下るほど丘陵も狭隘になっている。台地部と丘陵部とでは古墳の遺存度に大きな差がある。台地部では畑地など後世の土地利用頻度がきわめて高く、墳丘がすでに消失している率が高いのに比べ、狭い丘陵地帯ほど古墳が原形を留めている割合が多い。すなわち小櫃川南岸域や小糸川流域などは古墳の残存率が高い有数の地域と言い得る。裏を返せば台地部においては、分布調査等によって把握されている古墳はあくまでも氷山の一角に過ぎないことを考慮する必要があるだろう。

　後期後半に首長系前方後円墳が興隆した地域に、群集墳も多数見られる傾向がある一方で、横穴墓も群集墳の一形態として捉えるならば、大形首長墓の存在しない長生地域などにも群集的な墳墓の形成が見られることは確かであり、地域首長の勢力や存在如何に関わらず、墳墓造営のエネルギー、風習が各小地域の集落にまで行きわたっていたのが古墳時代、とくに後期後半を中心とする群集墳の時代と言い得るかもしれない。それは横穴墓も含めた古墳造営者層が圧倒的な広がりを見せた稀有の時代でもあった。

参考文献

小沢　洋　1998　「上総における古墳中期土器編年と古墳・集落の諸相」『研究紀要Ⅷ』　君津郡市文化財センター　pp. 77-108

小沢　洋　2001　「房総における古墳中期から後期への移行」『〈シンポジウム〉中期古墳から後期古墳へ』　第6回東北・関東前方後円墳研究会大会資料　pp. 133-150

小沢　洋　2005　「房総における古墳時代中期群集墳の展開」『考古学ジャーナル』No.528　pp. 5-8

第Ⅱ部　各地からの報告

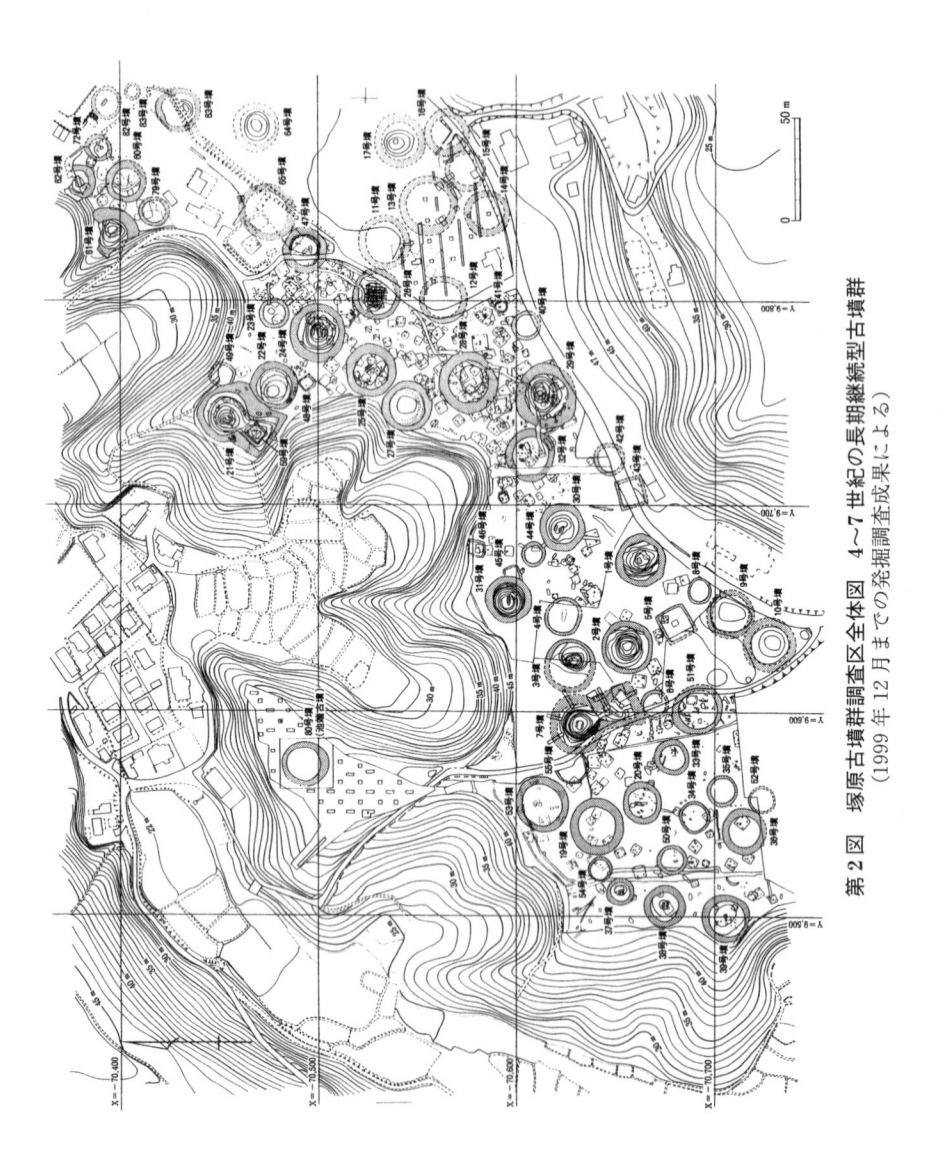

第2図　塚原古墳群調査区全体図　4〜7世紀の長期継続型古墳群
（1999年12月までの発掘調査成果による）

第Ⅲ部　シンポジウム
関東における後期・終末期古墳群の諸相

7世紀東国を考える一視点

川尻秋生

はじめに

　これまでの考古学の議論と論点がずれるかも知れませんが、「新興豪族」というお話が出たので、そういった概念をどう文献から捉え得るかというお話をさせていただきます。

　文献からできることは限られており、どうしても国造層くらいまでで、それより下の階層についてはわからないというのが実情です。

　ここでは『常陸国風土記』を使いながら、お話を進めてゆきます。これはあくまでも理論的な枠組みですが、この『常陸国風土記』の成果を各地域で考古学、もちろん文献史学も含めて使うことが可能だと考えております。もちろん、当てはまる地域、あるいは当てはまらない地域があるのは当然です。

1. 那珂国造と評

　時間も限られていますので、那珂国造を取り上げます。資料として、地図、国造の領域が評にどのように変わっていったかという表、そして風土記の記事を挙げておきました。

　ちょっと複雑なので説明します。『常陸国風土記』を見ますと、那珂国造の領域が大体わかります。その領域は、律令制下の那珂郡、鹿島郡の寒田沼以北まで、行方郡の東側半分です。それが立評作業により、段々と小さな領域になっていくのです。その立評の申請者は、行方郡条に見えます那珂国造大建壬生直夫子という人物です。この人物が行方郡（当時は行方評）を立評するのです。

　これについては鎌田元一さんの画期的なご研究があります。那珂国造壬生

第Ⅲ部　シンポジウム　関東における後期・終末期古墳群の諸相

> 『常陸国風土記』
> 香島郡条
> 　古老曰、難波長柄豊前大朝馭宇天皇之世（孝徳）、己酉年、大乙上中臣□子、大乙下中臣部兎子等、請㆓惣領高向大夫㆒、割㆑下総国海上国造部内軽野以南一里、那賀国造部内寒田以北五里㆒、別置㆓神郡㆒、
>
> 信太郡条
> 　古老曰、難波長柄豊前宮御宇天皇之世、癸丑年、小山上物部河内、大乙上物部河津等、請㆓惣領高向大夫等㆒、分㆓筑波・茨城郡七百戸㆒、置㆓信太郡㆒、
>
> 行方郡条
> 　古老曰、難波長柄豊前大宮馭宇天皇之世、癸丑年、茨城国造小乙下壬生連麿、那珂国造大建壬生直夫子等、請㆓惣領高向大夫、中臣幡織田大夫等㆒、割㆓茨城地八里、那珂地七里、合七百余戸㆒、別置㆓郡家㆒、
>
> 多珂郡条
> 　古老曰、（中略）至㆓難波長柄豊前大宮臨軒天皇之世㆒、癸丑年、多珂国造石城直美夜部、石城評造部志許赤等、請㆑申惣領高向大夫㆒、以㆓所部遠隔、往来不㆒㆑便、分㆓置㆓多珂・石城二郡㆒、〈石城郡、今存㆓陸奥国堺内㆒、〉

直夫子が申請して行方評ができるわけですが、彼は後の那珂郡ではなく、行方郡に本拠を置いていたことになります。各国造の領域内に新興豪族が生まれ、それが国造領域の分割につながったと考えたのです。ただし、鎌田さんは壬生直夫子という人物を那珂国造(なかのこくぞう)の一族と見ました。つまり、国造は複数いると考えたのです。

　しかしながら、例の武蔵国造(むさしのこくぞう)の反乱でもそうですが、国造を同族で争うということから見ると、やはり国造はそれほどたくさんいたとは考えられない。つまり、もともとあった那珂国造の本拠は律令制下の那珂郡であったものの、7世紀の半ば頃、立評の時期には、後の行方郡に盤踞していた豪族であった

7世紀東国を考える一視点

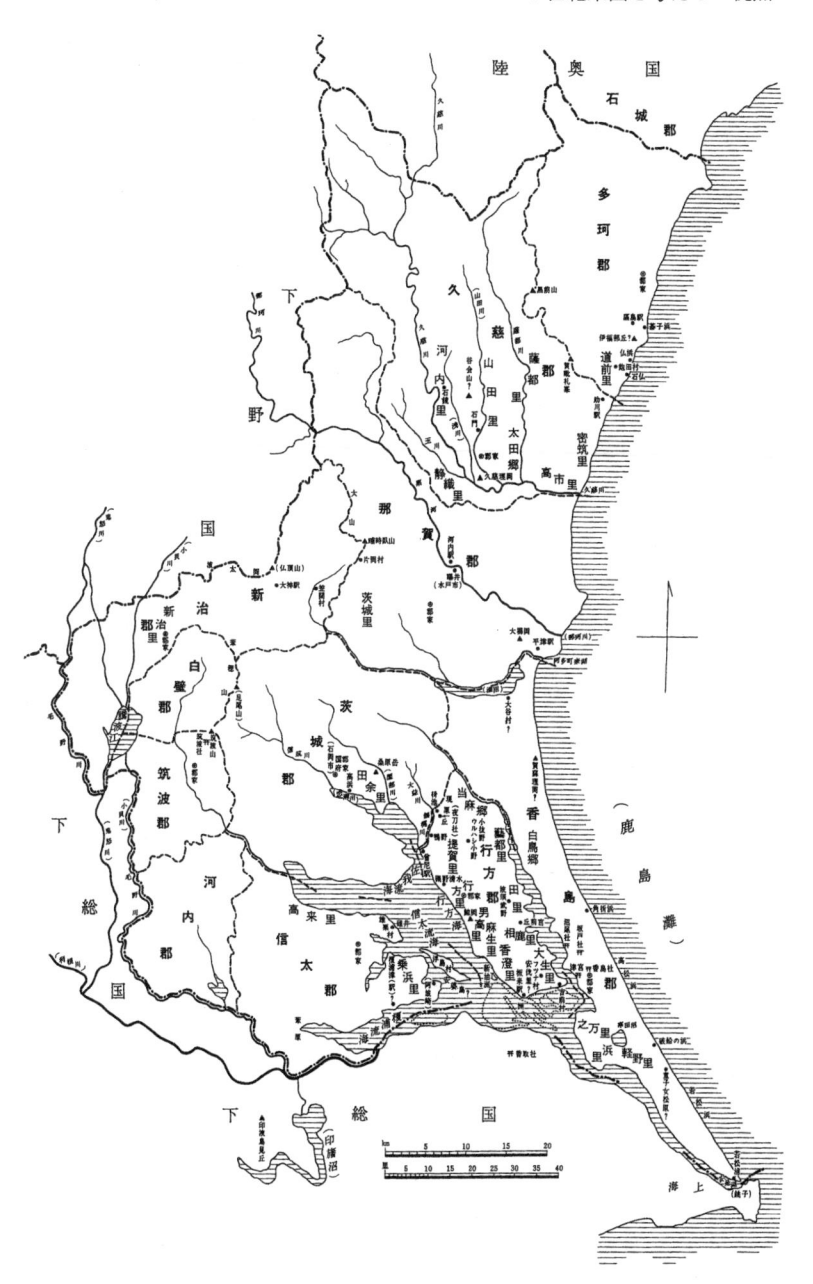

第1図　常陸国風土記地図（日本古典文学大系『風土記』による）

第III部　シンポジウム　関東における後期・終末期古墳群の諸相

第1表　『常陸国風土記』にみえる評の成立

国造のクニ 大化五年	白雉四年	立評記事の有無	立評申請者	八・九世紀の大少領の姓
新治——新治	新治評	×	新治直	
	白壁評	欠		丈部直　壬生宿禰
筑波——筑波	筑波評	×		
	河内評	欠		物部→物部志太連
	信太評	○	小山上　物部河内　大乙上　物部会津	茨城□
茨城——茨城	茨城評	×		壬生直
	行方評	○	茨城国造小乙下　壬生連麿　那珂国造大建　壬生直夫子	宇治部直
那珂——那珂	那珂評	欠(×)		中臣鹿嶋連
下海上——香島	香島評	○	大乙上　中臣□子　大乙下　中臣部兎子	
久慈——久慈	久慈評	欠(×)		君子部
	多珂評	×		
多珂——多珂評	石城評	○	多珂国造　石城評造　石城直美夜部　部　志許赤	磐城臣（丈部）

158

壬生直夫子という人物に国造職が移っていたと考えた方が、私はいいと思います。第1表を見ていただくとわかりますが、奈良時代の郡司から遡っていくと、おそらくは宇治部直がもともとの那珂国造だったと思います。

2. 印波国造と国造職の変化

　実は常陸国の他の評でも類似のケースがあり、本書で萩原さんが話された印波国造について、これと同じモデルを使いまして、以前論文を書いたことがあります。印波国造の領域は、後の下総国印波郡および埴生郡にあたります。そして、印波国造の名称は公津原古墳群を含む印波郡に引き継がれ、岩屋古墳を含む竜角寺古墳群は埴生郡になるわけです。ところが律令制下では埴生郡の郡司が大生部直であったことが判明したので、公津原古墳群を持った氏族（丈部直）から、竜角寺古墳群を築いた氏族（大生部直）へと、国造職が移り変わったのではないかということを主張しました。論文発表当時、その根拠は二条大路出土木簡だけだったのですが、最近、印西市の西根遺跡から「大生部直」、それから「生部直」と記した墨書土器が発見されました。在地の資料からも大生部直がこの近辺にいたことを少し補足することができるようになったのです。このように、7世紀の少なくとも半ばぐらいには、各地域でそうした国造職を含めた勢力の移動、ないし大和政権との関係の粗密がかなり生まれていたと考えていいと思います。

3. 地域勢力の動揺

　この点は、有名な大化元年の東国国司詔に、東国に派遣される東国国司に対して、「自分が官家を預かって昔から管理しているのだ」というようなことを偽って言っている人間がいるから、それに注意しなさいと命じているところからもうかがえます。つまり、王権も各地域の動揺を把握していたのです。そしてそのことが逆に評制、立評の前提になり、正統性の判断を在地側も求めている、といった状況が見て取れるのではないかと考えられます。

　すべての地域でもちろんこのことが当てはまるというわけではありませんし、考古学的にこのことを追える地域も、追えない地域もあるでしょう。け

第Ⅲ部　シンポジウム　関東における後期・終末期古墳群の諸相

れども、文献から考え、このように見ていくと、地域の勢力の移動、ないし大和政権との関係の粗密がわかっていくのではないかと考えています。そういう意味で、下野などでも私のモデルがある程度当てはまるのではないかと思います。その辺については、考古学の方でも考えていただければ幸いです。

参考文献

鎌田元一　2001　「評の成立と国造」『律令公民制の研究』　塙書房、pp. 145-179

川尻秋生　2003a　「大生部直と印波国造」『古代東国史の基礎的研究』　塙書房、pp. 118-153

川尻秋生　2003b　「桜井舎人部考」『日本歴史』661、pp. 91-92

千葉県埋蔵文化財センター　2005　『印西市西根遺跡』

パネルディスカッション　第Ⅰ部

（パネラー発言順）：白井久美子・草野潤平・深澤敦仁・太田博之
　　　　　　　　　松崎元樹・萩原恭平・小沢　洋・中村享史
　　　　　　　　　和田晴吾・川尻明生・吉村武彦
　　司会：佐々木憲一

中期・後期の画期をどの段階と捉えるか

佐々木：本日ご発表いただいた内容は多岐に渡っているのですが、逆に時間が90分と限られておりますので、なかなかここまですべてを網羅することは難しいと思います。

　まず今日の発表のなかで、古墳時代後期以前から群集墳的なものがずっと継続している事例が紹介されました。そして実は、中期から後期への画期も、地域によって若干違うようです。予稿集目次裏の古墳編年対応表を参照しながら、いつ頃から後期とするのかということを発表者の皆さん、白井さんから一人ずつ簡単にお話しください。

　白井：和田先生の編年案では、須恵器のTK23～47型式段階から後期という扱いになっていますが、基調報告で示しましたように、中期後半の連続性を重視すると、和田先生の定義される10期、つまりMT15～TK10が後期の第一段階というふうに捉えております。ただし、TK23とTK47を識別するのは非常に難しく、TK47期の解釈が問題になるかと思います。

　草野：今回の私の発表は、学術フロンティア推進事業の一環で行なった古墳の集成作業成果を踏まえたものなので、作業にあたって基準とした時期区分を再度確認で申し上げます。まず、白井先生がおっしゃったようにTK23とTK47というものを分けるのがなかなか難しいということがあります。竪

第Ⅲ部　シンポジウム　関東における後期・終末期古墳群の諸相

穴系埋葬施設を主体とします小円墳の初期（古式）群集墳が盛んに営まれる時期ということも考え合わせて、集成作業では TK23～TK47 型式、実年代で言う 5 世紀末葉以降を後期としました。

深澤：上野地域は発表でも申しました通り、群集墳の様相から見る限りでは TK23・TK47 段階が一つの画期だろうというふうに考えています。ただ、その地域の首長墓に本格的な横穴式石室が採用されるのはその一段階後の MT15 段階だと思います。どちらを重視するのか、なかなか決断はできないのですが、今日の話題からすれば TK23・47 段階に画期があるのかな、というふうに思っております。

太田：私は雄略朝期までを中期と考えていますので、現状の編年観との対比から、一応須恵器 MT15 段階以降を後期としています。ただ、中期・後期の区分をどこにもとめるということについては、それほどこだわっているわけではありません。また、今後の実年代研究の動向によっても変更されるべきものと考えます。

松崎：多摩川流域では、中期・後期を分ける典型的な資料が乏しいわけです。例えば古墳群の在り方から言いますと、等々力地域である程度の大きさをもつ帆立貝形古墳、あるいは造出付円墳等が途絶するのが、須恵器で言うとちょうど TK23 か TK47 段階、集成編年の 8 期（和田編年 9 期）に入ったぐらいです。それ以降、ちょっと古墳の様相が変わってきます。したがって 8 期を一つの後期の始まりというふうに捉えていいかなというふうに思っております。

萩原：下総地域については、観念的にはみなさんが言われている TK23～47 あたりで問題ないと思います。しかし実態として、その段階にピッタリ位置づけられる古墳があるのかと言われると、これは非常に苦しい所です。というより、ないのです。実際、後期古墳群を含めて造墓活動が活

発になってくるのは、どんな古くもっていっても TK10 くらいからです。

小沢：私の場合は、先ほど白井さんが言われたのとまったく同じで、一応 TK23 と TK47 の間に中期と後期の境を置いております。上総の状況等を見ますと TK208 から TK23 は非常に連続性が強いのですが、TK47 というのは須恵器の型式自体ではちょっと不確かなことがありますが、それに併行する土師器の編年等を考えると、ちょうど TK47 を後期に入れた方が、都合が良い部分がいろいろあります。また現実に、ここから大形古墳の数が減少したり、小規模古墳の数も減少に転じたり、というような画期もありますので、TK23 と TK47 の間で線を引きます。

中期以前の中小古墳のあり方
佐々木：ということで、中期から後期への画期においても地域差があるということをまず認識しておきたいと思います。それでは、関東の後期古墳群の特質を説明するために、白井さん、小沢さんに、弥生時代後期あるいは古墳時代前期からそういった中小の古墳が集まっているという現象をご紹介いただきました。このへんについて、狭義の古墳群と言ったら語弊があるかもしれませんが、後期の、特に白井さんが「新興型」と定義された古墳群以前の、中小の古墳の在り方についてもう一度白井さんに概括的なことをお話しいただきたいと思います。

白井：本日の各地域の発表は後期に新しい画期を認めることのできる群集墳、あるいは中小規模の群在する古墳を主体としたものでした。しかし、このような中小規模の古墳群の中には、中期前半あるいは前期にさかのぼるものがあり、後期の新たな地域への造墓活動と併行して、弥生時代後期以来の低墳丘で中小規模の古墳群を連綿と造り続けているものがあります。これらの例をどういうふうに扱うかという問題を検討するために、出現期から前期の段階、あるいは前期末から中期前半の段階に、同規模の造墓活動を続けているものも王権との関係をもって地方支配の枠内に組み込まれた被葬者の造

第III部　シンポジウム　関東における後期・終末期古墳群の諸相

墓単位として、群集墳の一段階と捉えることができるのではないかと考えたわけです。そういうものを「先行型」群集墳として、新たに後期あるいは中期後半段階から造墓活動を開始するものとは区別するという狙いで設定いたしました。

佐々木：今日のシンポジウムでは後期・終末期と謳っておりますので、これからが一つの今日の討論の大きな柱になると思いますが、各地の後期・終末期を中心とする時期の動向について、特に前代から継続的に造墓活動が続く古墳群がどこにあるのかないのか、また中期の後半あるいは後期半ばになって新しく出現する古墳群の在り方、それからまた、主体となる墳形がいつどういうふうに変わるのかなどという、ちょっと具体的な、やや細かい話をお願いします。それでは、まず栃木県を草野君、今年度の集成作業の成果を踏まえた上で、お願いします。以下、上野、北武蔵、南武蔵、下総、上総と続けます。

草野：基本的に栃木県の古墳の場合には、古墳の盛んに営まれる中心地域が前期・中期・後期でそれぞれ違っています。前期では、上侍塚・下侍塚古墳が造られた那須郡、栃木県北東部に中心があります。それが中期になると、東谷古墳群や塚山古墳群のある宇都宮市のほうに中心が移ります。後期になって、県南部の思川・田川のほうに移っていくということで、基本的に中心となる地域が違うということがまずあります。

　その上で思川・田川流域を細かく見てみますと、古墳時代前期の古い段階に造墓を開始する地域も部分的には認められます。例えば私の資料（57ページ第3図）で言うところのX地域、三王山地域には4世紀前葉に遡る前方後方墳の三王山南塚1号墳・2号墳が存在します。しかしこのX地域に関しては、中期に位置づけられる古墳が見出しにくく、後期古墳への移行の仕方がよくわからないのです。それから、H地域の牧ノ内古墳群は、古墳時代前期の小規模な方墳と、竪穴系埋葬施設の小円墳と、それから横穴式石室の古墳が、かなり狭い地域に混在して検出されている状況があります。ただ、これ

に関してもまだ詳細な報告が出ておりません。したがって竪穴系埋葬施設の古墳が6世紀前半代のものなのか、あるいは5世紀代に造られたものなのかというようなところがわからないので、前期から切れ目なく連続して営まれていると断言することはなかなか難しいと思います。

　円墳に切り替わる時期というと、私が把握している限りでは、古墳時代前期に方墳、あるいは方形周溝墓が造られておりますが、それが中期の前半になってなかなか見出しにくくなる状況があります。その後、早いものでTK208、5世紀後半に湯津上村の酢屋古墳群や宇都宮の東谷古墳群などで小円墳が部分的に見られるようになって、TK23〜47、5世紀末〜6世紀初頭の時期になると円墳が増えてくるというような状況だと認識しております。

佐々木：実は明治大学は栃木県で継続的に発掘調査を行っているわけではないので、細かい点について栃木県の埋蔵文化財センターの中村享史さんに補足していただけると非常にうれしいのですが。

中村：フロンティア事業の集成の重点とされた地域は、前方後円墳とか大型の円墳が密集しており、すべてが発掘されているものではないものですから、それらがどういうふうに時期差をもって分けられるかということが、ちょっとわかりづらいところがあるのです。これはこっちがちょっと古くて、こっちがちょっと新しいとかそういう細かい所はきっといろんな人で微妙に違うと思います。

　栃木県のこの地域について補足的に言わせて頂くならば、宇都宮市にある塚山古墳群が、57ページ第3図のT地域の東谷・磯岡地域の鶴舞塚、松の塚古墳あたりと併行する時期にあって、栃木県では一番大きい古墳群になると思います。その次の段階の摩利支天塚あたりから、D地域に最大の前方後円墳がくるということになろうかと思うのです。実際はT地域も、東谷古墳群と琴平塚古墳群の間にちょっと隙間が開いておりますが、松の塚古墳以降、そんなにたくさん群集するわけではありませんが、多少小さい円墳が造られておりまして、古式群集墳と言っていいのかわかりませんが、また琴平

第III部　シンポジウム　関東における後期・終末期古墳群の諸相

塚古墳群の周辺にも琴平塚古墳以前と考えられるような小さな円墳がございます。琴平塚古墳群と東谷古墳群の間がもうちょっと縮まるかなあというふうに思っております。もちろん全然画期がないということにはならないかとは思いますので、まったく切れ目がなくなるかどうかちょっとはっきりは言えませんが、そのようなところが気付いたところです。

　牧ノ内古墳群に関しても、正式な報告書が出ておりませんのではっきりわからないところがあります。似たような状況は、集成の対象地域よりは少し西の方にある佐野市内、佐野新都市と言われている開発地域の中で、栃木県埋蔵文化財センターが調査しました黒袴台遺跡群で、やはり方墳と粘土槨があるようなものと、その後の横穴式石室が、牧ノ内古墳群ほどではないのですが、かなり近接した地域で造られているという状況が窺えます。多少の画期はあるにせよ古墳が連綿と造られている地域が他にもあろうかという気がします。

　深澤：上野地域に関しては、白井さんが提示された「先行型」というものは、ないのではないかと思います。ただそれは、上野地域の古墳時代前期にたくさんある、いわゆる周溝墓群が、初期群集墳と同一領域の中、同一系列で展開していくケースが、ちょっと現状では見当たらないと言うふうに考えております。ですから、上野の場合は白井さんの言われる「新興型」というのが主になると考えております。付言しますと、そもそも古墳時代前期から繋がってくる方形周溝墓あるいは前方後円形周溝墓は、やはり古墳時代前期の低地志向開発の中で「行け行けどんどん」の世界できたものです。ところが、170mの前方後円墳である浅間山古墳に収斂された時期以降、低地志向の開発が飽和状態に達して、今度は逆に山林開発のほうに、ベクトルが標高の高いほうに向かっていくという社会的転換が5世紀の中で起こったわけです。そういった社会転換期を経た中で出てくるものが、私の発表した初期群集墳だと思っております。つまり、お墓であることは変わりないけれども、社会そのもののベクトルが違う方向に向かっている中で出てきた新しいものこそが、具体的には、群集墳であり、小円墳であり、竪穴式石槨であり、埴

輪を樹立する習慣である、という形で具現化されているのだと思っております。やはり上野の場合は、そのほとんどが新興型のものであるということがこの地域の事情を反映した特徴的な在り方だと思っております。

佐々木：その古式群集墳として、小円墳と言われたのは直径10m以下の本当に小規模な古墳でいいのですよね。次に、北武蔵をお願いしたいと思います。

太田：北武蔵では前期の方墳、中期の竪穴系埋葬施設をもつ小型円墳と後期の横穴式石室をもつ小型円墳が同一群を形成しているという例があります。例えば旭・小島古墳群（92ページ第2図）や塚本山古墳群の分布図をご覧いただくと、一見して四角い形の古墳と丸い形の古墳が混在していることがわかります。旭・小島古墳群も塚本山古墳群も前期から中期初頭までの方墳、中期後半の円墳、後期から終末期にかけての円墳がモザイク状にいりまじって存在しているわけです。このなかではまず、前期から築造されている方墳がどの段階で消えていくのか、ということが問題になってきます。たとえば、旭・小島古墳群のなかには、副葬品に石製模造品をもつ方墳がありますが、この石製模造品の型式は、本日、小沢さんも取り上げておられる千葉市七廻塚古墳の出土資料の時期に並行しています。近畿の古墳との比較でいえば、三重県石山古墳よりも若干古い段階に該当するでしょうか。したがって、大阪府津堂城山古墳の出現以降を中期とすると、旭・小島古墳群内の方墳には、確実に中期初頭段階まで降るものがあって、おそらく中期前半のうちには消滅していくと考えます。つぎに、古式群集墳を主体的に構成するような小型円墳がいつから出現してくるのかということが問題となってきますが、それらは先の方墳とは、必ずしも時間的に連続しません。出現の時期は『前方後円墳集成』編年の7期です。窖窯焼成でBc種ヨコハケ調整の円筒埴輪、TK208段階の須恵器、土師器では体部の深い内斜口縁坏や定型化以前の坏蓋模倣坏の存在が指標となります。ただ、この集成編年7期の段階では、つぎの集成編年8期段階のような、爆発的な造営という現象はまだ見られませ

第Ⅲ部　シンポジウム　関東における後期・終末期古墳群の諸相

ん。

松崎：報告でも触れたように、南武蔵においても、中期後半〜後期前半にかけて営まれる古墳群はあるのですが、その微細な動きをなかなか捉えにくいという側面があります。多摩川流域、田園調布地域というのは 4 世紀の前半くらいから古墳造営が始まるところです。田園調布と野毛の地域を一体のものとして捉えれば、古墳ないしは古墳群の形成が前期古墳以来多少の切れ目はあるにしても、極端なことをいえば 7 世紀にまでずっと継続しています。それから、やや上流の、喜多見を含めた砧地域も、当初はやはり 4 世紀後半頃の砧中学校 7 号墳（かつて前方後方墳とみなされていたが、最近世田谷区の寺田さん、大田区の野本さんが再検討し、前方後円墳と言われている）から始まり、古墳が連綿と築造され続けるということです。いずれにしてもこの 3 地域とも、古墳群形成の初期の段階には、前方後円墳ないしは前方後方墳から始まっています。

　これに対し、狛江地域に関しては、唯一亀塚だけが帆立貝形古墳なのですが、群形成初期の段階から大型・中型の円墳を主体とした狛江古墳群が形成されております。造営期間も 6 世紀の中頃で終わっているということを考えると、さきの「先行型」と「新興型」という区別を考慮に入れると、むしろこの狛江古墳群は、伝統的な地域の枠組みとは違うところに、新たに形成された古墳群であろうと考えられると思います。

萩原：下総地域でなにが典型例かと問われると、龍角寺古墳群とか物井古墳群で見たような、後期から終末期かけて爆発的に増える群集墳が、どちらかと言えば一般的なあり方じゃないかというふうに考えています。ただ例外もあります。先ほど報告で取り上げた公津原古墳群が、方形原理を用いている古墳から、比較的古い段階に古墳群の形成が開始されるわけです。公津原古墳群はそのまま連綿と終末期まで続きます。そういった意味では、下総地域では珍しく、連綿と続く古墳群の代表例と考えます。他に変わった例として、手賀沼という沼全体を考えればという前提ですが、手賀沼の南岸域に、

方形原理が働く石揚遺跡とか、北ノ作古墳群があるのですが、前期末頃から造墓主体が、手賀沼の北側に明らかに動くという時期があって、我孫子古墳群が形成されるわけです。

小沢：上総の場合は、白井さんの資料で列挙されている前期・中期・後期・終末期の各段階の群集墳というのは、先ほどの発表のなかでも触れましたように、古墳多造期の波として確実に存在しているのではないかと思います。ただ「先行型」「新興型」という捉え方については、そのような視点で把握すること自体は可能だと思いますが、自分の理解のなかではまだ明瞭な線引きができていない状態です。

例えば村田川流域の草刈古墳群、養老川流域の場合では諏訪台古墳群等をはじめとする国分寺台古墳群、それから小櫃川流域の場合だと木更津の請西地区の古墳群を見ますと、所謂首長系古墳の近くの下流域に、至近に存在する大規模古墳群というのがあって、それらはもうほとんどの場合、出現期から終末期まで全期間通しで古墳が営まれている場合の方がむしろ多くなっております。だから上総の場合、むしろ後期・終末期に限定される古墳群を探す方が難しいのではないかと思います。例えば十数基程度の古墳群でも、断続的に前期から終末期まで続いていたり、斜面には終末期の古墳もあったりということで、全期間がつながっている例が結構多くあります。

そういった事例を踏まえて白井さんの分類を採用すると、「先行型」が圧倒的に多くなってしまうわけです。ただそういった点では、他の地域もそうだと思いますが、現在の調査区域のみで判断するのは非常に危険ではないかなと思うと同時に、何万平方メートルにも及ぶ広域調査をやってみないと、そういうことも言い切れないのではないか、と感じるところです。以上です。

佐々木：本当に地域々々でいろいろ状況が錯綜しています。こういう複雑な状況を目の当たりにして、いわゆる群集墳とはどういうものかということについて、非常にいじわるかもしれませんが、先生方からご意見を伺いたいと思います。

第 III 部　シンポジウム　関東における後期・終末期古墳群の諸相

和田：全般的にお聞きしていて、複雑なようで、凄く似ているなあと思う面もあります。それを確認するために、お聞かせいただければと思うのですが、松崎さんに狛江古墳群の紹介いただきました。これは大体円墳でも、規模的には 20 m～40 m の大きさのもので構成されているということですね。

松崎：平均するとそうだと思うのです。ただ初期段階の 5 世紀半ばごろに出てくる土屋塚古墳が、調査の結果外径で 58 m あるということが判明し、これは予想を超える大きさなのですが…。

和田：逆に言うと 20 m よりももっと小さい古墳は今のところ発見例とかは…。

松崎：東和泉古墳群に径 10 m 前後の古墳が 4～5 基ありますが、大体平均すると 20 m 前後かなと思います。

和田：他の地域も含めて全般的にどこも、関西よりは、この 20 m、30 m の円墳が非常に多いなあと思うのです。

　もう一つお尋ねします。上総・下総の方で、方形のものから、少数でもいいのですが、円形のもの、円形周溝墓みたいなものが出てくる時期というのは、白井さんに拠れば、前期末から中期初めでしたでしょうか。それは他の地域と違って、上総・下総地域だけが早いのですが。また、やはり方形のものが先行してあるのですか。それとそういう円形のものは何か系譜があってそうなるのか。何か契機があって、そう変化するのか。そのへんをどうお考えですか。

白井：前期末から中期にかけて、大型の円墳が首長墓として出現するのですが、これは恐らくもっと広域の首長墳として、大型の前方後円墳が成立するという、動きに連動した現象と思っています。その地域の首長墓にまず大型円墳あるいは中規模の円墳が入って、それを契機に小型の方墳が円墳に転

換していく。それを遺物相から見ますと、滑石の出現に関わる時期、あるいは鉄製品の大量副葬が始まる時期に対応するのではないかと捉えています。そして、そのあたりで畿内の王権との関係もかなり直接的になるのではないかというように考えています。

小沢：今、白井さんがまさに言われた通りのことだと思います。前期末から中期にかけて、まさに大形円墳の出現を契機として、小規模古墳の墓制における方墳が円墳（私は円形周溝墓とは扱いませんが）に転換するということでいいのではないかと思います。

和田：東北南部から九州まで、中期になったら大型円墳が数多く出てくるというのは同じ現象なのですが、その段階で方形周溝墓が円形周溝墓へと形が変化するというのは、あまり例がないように思うのです。しかも、関東でも他の地域ではその話が出てないものですから、千葉のあたりの特殊な現象なのかどうか知りたいのです。

白井：関東のなかでも上野の状況がまた違うようでしたが、上総・下総に限らず、下野、常陸、相模でも中期の前半まで小規模な方墳が存在する地域が見られます。武蔵にも前組羽根倉遺跡のように新型式の鉄鏃を出土した中期前半の例があります。関東地方のなかにもタイムラグが存在していると思いますが、中期の前半くらいまで方墳を造り続ける地域が少なくないのではないかと思うのです。そして、中期の後半には完全に円墳に転換しているのではないかと思います。

深澤：上野地域の『前方後円墳集成』1〜2期でも円形周溝墓が出てくると、さきほどの発表でも話ました。上野の場合も円形周溝墓は、中部高地に弥生後期に分布する円形周溝墓の流れを汲んでいるものと理解をしております。ですから上野地域でも、古墳時代前期前半あたりに円形周溝墓が客体的に分布するということは事実です。ところがそういう地域は、東海西部系、ある

いは東海の東部系の土器が立体的に入ってこない地域なのです。上野では、その段階ですと東海系の土器が、かなりのインパクトをもって入ってくる時期であるにも拘わらず、です。例えば今の渋川市、赤城南麓、前橋市の、そういった山麓地域、古墳時代前期でも弥生系の伝統的な要素を維持する集落が残る地域に円形周溝墓は残るのです。つまり円形周溝墓は、今のところ検出されたその地域の土器の動態を見ると、弥生系の墳墓形態の残存形態だろうと理解しています。したがって円形周溝墓は、中期後半あるいは後期初頭に出てくる、初期群集墳とはつながるものではないと思っております。

太田：北武蔵では、前期以来の方墳の築造が確認できるのは、中期初頭段階すなわち和田先生の設定による「5期」段階までだろうと思います。いっぽう、竪穴系埋葬施設を持つ小型円墳の出現は、さきほど申し上げましたように集成編年7期です。したがって、北武蔵では集成編年5期から6期の間は、小型の方墳もしくは円墳による顕著な群集形態は確認できない、ということをあらためて述べておきたいと思います。

改めて「群集墳」とは

佐々木：そういったことを踏まえて共通性もあるということで、改めて…。

和田：群集墳の定義をどうするかということですが、これは小型の墳丘をもつものに限るというのが第一番目だろうと思います。それで、その小型のものが群集化して、数多く出てくるということになろうかと思います。丸であろうと四角であろうと、小型の墳丘のものがたくさん出てきて造られているというのは、もう弥生時代、古墳時代を通じて7世紀いっぱい、先ほどの話では奈良時代までというような、時間幅のあるものです。それらの形の変化、あるいは数の変化、内容の変化に、どの段階でどういう画期を設定して、全体をどういう順番に説明していくのかというところの問題で、私の場合は古墳の形と規模は、ヤマト王権のなかでの身分秩序を反映しているというような判断から、古墳の形を重視しています。端的に言えば円墳化するという

のがポイントで、王権の枠組みの中に入り、一定の身分を獲得するという、言いかえれば、王権の直接的支配に取り込まれていくというところに、群集墳を群集墳と呼ぶ意味があるのだろうという立場です。これが起こった、大体 TK23〜TK47 型式頃を一つの画期と把握して、それ以降を後期と定義づけております。

　ひとつ前半で言い忘れましたが、畿内の首長墳、あるいは大王墳の変化から、ちょうどその中期から後期の時期が非常に大きな変革期であり、関東でも何人かの方のご指摘がありましたように、大きな古墳がまともに見られなくなるような、混乱とでも言ったらいいような時期があります。それが大王墳の場合でも、それまで 200m 以上の墳丘を築いてきましたものが、5 世紀の終わりから 6 世紀の始めごろになりましたら、いくら探しても、墳丘で 120m を超えるものが、例えば古市古墳群にもない。百舌鳥古墳群にはもうとっくに古墳が造られなくなっている。少し離れて奈良県に 140m くらいの鳥屋ミサンザイ古墳がありますが、それ以外にほとんどないような時期があります。そういった時期に逆に、九州の横穴式石室が東の方に一気に広がってくるような、それまでの古墳時代では見られなかったような現象が出てくるわけです。そういった時期が、群集墳が現れてくるようなことと、あるいは古式から新式へ変わっていくことと非常に密接に関係しています。逆に言いましたら、今の高槻市に今城塚古墳が築かれる段階から横穴式石室も定型化して、新式群集墳はその頃から生まれて、そのあとに発展していくという格好です。その背景のなかで群集墳を評価することによって、中期と後期の境に、枠組みの大きな転換があるだろうという理解なのです。

　ですから関東の方で話を聞きましたら、多くの地域は、それは出発点が TK208 の段階にあるが、主にその次の段階の TK23、TK47 という時期に、墳丘の低い小円墳が一気に増えるという話は大変分かりやすいのです。けれども一部では、それより古い円形のものがあるというご指摘でありまして、僕は昔から悩んでいたことなのですが、それがやはりあるとすれば、違った意味づけをすべきではないかと思うのです。そのときにひとつの可能性として考えられるのは、長野県、特に北の方では弥生時代後期の段階に円形周溝

第Ⅲ部　シンポジウム　関東における後期・終末期古墳群の諸相

墓が数多く造られている地域がありまして、深澤さんのお話では、そういったものとの関係のなかで、群馬県でも古墳時代前期には円形周溝墓がポツポツと方形のものの一角に客体的に存在しているのだというご指摘がありました。そしたら千葉の方はそういうものと関係があるのか、もっと違った意味で在地首長の古墳との関係で説明できるのか、あるいは王権と何か特別な関係があったのか、説明がもう少しうまくできればなあと僕自身は思っております。課題になるのかもしれませんけども。

佐々木：ありがとうございました。では次に白井さん、よろしいですか。

白井：今回私が「先行型」というのを設定いたしましたのは、古墳群の規模を問題にしたからです。と言いますのは、群集墳として扱っている関東地方の古墳群の基数を見ましても、先ほども触れたのですが、100基、200基、あるいは数100基というものがないわけで、ほとんどの場合が、全容を明らかにしているものが少ないというのもあるのかもしれませんが、30基から数10基単位に終始する。それを群集墳とそれ以外のものと区別するのは少しおかしいというような発想がありました。したがって連綿と続くものについては後期以降のものを分離せず同じ扱いでいいのではないかと考えたのです。もうひとつは、6世紀の中葉以降になって関東地方に大型前方後円墳が続々と現れるという現象と、新しく造墓活動が始まる後期の小円墳群を連動するものとして考え、TK23・TK47の画期よりも、むしろ後ろの方の、6世紀の中葉以降に新興勢力の墓として築かれる群集墳を別扱いした方がすっきりするのではないかと考えました。ただし、いろいろな地域の発表を聞いていますと、調査の規模にも拠ると思いますが、連綿と伝統的な造墓が続いたという例が今のところ少ないということで、私が扱った上総と下総、あるいは南武蔵の一部の領域に限った現象である可能性もあります。ただ、そういう連綿と続く古墳群を6世紀中葉以降の大型前方後円墳の関東的なあり方に連動して築かれた古墳群と区別して捉えたらどうかという立場に立って、別の種類の群集墳という認識を考えてみました。

佐々木：今「先行型」の提言の根拠のひとつとして、ひとつは、継続的に造墓活動が続くこと。もうひとつの根拠として、古墳群の規模が数10基単位のものであるということ。これは、近畿地方にある数100基、100基単位の群集墳とは違うということですね。その他に「先行型」の根拠となる属性は…。

白井：もうひとつは、首長墓群がすぐ近くにありまして、多分にその影響を受けながら造墓活動が連綿と続いているという、伝統的な立地も大きく左右していると思います。それと「新興型」とは全く立地が異なる。

佐々木：ありがとうございました。そしたらですね、群集墳の定義について、太田さんにご意見お願いしたいのですが。

太田：本日の議論の延長でいえば、とくに前期から中期初頭にかけての小型の方形のお墓をどのように理解するのか、ということが問題になってくると思います。これは栃木県に那須地域に顕著な現象ですが、弥生時代に方形周溝墓を作る伝統がないにもかかわらず、前期の前方後方墳や大型方墳の出現と同時に、その古墳の周辺に小型の方形のお墓が展開するようになります。そうした那須地域の事例は、弥生時代の伝統を引く方形周溝墓が古墳時代まで残ったという図式では説明できない状況といえます。当然、そうした出現過程を示す小型の方形のお墓は、古墳時代的な社会の枠組みのなかで、前方後方墳や大型方墳との一定の関係性の存在を前提として、理解していかなければいけないのだろうと考えます。栃木県の研究者の方々の多くは、それらの小型で方形のお墓を方形周溝墓とは呼ばず、方墳と呼んでいるわけです。そういった理解を関東の各地にあてはめていくことが可能であれば、前期の小型で方形のお墓を方墳と呼ぶことも、古墳時代的な社会の枠組みのなかで出現してくるお墓の理解の仕方として可能だろうと思います。

ただ、小型の方墳が一定数まとまって存在しているからといって、それをただちに群集墳と呼べるかということは、また別次元の問題だと思います。

第Ⅲ部　シンポジウム　関東における後期・終末期古墳群の諸相

当然のことながら、群集墳には長い研究の歴史があり、近藤義郎先生は共同体の分解とそれに伴う家父長制家族の成立を示すものとするお考えを述べられていますし、西嶋定生先生はヤマト政権によるカバネの賜与を媒介とする身分秩序の拡大するのだという理解を示されています。また、白石太一郎先生は新たに台頭してきた中小の共同体の首長層や有力成員層をヤマト政権が擬制的同族関係の設定という形で取り込んだ結果だという解釈をされているわけです。このように群集墳という現象に関して、一定の定義を伴って解釈がなされ、その定義が用語としての群集墳に還元されているわけです。つまり群集墳は、被葬者の社会的階層であるとか、畿内政権との関係という側面を持った用語として存在しているということになります。前期の小型方墳群があるからといって、無原則にそれを群集墳という概念に該当させるというようなことではなく、それ以前に、さらに慎重な議論が必要な問題なのだろうと思います。議論の結果、最終的に前期の小型方墳群が群集墳として認定されるといったこともありうることかもしれません。ただ、関東の一部地域で前期の小型方墳群が比較的多くみられるということは従前から認知されていたにもかかわらず、いっぽうでその性格に関しては、これまであまり突っ込んだ議論がなされてこなかったという経緯があります。今後、前期の小型方墳群をどのように理解するのか、その結果によって関東における群集墳理解の枠組みは変わってくるのだろうと考えています。

　和田：僕はどちらかというと、カバネとは言いませんが、西嶋先生の意見に沿うような方向で説明するのが一番分かりやすいので、古墳というものをかなり限定的に捉えようとしております。弥生の方形周溝墓と古墳時代の方形周溝墓の話で、栃木県の話を出されたのは、これは説明が逆さまです。栃木県は、弥生時代ということでは、方形周溝墓の広がっている一番外れのところですよね。中心でない地域での現象を全体の現象を説明するのに使っては、逆さまだと思うのです。もっと違う説明の仕方はいくらでもできるだろうと思います。例えば、那須地域では、古墳を造ることを契機として、こういう枠組みを地元の墓制の秩序に導入したということも言えるわけです。私

は弥生時代の方形周溝墓と古墳時代前期の方形周溝墓は基本的に同質だと考えています。ただ、両者の間にどのような差違があるのか、ないのか、と言った議論は十分すればいいかと思います。

太田：古墳を限定的に捉えるお立場からすれば、確かにご指摘のとおりだと思います。今後の課題としては、武蔵や上野のように、弥生時代の方形周溝墓もあり、なおかつ古墳時代前期段階の方墳も存在する地域で、両者の現象面での区別を進めていく作業が必要だろうと考えます。

白井：もう少し新しい段階の話になりますけれども、私が二つに分けた群集墳のパターンのなかでも、やはり6世紀の後半以降の様相を見てみますと、ほとんど同じ方向に向かっている。すなわち、伝統的な造墓集団の方も、大型前方後円墳を頂点にした枠組みのなかで造墓活動が活発になり、新しい造墓集団も同じように造墓を展開し、大型方墳の擁立へと進んでいく。全く系譜が違うはずなのに同じ方向に向かってひとつの地域色を出していくという、その辺りの動きが関東地方の後期の隆盛を支えている。系譜は若干異なるかもしれないのですが、この中小規模の被葬者層が、関東地方の飛鳥時代に見られる躍進を促した主たる構成員であると考えられます。彼らが同じ方向に成長したという点を関東の後・終末期古墳分析のメインに据えたらどうかと考えております。

横穴墓の諸問題

佐々木：そしたら古墳時代後期に限りまして、関東のひとつの特色として横穴墓があるわけです。これについて、千葉県、南武蔵については、いろいろお話をいただいたわけです。千葉県では、マウンドのある古墳と横穴墓の分布域が離れるというお話しを小沢さんから伺ったので、白井さんにまず、その辺の概括的なことをお話いただいて、続いて他地域の実例をお話いただきたいと思います。

第Ⅲ部　シンポジウム　関東における後期・終末期古墳群の諸相

白井：横穴墓の導入時期に関して南武蔵の例をお話をいただいたときに、豊前あるいは河内型のものが最初に関東地方に入って、それが横穴墓形成の契機になる可能性があるとおっしゃったと思います。それは他の地域の横穴墓についても、密集地に最初に入ってくるのが河内型の系統のものだというのは既に池上悟さんが関東地方の横穴墓を『おおいた考古』で集成されたときに指摘されているところです。恐らく畿内の横穴墓の影響を受けて関東地方に横穴墓の造墓が始まるのだと思うのです。私は、それもまた別の意味での新興勢力の造墓活動のひとつと捉えることができるのではないかと思います。つまり、横穴墓群も系統の異なる後・終末期群集墳であり、それで高塚古墳とは全く立地を異にする造墓域が別に生成されているのではないかと思います。

松崎：白井さんのお話を受けて、基調報告のときに言及できなかった部分があるので、少し言わせていただきます。まず、ほぼ同じというか近接した地域に石室墳と横穴墓がペアで存在するグループがあります。それに対して、例えば荏原郡域で言いますと大田区東南部、あるいは津田山、川崎の津田山周辺では、石室墳は横穴墓の近くにほとんどなくて、わりと独立したような形成の在り方を示しているところもあるのです。

2点目は、最後に触れた畿内系文物の受容の問題で、石室墳よりもむしろ、自立的に形成された横穴墓のなかに比較的多く見られるという特徴があります。私は、この2つのあり方は、石室墳被葬者の集団の傘下に当初編成された横穴墓集団と、白井さんがおっしゃるように、ある時期に新興勢力としてその地域に入ってくる集団との差を反映したものではないかと思うのです。誤解を恐れずに申しますと、畿内系文物（威信財）の入り方から見ると、両者は地方の伴造に従属する集団と、畿内豪族に直接つながるような、伴造的集団の性格の違いなのかなというイメージを持っております。

佐々木：系譜の違いということですね。それで、横穴墓についてあんまりお聞きしなかった地域についても、例えば深澤さん、群馬県で横穴墓は…。

深澤：上野地域における横穴墓というのはあまり数が少なくて、現在渋川市（前赤城村）の小林修さんが集成されたものによりますと約20例ほどあり、極少ないですが存在します。いずれもその尺度論等の問題で七世紀後半以降と位置づけされているものばかりです。ただ、その段階の終末期群集墳の数からするとあまりにも少ないので、その被葬者像まで言及するのは大変難しいです。

そういった横穴墓の立地については、分布域を見ると、マウンドのある古墳とはばらついて存在しますが、ただし、例えば半径1kmだとか広い範囲で見れば、同一エリアなのかと思います。

佐々木：下野については、中村さん、ご教示いただけませんでしょうか。

中村：栃木県の場合は、横穴墓の分布がかなり偏っておりまして、やはり那須地域が多いと思います。那須地域の中でも、大きな前方後円墳があまりない、那珂川の支流にあたる内川、荒川流域にも目立ちます。ただ、発掘された例が少ないので、年代的に古墳時代まで遡るとはっきり言える例が知られていないのが実情です。

このほかに、横穴墓の多いところは宇都宮の北の方です。長岡百穴と言われている横穴墓群があります。それは側に、群集墳や中型位の前方後円墳を含む古墳群もあります。長岡百穴の方が、むしろ古墳との関係は言いやすいのではないかと思いますが、この横穴墓群も、もう昔から開口してしまっているので、はっきり古墳との関係を論じられる状況にはないかと思います。

佐々木：最後に横穴墓に関して太田さんに北武蔵の状況をご紹介いただけますか。事実関係だけでもいいのですが。

太田：北武蔵では、吉見百穴や黒岩横穴墓群が著名ですが、残念ながら全体の範囲や築造数は正確に把握できていません。今のところ、大規模な横穴墓群は比企地域に限られるようですが、入間地域の台地縁辺部にも、岸町横

穴墓群や滝之城横穴墓群のように、比較的小規模な横穴墓群が分布します。全体に出土遺物が少なく、副葬品の具体的な特徴も把握が難しい状態で、残念ながら南武蔵や相模での事例のように、装飾大刀や馬具などといった優秀な副葬品から、畿内との関係や被葬者像が語られるといったところまではいたっておりません。

佐々木：今、畿内との関係という御発言がありましたので、和田先生、畿内の横穴墓についてお話しいただけませんか。

和田：横穴式石室と横穴が、どこが違うのかというのは、非常に難しくてよくわからないところがあります。畿内の中では、先ほど出ました、大阪東部の柏原市に高井田横穴群とか約40基からなる安福寺横穴群があります。奈良盆地東側の大和(オオヤマト)古墳群の背後には龍王山古墳群があり、これは横穴式石室と、横穴が半々ほどで600基をこえる古墳群です。横穴式石室と横穴墓は何らかの形で使い分けられているのだろうと思いますが、その使い分けられ方についてはよくわからない。京都に目を向けますと、南山城の一角に横穴が集中してあるところとか、たった2つだけある横穴群とかがあります。南山城の例は、地元に隼人という地名もあったので、一時期、その関係で説明しようとされたこともありますが、全体としてうまく説明できないでおります。

関東の方に入ってきている横穴も今日見せていただきましたら、河内系の造り付けの石棺もあるのだというようなことでございました。横穴式石室にしましても、横穴にしましても、畿内系統のものは遺体を棺で密封するというところに特徴があり、九州の方は逆に石室の中で、遺体を棺から開放するようなところがあって、屍床(遺体を置く台)だけのものがよく発達するわけです。先ほど、小沢さんが、屍床が発達している地域もあると発表されましたが、どちらかというと、九州的な屍床のある横穴墓が広がっているのでしょう。ですから神奈川県のような、今日発表された横穴式石室と横穴墓とが、非常に関連しあって造られているようなところで、両者の使い分けの秘

密を明らかにしていただければ、非常にありがたいと思います。小沢さん、両者に階層的な差はなくって、自然地形による使い分けになるのでしょうか。

小沢：そうです、そういう形で説明させていただきたいと思います。ただ、6世紀の末から7世紀の初頭頃には、横穴墓と高塚古墳が同じ丘陵に並存している例というのもあることはあるのです。むしろ、その造営領域が分かれている場合の方が多いですね。横穴墓には、先ほど松崎さんの方からもありましたが、金銅製の馬具といった副葬品を伴うものもありまして、副葬品の上でも、階層的に必ずしも円墳などの高塚古墳にも比べて見劣りするものではなく、基本的に高塚と同格の墓制であるいうように私は考えております。ただ残念ながら、横穴墓の場合は、高塚古墳に比べて、後世の盗掘とか攪乱を受けている場合が非常に多いために、その副葬品の優劣ということだけで、必ずしも云々できないとこがあるわけです。そういった横穴の造形的に優れた横穴墓とか、線刻壁画をもつ横穴墓など、今回地域がもれてしまった常陸の方に行くと、装飾壁画を持つ横穴もあると思うのですが、前方後円墳などと同格の階層性をもつ横穴墓もあったのではないかというように考えている次第です。

国造制との関連—房総半島の場合

佐々木：だいぶ時間がおしておりますので、終わる前に一つ難しいことを試みてみたいと思います。今日、川尻先生にお出で願いまして国造制の問題に触れていただきました。国造制に関する文献史での議論を若干聞かせていただいて、それを受けて、考古学的なデータと絡めて、おそらく房総半島が一番議論しやすいと思いますので、簡単に川尻さん、説明していただけますか。

川尻：これも一口では言えなくて、考古学的知見と合うところ、合わないところがあると思うのです。私が例として取り上げたいのは、龍角寺古墳群と公津原古墳群の性格の違いです。公津原古墳群は、白井さんがお話くだ

第Ⅲ部　シンポジウム　関東における後期・終末期古墳群の諸相

さったように、前期から続いている古墳群であるのに対し、龍角寺古墳群は、突然と言うのでしょうか、後期くらいから古墳群が形成され、しかも、浅間山古墳あるいは岩屋古墳みたいな大型古墳が終末期に出現するということで、考古学研究者の多くは、龍角寺古墳群に印波の国造の根拠があるのだろうと議論します。それに対して、一般に文献の者は、国造（くにのみやつこ）の名前を引いた郡名の方に、国造はいたのだろうというように考えておりまして、その辺に、ギャップがありました。

　考えてみるとそうではなくて、国造職（こくぞうしょく）というものを、やはり職と考えれば、それが動くのではないかというように捉えて、もともといた後の印旛郡の方からですね、埴生郡の首長の方へ国造が移ったのではないかというように考えたらどうかというのが私の5、6年前の考え方でありました。そこに大生部を差し挟んだのです。やはり、部民から考えると壬生部（みぶ）というのは、これはまさに『常陸国風土記』の特質する部民であります。それで、やはり、壬生部というものが、国造（くにのみやつこ）を、名乗っていくものが多いので、そういうものからも『常陸国風土記』と同じようなことが、考えられるのではないかというように、私は考えたわけです。ですから、これが全ての地域に当てはまるなどと、考えているわけでもありません。それが特定の地域については、解釈できる場合もあるのではないかというように、私は考えているわけです。

　佐々木：本当に難しいお願いをして恐縮です。考古学的にどういうことが言えるかということで、小沢さんが発表の最初のところで、地域圏が『国造本紀』（こくぞうほんぎ）に見られる国造の配置に対応している、と簡単に触れていただきました。これも詳しくお話していただけますでしょうか。

　小沢：上総というか房総半島全域と言ってもいいのですが、国造の配置が多いところであります。特に上総の場合は、村田川流域の場合は菊間国造（くくまこくぞう）、養老川流域の場合は上海上（かみつうなかみ）、小櫃川の場合は馬来田（まくた）、小糸川の場合は須恵（すえ）といった形で各流域単位に国造が配置されておりました。特に、それに対応するような形で古墳が認められているのですが、編年表を見ますと、馬来田、

須恵の様に、割と継続的に古墳が営まれている地域もあれば、武社の様に、後期後半以降からでてくる地域という偏りもみられます。あるいは、伊甚の地域、一ノ宮川流域においては、6世紀の前半頃を境に一気に古墳がなくなってしまうような地域もあります。逆に、これが「安閑紀」に国造の失脚の話が出て参りますけれども、それにも関連するのではないかなというふうに考えている次第です。

和田：川尻先生からおっしゃっていただいた、印波国造(いんばこくぞう)の領域が郡に分割されていく話については、考古学はすぐにはそれに対応できない、しにくいところがすごく多いわけです。考古学の方でそれを違う言い方にすれば、地域区分論が非常に重要なのですが、まだ、きちっとやられてないように思うのです。どういうふうに地域の枠組を捉えるかというのは、当時の体制を考える上では、非常に大事なわけです。例えば先ほど、太田さんが載せている、99ページの、古墳時代後期の緑泥片岩の石室・石棺石材の、どこがそれの中心で、どこへ持っていったかとわかるような図面があります。こういう作業を積み重ねていって、地域区分を時期ごとにどうしていくか、ということをきっちり抑えた時に、国造の範囲なり、それに対応できる話ができるようになってくるのだろうと思います。もうこういう研究は射程に入ってきているのではないかなと思うのですが、なかなか進みにくいところがあります。それでも、日本各地でそういう研究をされているわけですので、そこがもう少し煮詰まってくれば、今日発表していただいたようなことに関しても、国造と呼んでいいものかどうかわかりませんが、考古学の側から一定程度コメント、発言が出来るようになるのではないかなというような感じで聞いておりました。

まとめ

佐々木：うまくまとめていただきました。最後に、和田先生にまとめとして、地方における王権との関わり、それから古墳群のあり方について、包括

第III部　シンポジウム　関東における後期・終末期古墳群の諸相

的なコメントをいただきます。

　和田：文献もそうだろうと思いますが、考古学も、考察の対象があって初めてできるような部分があります。日本の遺跡の場合は、ここを掘りたいと言って、学問的な目的で調査されている例というのは極わずかで、しかも、大規模な調査は無理なのです。古墳時代より後の時代の都城でしたら、飛鳥の諸宮から、藤原京、平城京、それから長岡京、平安京というような都の構造の変化の過程の中に、当時の王権の質の変化というものが現れているというようなことになります。古墳時代の政治的な諸問題を考える時、古代の知見を古く遡って研究を進めていくことができれば、もっと違った視点もいっぱい出てくるかもしれません。けれども残念ながら、首長居館のようなものは、ほとんど見つかっていないわけです。関東では三ツ寺遺跡が見つかって、だんだん研究が進んできていますけれども、奈良、大阪、京都のあたりでは、奈良県御所市極楽寺ヒビキ遺跡が最近全面的に発掘されたのですが、すごく生活臭の少ない、非常に短期間の使用だったような感じでした。奈良市の西大寺の南側でも発掘例があって、一辺30ｍくらいの方形の周溝が巡っていましたが、中はよくわかりませんでした。そういうことが多いわけです。したがって本当は、首長居館がわかればもっと言えることが増えるかと思います。

　それに対して、わからないその分だけ逆に、お墓の方からいろんなものが非常にたくさん出てきて、研究が蓄積されていますし、また古墳は地表から見ていましても、ここに古墳があるというのがわかりますし、調査例も非常に多い現実があります。だから、それをもとに、いろんな知りたいことを今は検討していこうとです。

　その古墳をどういうふうに理解するのかというのは個人差があります。私の場合は、その古墳の秩序の中に、それを成り立たせている王権の性格が反映しているだろうというような視点から、群集墳も含めて、理解できればいいなと思って研究を続けてきました。今回、関東でこういうシンポジウムが企画されまして、「関東の一番関東らしい時期は古墳の秩序が他とは違う時

期だ」と言うこともできます。地域色を成り立たせている一番大きな理由が、地元と王権との関係の中にあるだろうという捉え方をすれば、その時期の古墳の王権による秩序と違った秩序をもっている地域は、地域色が実際問題すごく発揮されるわけです。例えば、全国各地で前方後方墳がほとんど造られなくなる古墳時代後期に出雲へいきましたら、出雲の特に東部、松江の近く、出雲最大の古墳は、6世紀中頃に造られる前方後方墳です。そういう前方後方墳が造られることを出発点にして、石棺式石室と言われるような、石棺に羨道がついたような形の変わった横穴式石室があったり、組合式の平入りの横口式家形石棺があったり、須恵器でも埴輪と一緒に立て並べるような、出雲型子持ち装飾壺が出てきたりというような格好で、出雲の独自性が、すごく発揮されるようなことがあるわけです。

　だから、円か四角か、大きさはどうかとか、どこで造られていて、墓域が続いているとか、断絶しているとかっていうことの中に、実はその地域の古墳なり、文化なりの地域色が発揮される大きな原因があるのだろうと思います。だから、そういったものをできるだけ広い視野で比較できた方がいいわけです。今まで失敗してきたことは、それぞれの地域で説明しようとしたら、一つ一つそこの地域では説明つくけど、隣へ行ったら説明つきにくいというような場合が多かったわけです。広い視野で説明して、ここはこうだけど、私の地域はこういうふうに違っているのだということを明確化させて、研究を進めていくことができれば、もっと成果が大きくなるのではないかなという感じです。今回はそういう意味では、近畿地方で勉強していた佐々木さんはびっくりしたらしいのですが、私も驚くほど、近畿では、もう数えるほどしか前方後円墳が造られていない時期に、関東では後期に前方後円墳が、最高首長は勿論、その次のランクの首長も前方後円墳で、さらにその下のランクの人は円墳で、という秩序に基づいて、古墳が多数造られているわけです。だから、そういうものがバックにあって、人物埴輪が大量に作られるというようなことなどが、色々でてくるわけです。しかも、そういったところでもなおかつ、中央の制度だと考えられるような群集墳が造られていて、それほど違わない時期に前方後円墳が出てきて、消えていく時期もそんなに変わら

第III部　シンポジウム　関東における後期・終末期古墳群の諸相

ない。大きい枠組は変わらない部分がありますよね。だから、なぜそのようなことが起こるのかというようなことも次には考えなければいけないと感じています。

佐々木：大変うまくまとめていただいて、本当にありがとうございました。司会が不慣れゆえ、もう時間がきてしまいました。大変申し訳ございません。まず、発表者の皆さんに盛大な拍手をお願いします。今日は本当にありがとうございました。

古屋：長時間にわたりどうもありがとうございました。これで閉会とさせていただきます。もう一度発表者の先生方に大きな拍手をお送りください。

パネルディスカッション　第Ⅱ部

（パネラー発言順）：太田博之・萩原恭平・白井久美子・小沢　洋
　　　　　　　　　深澤敦仁・中村享史・草野潤平・松崎元樹
　　　　司会：佐々木憲一

　佐々木：今日僕が設定したテーマは2つ有ります。1つが、墳墓から見た関東圏内における首長同士の首長間交流です。時間も限られていますから、鬼高期の住居跡から出てくる非在地系土器などは触れないつもりです。もう1つは、関東圏内での地域を越えた共通する現象について、です。このシンポジウムでは関東圏内での地域差、地域色を強調する方向で企画したつもりです。それでも関東圏内では、例えば多くの地域で6世紀前葉に一時的に古墳築造がやや廃れるという現象が見られるとのことです。その辺、少し深めてみたいというふうに考えました。

　関東圏内における首長同士の交流―墳墓資料を中心に
　佐々木：関東圏内での、特に国単位というと大雑把かもしれませんが、国単位を超えた交流として、ちょうど太田さんが98～100ページに、古墳石室石材分布図、生出塚窯製埴輪分布図、角閃石安山岩混入大刀形埴輪分布図という3つの図を掲げておられます。よく知られる考古学的知見として、最近出ました山倉古墳群の報告書でも明らかなように、北武蔵生出塚の埴輪が房総半島まで来ているという事例と、房州石が埼玉古墳群でも石室石材として採用されているという事例があります。それに類似する例が関東の他の地域で見られるのかということをお話しいただきたいというのが1つ。それから関東は横穴式石室でも非常にバラエティに富んでおり、そういったものが地域色を形成していることは事実ですが、その地域色の主体的分布範囲を越え

187

第III部　シンポジウム　関東における後期・終末期古墳群の諸相

て存在する例があれば、それは交流のひとつの手がかりになるのではないかと考えています。折角ですからこの図を作ってくださった太田さんのほうから皮切りにお話しいただきたいのですが。

　太田：98～100ページの図は、ここ10年くらいの間に議論されるようになった、埴輪・石棺・石室石材などの遠距離供給の事例を示した図面です。まず、生出塚埴輪窯跡で焼成された埴輪は、埼玉古墳群をはじめとして、北武蔵の元荒川・荒川中流域を中心に、濃密な分布が見られます。そして、そこからやや離れた地域、とくに東京湾岸に運ばれている事例が、いくつか見つかっています。多摩川下流域の大田区田園調布古墳群や川崎市久地下作延古墳群・市川市法皇塚古墳・市原市山倉1号墳などが代表例で、とくに山倉1号墳では、検出された大量の円筒・形象埴輪のすべてが、生出塚窯製品で占められる単独供給の事例として注目されます。供給先となっている古墳には、山倉1号墳のような前方後円墳から、下作延稲荷塚古墳のように直径20m程度の比較的小規模な円墳まであります。

　また、角閃石安山岩混入埴輪も大田区田園調布古墳群の観音塚古墳や横浜市駒岡堂の前古墳、瀬戸ヶ谷古墳など小型の前方後円墳に供給されていて、遠距離供給の対象が大型前方後円墳に限定されるわけではないということがいえます。

　つぎに、石棺・石室石材を見ると、まず東京湾岸に広く分布域をもつ房州石製の石室石材が、埼玉将軍山古墳まで運ばれています。そして、荒川の上流部の埼玉県長瀞町付近で産出する緑泥片岩を材料とした組合式箱形石棺が、東京湾岸の川崎市第六天古墳や、木更津市金鈴塚古墳に運ばれています。

　わたくしはこれらの物資を便宜的に「古墳構築材」と呼んでいますが、その「古墳構築材」の移動を地域間の関係として見ると、緑泥片岩製組合式箱形石棺が北武蔵から上総の地域に運ばれ、いっぽう上総産の石室石材が埼玉の地域に運ばれるというように、特定の地域の間には、あたかも交換のように映る物資の動きのパターンが、まずひとつ捉えられると思います。北武蔵の埼玉将軍山古墳には石製石室石材として房州石が用いられていることはよく

知られています。これに対して、上総の金鈴塚古墳には、緑泥片岩製組合式箱形石棺が運ばれていて、そこには大型前方後円墳の被葬者である上位の首長同士の対等的相互的な関係を抽出できるように思います。

また、もうひとつパターンは、南武蔵における生出塚窯製埴輪や角閃石安山岩混入埴輪、緑泥片岩製組合式箱形石棺の移動に見られるような場合で、北武蔵や利根川中流域からの一方的な資材の供給と見られるような現象です。供給先となっているのは、小型の前方後円墳や円墳ですので、大型前方後円墳と明らかな階層差があります。埴輪や石棺の生産を管掌する上位の首長から供給を受けたと考えて良いと思います。もっとも、一方的な供給とはいっても、あくまで古墳に表出している現象面での話あって、実質的には、古墳には現れてこない何らかの物資や特定の労働・便宜の供与といったものとの交換ということになると思います。

ところで、こうした製品の流通が一定の地域圏を示すかに見えることから、そこに国造とその領域の成立を見ようとする意見もあります。しかし、実際には、この製品流通の実態は単純ではなく、とくに東京湾岸域における埴輪や石棺・石室石材の移動の状況を見ると、空間的にかなり錯綜していて、明確な地域圏の成立につながるような、産地の異なる製品が、相互に地域を分け合って、分布域を形成するという現象は認められないようです。したがって、前方後円墳集成編年10期を中心とした、6世紀後半のこの地域の政治社会状況は、大型前方後円墳の被葬者である最上位の首長を中核とする排他的な領域が形成されているということではなく、上位の首長と中小首長との個人的な関係を基幹とするネットワークが同一空間に重複して存在している、という理解をした方が正しいのではないかと考えています。ここでは、古墳築造にかかわる諸物資の広域移動は、国造制の成立に連なるような、境界設定を伴う地域的な人民編成に直結する現象とはいえないということを確認しておきたいと思います。

佐々木：ありがとうございました。今の太田さんの説明のお蔭で、関東の古墳時代後期を特徴付けるような地域間関係のあり方が抽出できたと思いま

す。一つは、関東圏内におけるほぼ対等な首長同士の交換現象。それから、小古墳に対しては一方的な埴輪の供給という現象がある。これらは畿内の最高首長とはあまり関係ない現象だと思います。次に大変重要なポイントとして、製品の流通でもって明確な地域圏を描くことが非常に難しい。というのは、それは大首長と下位の首長との個人的な関係によって物が動いているために、それが後の国造制の領域、地域的な人民編成とは必ずしもリンクしてこない。この点については、新納泉さんも、いわゆる下位の首長が複数の上位の首長と関係を持っていた可能性も否定できないとおっしゃってまして、僕はまさに至言であると考えております。そのへんを今後考古学的に実証的に詰めていくことが、日本列島における国家形成過程理解にも貢献できると思っております。その他、先生方が活躍してらっしゃる地域でこういった事例などあれば、お話いただければと思います。

萩原：今の太田さんの話に関連して、様々な現象が錯綜している地域が現在の江戸川下流域地域だと思うのです。例えば市川市法皇塚古墳の場合ですと、生出塚産の埴輪もあり、下総系の埴輪もあります。そこから何キロも離れていない松戸市栗山古墳群の埴輪の場合は、群馬産と考えられているものは角閃石の量が少ないため、群馬の比較的東部地域のものが来ていると思います。さらに、柴又側の古墳に目を向けると、房州石を使っています。

白井：萩原さんの発言を少し補足させていただきます。98ページの第4図を作られた松尾昌彦さんが『十字路』と表現されたのが、まさにこの地域だと思います。すべての文物が交流するちょうど交差点みたいな感じになっており、恐らくそれが、今太田さんがおっしゃった、東京湾を介在とした水運の一つの中心地でもある。もう一つは、葛飾辺りが常陸のほうにつながる南北水運の要にもなっていくわけです。ただその分かれ目がどこか、特定するのは難しいところです。東京湾を中心とした水運の物流圏と、もう一つここにも表示されている筑波石の流通を対象とした水運圏の2つに大きく分かれると思います。

筑波石の分布は、非常に広域に広がっていて、しかも、山倉1号墳よりも少し北側まで筑波石の埋葬施設が分布しています。この間の距離は60km圏を越えている訳です。それが中小の古墳にも勿論及んでおりますし、地域の中核となるような大首長も巻き込んだ大きな流通圏になっていると思います。ですから、大型古墳どうしの交換というような地域間交流と、それから「一方的な」とおっしゃったような、中小の古墳を対象とした供給関係が総合的に見られる地域がもう一つ東側にも存在する。それは必ずしも、後の郡単位・国単位とはまた別の広域地域圏をあらわすのに、素材として非常に面白い資料だと思います。

小沢：山倉1号墳は全長45mで、前方後円墳としては割と小さい方だと思います。この古墳を、太田さんが提示された「首長同士の交換的な地域間交流」と「中小の古墳を対象とした一方的な供給関係」の脈絡の中で、首長墳と位置づけてよいのか、あるいは群集墳の中の長と位置づけてよいのか、白井さんの考えを聞きたいのですが。

白井：段階・ランクを設定するとすれば、主要河川流域単位の地方の首長層よりは一段階下位の、在地の中小の共同体の首長という位置付けでいいかと私は思います。

小沢：千葉市椎名崎古墳群の人形塚古墳（墳長41m）も同じ位置づけになるのですか。

白井：同じだと思います。このなかにはちょっと出てこないのですが、萩原さんらがこれまで追求していらっしゃる山武型の形象埴輪、あるいは下総型の埴輪が、このクラスの前方後円墳を介在して、やはり一つの地域圏の中で流通しているのではないかと考えています。

佐々木：こういう中小クラスの首長墳どうしの長距離交流は、大変興味深

第Ⅲ部　シンポジウム　関東における後期・終末期古墳群の諸相

い現象です。関西にいると、流通といえば大王墓を介在させて考える傾向があります。例えば5世紀中葉の宮内庁指定の継体陵、200m級の前方後円墳である大阪府茨木市太田茶臼山古墳の築造と同時に、国の史跡である新池埴輪窯跡群が操業を開始し、太田茶臼山の首長を介して、茨木市総持寺遺跡のような、小方墳群にまで新池の良質の埴輪が供給されるようです。だから、山倉1号墳の被葬者のような小首長でも遠くからモノを獲得できるということは、日本史を考えるうえで非常に大切だと思います。

太田：深澤さんにうかがいたいのですが、角閃石安山岩は石室石材として多用されますね。実際に、使用される石の大きさはさまざまですし、また截石もあれば河原石もあるというように、加工の技術も含めて、複雑なあり方を示していると思いまが、資材としての角閃石安山岩の生産を統括し、また流通を管下に置いているような首長の存在は想定できるのでしょうか。あるいは、当時の利根川流域には、大量に角閃石安山岩が存在していて、加工・構築技術をもつ技術者を確保できれば、各地の首長が、必要に応じて角閃石安山岩使用の石室を構築することが可能であったのでしょうか。当時の政治権力と流通との関係という側面から見たとき、角閃石安山岩の分布について、何か言えることがありませんか。

深澤：角閃石安山岩は、榛名山二ッ岳が噴火し、溶岩が今の利根川伝いに流れ落ちた所産です。群馬の中里さんの最新の分析成果によると、角閃石安山岩を使っている石室は、利根川を中心に分布している傾向は見られます。昨年、小山市でまた角閃石安山岩を使った胴張り横穴式石室を現地で見させてもらいましたが、角閃石安山岩を使うという領域がやはり利根川を中心として流通しているのだということを改めて確認しました。

ただそれを統括している首長がいるかどうかについては、6世紀後半の高崎市綿貫観音山古墳の角閃石安山岩に用いられている石材加工技術が、ひとつの契機になっていることは恐らく確かです。同時に、綿貫観音山古墳はその時期の首長墓でありますから、その古墳に角閃石安山岩を使っているとい

うことは重要視しなければいけないと思います。

ただそれは、角閃石安山岩だからというよりも、むしろ、それまでにない新しい石室のスタイルを実現するために、あの石材を使ったのではないか、と考えています。当時としては新進の技術を実現するには、角閃石安山岩が必要だったのではないかと考えています。実際、綿貫観音山でそういう石材を使ったから、それがあの地域のトレンドになって、首長墓が全部同じ石材を採用するかというと、そうでもないのです。したがって、首長が石材の流通を統括して、例えば自分に近しいところに分配していくという現象は今のところ、明確な形では認められないですね。ただ全くないということは言えないと思いますけど。このような問題に迫るには、当然、石材だけでなく、石室構築技術を一緒に考えていく必要があるのかと、見通しとして、考えております。

佐々木：どうもありがとうございます。群馬県の角閃石安山岩が小山市の古墳でも使われているという事例が今出されたので、石室石材と横穴式石室の形態という2つの観点から、中村さん、下野の状況をお話願えませんか。

中村：栃木で角閃石安山岩が入るのは小山市ぐらいしか今のところわかっていません。まあ無くはないと言えばよいでしょうか。小山市の南の方、57ページのGで括った地域、牧ノ内古墳群と、それの近辺に角閃石安山岩の石室が入ってくるようです。そういう地域では、栃木で切石と言っている凝灰岩の一枚石の石室は今のところ見つかっていません。その地域では、千駄塚古墳（大円墳）のそばから家形石棺も出ており、そういう意味で、その地域は栃木の中でも西というか、群馬、さらには畿内などと関係が強いということが言えるのではないかと思われます。

栃木の石室石材については、一枚石の切石はだいたい凝灰岩でつくっています。そういう凝灰岩は、少し北側の、大谷石がとれるような現在の宇都宮市の地域ですとか、すぐ西側の鹿沼市あたりでとれる凝灰岩（大谷石とは違う）だと言われています。しかし、そういった凝灰岩が直接とれるような地

域では、そういう一枚石の横穴式石室はつくられておりません。むしろ下野の南部の方に凝灰岩を用いた石室が多いのです。つまり、石材があるからといって、すぐそばでその石材を使って石室を造るというわけではないのです。勿論、宇都宮市域の凝灰岩がとれる地域でもやはり横穴式石室はありますが、切石という感じでなくて、もう少し荒っぽいというか、加工度が低いような石を積み上げています。そういう意味では、石材の供給と石室の形は微妙に違ってくるところがあるということが言えるかと思います。

深澤：少し本題から外れるかも知れませんが、小山には、5世紀代の石製模造品の製作址が非常に密集しています。しかも石を見ていくと、三波川の石だと思うのです。そうすると群馬にいる人間は、何かそういったモノが動く中継点みたいな位置として小山を捉えたいなと希望的思うのですが。栃木側から見ると小山というのは、どういうような位置付けをされるのでしょうか。

中村：石製模造品で言いますと、そういう動きがやっぱりあります。実際、石製模造品が盛行する時期の最大の古墳は、小山よりはもっと北の宇都宮の方にありますので、そちらに供給されていたという話もあります。ただ宇都宮でも石製模造品をつくっている遺跡は無いわけではありません。今度報告される、宇都宮市東谷・中島地区の大規模な土地区画整理に伴う調査で、6世紀の石製模造品の工房の住居も発掘されております。それでも、栃木の中で小山は石製模造品の一大産地であることは間違いないは思います。ただそれが栃木県全域にまで及ぶようなものかどうかわからない。勿論そうだという人も栃木の研究者ではいます。また小山市という現在同じ行政区域には琵琶塚古墳とか摩利支天塚も含まれ、同じように括られてしまうのですが、よくよくこの地図を見ていただいてもわかるように、小山市の南の方の、今おっしゃった角閃石安山岩の石室があるようなところと、もうちょっと北側の思川、黒川、姿川が合流するようなあたりとはちょっと違うのかなあという気はしております。

パネルディスカッション　第Ⅱ部

白井：深澤さんは今、小山地域と上野との関係を知りたいというような意見もあって聞かれたのですか？

深澤：例えば両地域をつなぐ一つのポイントというのは、（旧利根川がどこを流れていかという問題はありますが）利根川だと思います。石材もやはり利根川という河川を介在して、恐らく運ばれていると思うのです。例えば前述の角閃石安山岩を取り上げると、やっぱりそれは搬出する側と受領する側があって成立する話ですから、小山地域は栃木の中でもある時期、比較的、群馬との関係が強い地域かと思うのです。ただそれは群馬県側からの希望的推論であって、例えば他の属性を考慮に入れたとき、栃木県の研究者による、栃木の中の小山地域の位置づけが変わってくるのか、変わらないのか。

白井：さらに加えると、それは5世紀にこだわらずにずっと長期にわたって交流している地域だということですね。

草野：この小山にある角閃石安山岩使用の石室は、雷電神社古墳の例で言うと玄室が胴張り形で、玄門立柱石の基部に受け石を設置している点が特徴的ですよね。そういう意味では、綿貫観音山や山王二子山などに代表される群馬西部の角閃石安山岩削石積石室より、群馬東部（太田市）の事例や埼玉県酒巻古墳群の石室と共通性が高いという印象があるのですが、そのあたりを一括りに捉えることができるのでしょうか。

深澤：群馬というと西毛地区だけを論じている場合が多いのですが、実際は西毛から東毛・太田地域、さらに北武蔵の行田地域まで取り込んでいます。今の草野さんのご指摘は大変重要です。ボールを受け止める側は小山にあったとして、出し手が例えば利根川を介在させたときに、投げた側はどこかというと、もしかすると太田地域・行田地域かもしれないですね。

太田：それとともに、先ほどの深澤さんの発言で重要だと思うのは、ボー

ルを受け取る側の状況です。石材に角閃石安山岩を用い、平面設計は胴張型という石室は、小山地域で普遍的な存在なのでしょうか。または、そうではなく、点的に出現していて、先ほどの東京湾岸での事例のように、他のさまざまな石材・平面設計と混在し、諸要素が錯綜するような状況を示しているのでしょうか。

中村：小山地域だと河原石積みの方が多い、あるいは主体的で、角閃石安山岩を用いた胴張りの横穴式石室は全体のなかで非常に少なく、点的というか客体的なあり方だと思っております。石室以外のことが今のところよくわかりませんが、他の要素まで含めるとまた違ってくるでしょう。

白井：さっき太田さんが言っていた中小古墳での一方的な供給パターンは、全然見返りのないような供給関係だったのか、証拠がないので少し難しい問題ですが、例えば埴輪だけを生出塚から房総半島に向けて供給していて、房総半島から北武蔵へは直接何も行っていないのかどうか。中小古墳どうしの交流というと、それが現象としては見えてこないわけですよね。

太田：一方的な供給というのは、あくまでも現象面での話です。生出塚窯製埴輪の場合でいえば、小型の前方後円墳や円墳に供給されている例を見ると、分布は荒川や多摩川下流域に多く、南限は川崎ですから、範囲は武蔵に限定されていて、今のところ相模までは行っていないようです。供給側の頂点には埼玉古墳群の首長層が存在していて、受給側である東京湾岸の中小首長層とは明らかな階層差がありますが、実際には、両者は階層を超えて相互の現実的利害が一致するような関係であったと考えています。その関係の内実が、具体的にどのようなものであったのかは明確ではありませんが、ひとつには、東京湾岸の中小の首長層が、海上・河川交通を担い、人間の移動や物資の流通を保証する役割を果たしていたという可能性は考えてよいと思います。東京湾岸の中小の首長層は、そうした役割を果たすことで、埼玉の首長層を頂点とする利益共同体に加わり、その中で一定の役割を果たすことによ

り、何らかの社会的経済的利益を得るというような、一種の交換関係が成立していたと理解できるのではないかと考えています。

　古墳時代には、首長間の関係を維持するうえにおいて、さまざまな時機と場所を選んで、首長間関係の確認行為が、反復的に実行されていたと思いますが、古墳築造に際して、上位の首長から下位の首長へ、埴輪を供給することも、首長間関係の確認行為の一環であったと考えます。そして、そのような場合に、現象として、一方的な埴輪の供給という現れ方をするということではないでしょうか。つまり、実際の首長間関係においては、相互的に様々なやりとりがなされているような場合であっても、古墳築造のレベルでは、その相互的なやりとりが、必ずしもストレートに発現するわけではなく、大首長から小首長への一方的な物資の流れとして映ることもあると考えています。

白井：それは、大きな意味では、たぶん重層的な一つの関係のなかに含められると考えてよいと思うのです。象徴的に大首長の石室石材交換にあらわれるのですが、その下部構造でもその現象が埴輪の供給というかたちで実現している。

太田：そういうことなのでしょうか。

白井：さらに日常的には、もっと広範囲な流通、地域間交流が想定できるという解釈ですか。

太田：一般社会の日常的な交流と、古墳に現象するような政治社会的関係とを同次元に扱えられるのかという問題はあるのだと思いますが、確認しておきたいことは、特定の首長個人同士の対偶関係で見てみれば、それは相互的な関係であったろうということです。
　加えて、利根川中流域の角閃石安山岩混入埴輪と生出塚窯製埴輪の二種類が供給されている田園調布古墳群などの例を見ると首長相互の関係もしくは

第III部　シンポジウム　関東における後期・終末期古墳群の諸相

地域間の関係が必ずしも一対一の固定的な関係ではなく、ひとりの首長やひとつの地域が、複数の上位首長や地域と、同時に関係を維持することがあったということも当然考えられるのだと思います。

そうした複線的な首長間の関係は、佐々木先生が「古代国家論の現状」（『歴史評論』655号）で紹介された、新納泉先生の国家論についてのお考え（「『前方後円墳国家論』私感」『考古学研究』55-1）や、タンバイアの「銀河系政体論」モデルで、上手に説明できる部分があると考えています。

佐々木：私が英語圏で学んできた国家論の素材は、全部メソポタミアなのです。そこでは、粘土板から、流通の仲介はどこの誰かなど、非常に細かいことがわかっています。それから、その種の国家論を提示したのはヨーロッパの研究者ですから、システムとして成熟した政治組織を想定する傾向が大変強いのです。私が帰国して、特に関東で勉強を始めてからは、そんなしっかりしたシステムで特徴づけられる欧米の国家論ではとても説明できないような、一見矛盾するような多様な現象が同時に起こっているという現実があります。そういった、ぶよぶよした、ルールや秩序とか不明確で、それでもなぜかまとまっているという現象をなんとか説明する方向に議論をもっていきたいと常々思っています。そういった意味で、タンバイアのモデルは注目に値すると思うのです。実は私が大学院に入って間もないときに、張光直先生に勧められて読んでみて、そのときは重要性が全然わからなかったのですが、帰国してからその重要性を認識しました。

ところでお聞きしたいことがあります。2006年の川崎市民ミュージアムの特別展「古墳の出現とその展開」で、川崎市高津区の5世紀後半の西福寺古墳では高津区大蔵の白井坂埴輪窯で焼かれた埴輪を使っているのに対し、6世紀になると高津区の稲荷塚古墳などでは生出塚の埴輪を使うようになるという解説がなされていました。これは、5世紀代には長距離の首長間交流はなかったが、6世紀になって、生出塚が操業を始めてから、長距離交流が始まったと解釈してよいのか。あるいはこれは埴輪の供給に限った、限定的な現象として解釈してよいのでしょうか。

太田：集成編年8・9期にあたる5世紀後葉から6世紀前半にかけての時期と、生出塚窯製埴輪が長距離を運搬されたり、石棺や石室石材が相互的、広域的な移動現象を見せる集成編年10期の時期とは、政治社会的な状況が少し違うのだと思います。集成編年10期段階の古墳のあり方を見ると、大型前方後円墳を頂点にして、その下に60〜70m級の前方後円墳、さらにその下に40m台の小型前方後円墳、さらにまたその下に新式群集墳が存在するという階層構成が認められます。この段階の状況は、集成編年9期以前に比べ、階層的な分化が進行するとともに、小型前方後円墳や新式群集墳の分布の拡大傾向から見て、より広域的に展開していることがわかります。種々の古墳構築材の流通も、そのような階層構造の形成を背景にした現象と言ってよいと思いますし、それは関東独自の政治状況を反映するものだと思っています。

　埴輪の移動の問題に限れば、集成編年9期以前は、製品としての埴輪そのものはあまり動いていないと思います。しかし、埴輪製作レベルでの相互的な交渉が、まったくなかったかというと、そのようなことはなく、むしろ、集成編年10期よりも、工人は広域的に移動している可能性があります。多摩川流域などでは、集成編年10期段階になると、埴輪生産はほぼ停止状態であったとする指摘もあって、大部分は生出塚窯や角閃石安山岩混入埴輪の生産地と想定される利根川中流域などの地域から搬入されていると考えられます。仮に集成編年8期以降を古墳時代後期とした場合、ごく単純化してわかりやすい言い方をすれば、「ヒトが動く後期前半、モノが動く後期後半」ということになるのではないでしょうか。

萩原：埴輪の広域流通は今、太田さんが言われた通りです。特に生出塚の埴輪は、在地で生産をやめてしまった地域や、もともと埴輪が生産されていなかった可能性が高い地域に集中しているのです。それに対するバーターがなんだと問われると、非常に難しいのです。それから一見似たような現象ですが、石室石材の動きについては、さきほど中村さんの話にもあったように、小山地域で石材は他にも選択肢があるのに、なぜが群馬の角閃石安山岩が使

第Ⅲ部　シンポジウム　関東における後期・終末期古墳群の諸相

われていたり、例えば埼玉の将軍山古墳のようにもっといい石材がいくらでもあるところに、決してよくない房州石を持って行ったりとか、一見「広域」と言うと一緒に見えるようですけども、やっぱり石の流れと埴輪の流れは意味合いが違うのではないかという気がします。

深澤：下総型埴輪というのは、どのくらいの地域まで、例えば下総地域から西だとどのへんまで行っているのですか。

萩原：西は、後の下総の領域内でほぼ収まります。

太田：下総型埴輪にもいくつか段階がありますから、それぞれの時期の状況ということになるとどうなのでしょう。

萩原：逆に縁辺で検出される下総型は古い方です。

太田：目沼古墳群（埼玉県杉戸町）など、分布圏の西の方で出る資料には、下総型円筒埴輪のなかでも古い段階の物があります。また、下総型直前段階の資料には、同一古墳で武蔵系の円筒埴輪と共伴したりしますね。下総型もよく見ると、工人が動くような時期と、一、二の固定的な生産拠点から、製品のみが一定の範囲に搬出される時期の両方があるのかもしれません。

萩原：昔議論していた一極集中生産か移動型生産かという脈絡では、下総型埴輪は移動型生産の可能性の方がどうも最近高くなっているかもしれない。ですから、工人が動きながらという意味で、相当広い地域で作られているのは間違いないと思います。

太田：そういえば、朝日ノ岡古墳（千葉県松尾町）ではキメラの埴輪が存在しますね。部分的分業というのか、個体内分業というのか、頭部が「下総型」で、脚部が九十九里地域に一般的な造形の盛装男子人物埴輪になってい

て、あたかも違う系統の工人が同一個体の部分を作り分けたのではないかと思われる資料があります。

　白井：6世紀後半の埴輪工人の動きと、さきほどおっしゃっていた5世紀後半の埴輪工人の動きとは全く別系統だと思います。

　太田：ごく大まかな分け方をすれば、集成編年8・9期は、一部の形象埴輪を除き、おしなべて埴輪の地域的特徴を把握しにくい時期で、反対に集成編年10期は、下総型・山武型・生出塚窯製品など、各地域で生産された埴輪の型式的特徴が、顕著に現れてくる時期といえるのではないでしょうか。集成編年8・9期に、地域的特徴が把握しにくい背景には、工人が比較的広域に移動しながら埴輪製作をおこなっていた可能性が高いと推測されます。この段階には、特定の地域に特定の工人集団が定着していて、そこで特徴的な埴輪を生産しているということではなくて、埴輪の需要が生じた場合に、あちらこちらから工人を招集してきて、その都度、埴輪を製作しているという状況か想定されます。そうした形態の埴輪生産が反復されることにより、結果として埴輪製作に関する基本的な情報が広く共有されていくということが考えられます。少なくとも、集成編年8期段階までの段階には、のちの生出塚窯のような、拠点的かつ固定的な埴輪生産体制を想定することは難しいと思います。

　白井：同じ技術系統を共有する地域が6世紀後半代には現れてくるような気がします。6世紀前半段階では、工人の移動はあり得るのですが、在地の首長があまり広範囲には工人の移動を認めなかったのか、それほど多くの工人は動いていないようです。古墳築造の都度呼んでいるという感じで。そこから派生してその技術系統が広がっていくという現象が見えないですね。

　太田：どういうことでしょうか。

第 III 部　シンポジウム　関東における後期・終末期古墳群の諸相

白井：5世紀後半から6世紀は、埴輪を樹立する首長層も少ないですが、その技術系統はある程度広範囲に共有できないような社会的状況があり、6世紀後半代になると下総型や山武型などの工人たちの技術系統の需要が広範囲に認められるという状況が考えられます。

太田：反対なのではないかという気がします。「動く範囲」のイメージという問題もあるのだと思うのですが、特徴的な製作技法や造形を共有する古墳同士の距離を考えると、集成編年8から9期にかけて、工人達は相当に広く移動しているようです。逆に集成編年10期段階は、特定類型の認識が容易になり、各地で「○○型埴輪」というような類型の把握がしやすくなるように、埴輪生産組織自体が閉鎖的な方向に変化していって、そのなかで個性的な埴輪が生産されるようになるということではないかと考えています。言い換えれば、埴輪生産組織相互の交流が途絶していくことによって、製品の個性化現象が生まれてくるのではないかということです。

　部民制の導入と関係づけて各地で個性的な埴輪が生産されはじめたとする議論もありますが、部民制形成の段階は、各地の首長が個別的に抱えていた技能的集団の枠を取り払って、より広域的な集団に再編成していく過程とされていますから、各地の埴輪の個性はむしろ消滅する方向に変化すると考えられますが、集成編年10期には、そうではなく、逆の動向を示しています。むしろ、埴輪製作集団相互の情報のやりとりが遮断されていく方向に変化したことが、各地で個性的な埴輪が生産される現象につながっていったのだろうと考えています。

白井：範囲は限定されるけども、面的な広がりをもつ技術系統の範囲というような意味ですよね。

太田：集成編年10期段階は、各地で個性的な埴輪が生産された結果、分布域の認識が容易になって、それで面として把握しやすいということなのだと思います。

この段階の埴輪工人は、各地の拠点的な生産地にとどまって活動する傾向が強いのに対し、集成編年9期以前の埴輪工人は、それよりもずっと広域的な動きをしているということになるでしょう。

白井：それは点的な動きかもしれないですね。

太田：集成編年10期段階のように、明確な分布域を形成しないということでは、点的といえるかもしれません。

佐々木：ありがとうございました。実は白井さんに新しいプリント（204・205ページ）を準備していただいているので、若干ご説明いただけますか。

白井：これは、今日のテーマのひとつである「地域を越えた共通性」に関連して用意した資料です。講演で言及した市原市草刈古墳群と今回お示しする同市諏訪台古墳群は、両方とも非常に広大な面積を調査した希有な調査例です。他地域でこういう大規模調査の例がないため、本当にこれらが房総、あるいは関東地方の特色と言えるのか、このような広大な面積を調査したために明らかになったのかは、今のところ判断できない部分があります。ただし、こういう例が1つではなく何箇所かに認められるという点で挙げておきたいと思います。

　諏訪台古墳群は草刈古墳群と同じようなパターンで、古墳時代前期の中小規模の方墳群と、それを統括するような在地の首長層が連綿と中期、後期、終末期と受け継がれている例です。そのなかで後期・終末期がどういうような現象を示しているのか。図中、Bが後期、Cが終末期の群集墳です。一目瞭然ですが、後期には円丘系の前方後円墳と円墳から構成される群集墳であったのが、7世紀代になって方墳と前方後方墳という組み合わせに変化していくのです。この古墳群では中期がやや稀薄になりますが、実は前期・後期・終末期と、あまり大きく造墓域を変えていないこともわかります。これが関西のいわゆる後期の群集墳とどう違うのかという問題が、関東地方の特

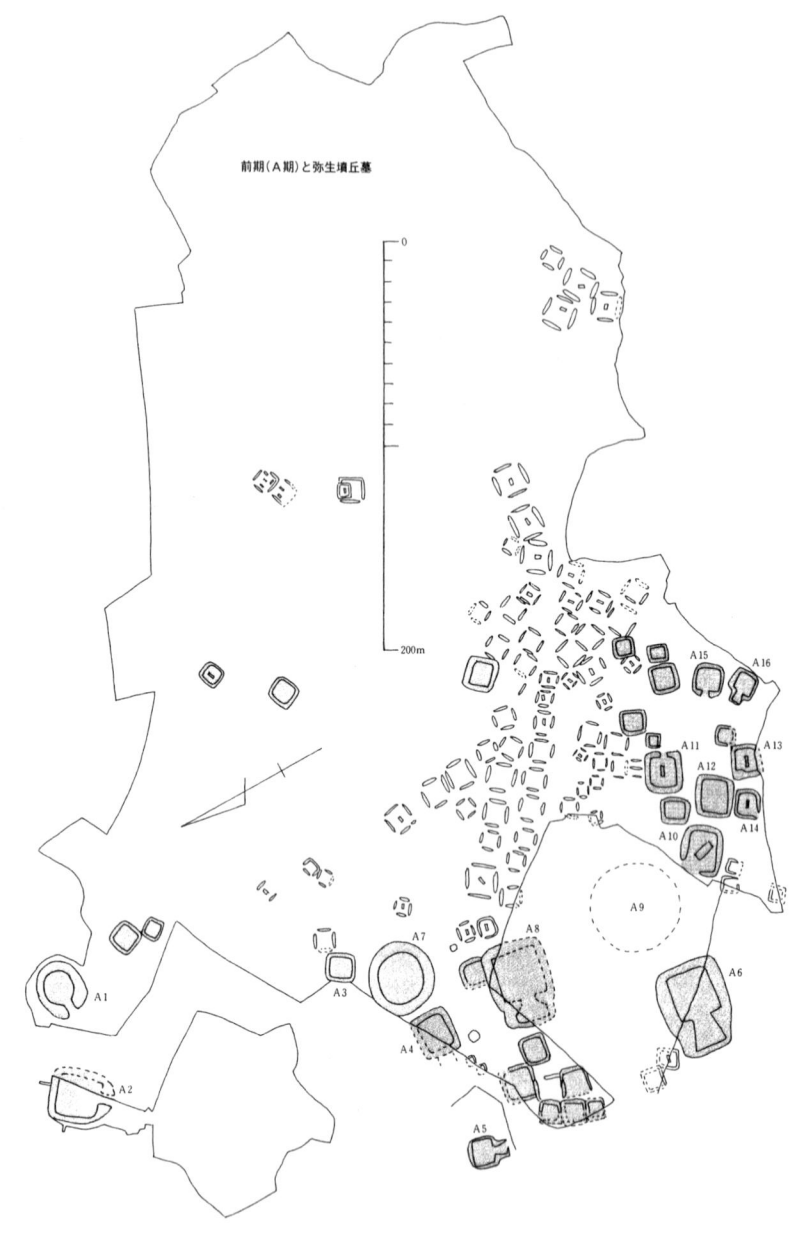

第Ⅲ部　シンポジウム　関東における後期・終末期古墳群の諸相

前期（A期）と弥生墳丘墓

諏訪台古墳群（田中新史 2000『上総市原台の光芒』より）

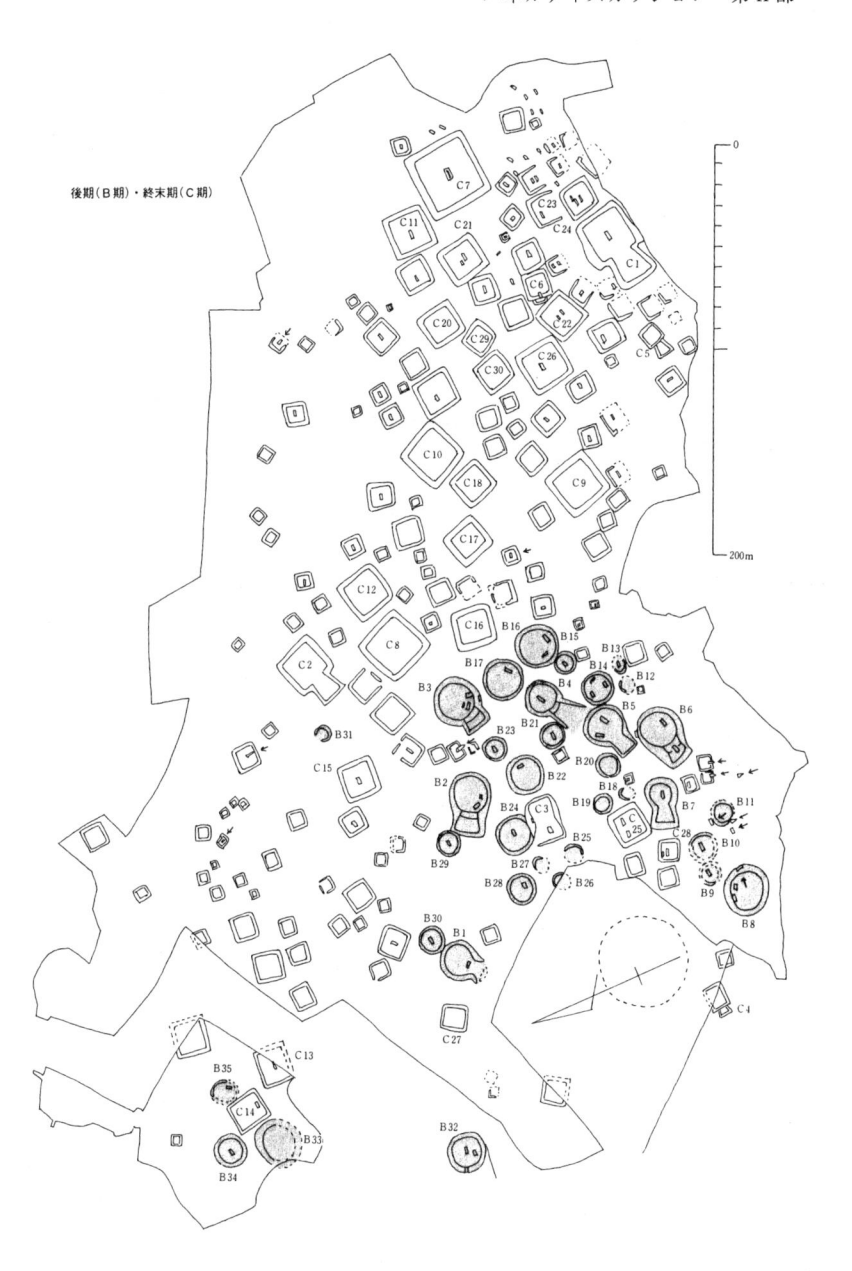

パネルディスカッション 第II部

後期（B期）・終末期（C期）

200m

第III部　シンポジウム　関東における後期・終末期古墳群の諸相

徴を見るときに一番重要になってくると思います。

　関西の群集墳の捉え方については、和田先生がシンポジウムで提示してくださいました。大和の新沢千塚や紀伊の岩橋千塚のように、5世紀前半代から6世紀いっぱいにかけて連綿と続いているところとは別に、5世紀末や6世紀前半になって圧倒的に巨大な群集墳を形成するものがある。その解釈を、本来ヤマト政権とその秩序に組み込まれた下位の首長層という構図で全部捉えられるかという問題に関わってくると思います。

　ここに示した2つの例の場合は、必ずしも新たに秩序のなかに入った人たちではなくて、すでに存在していた在地の中小の共同体が、時代の流れに対応したかたちで、新たな編成に組み込まれ、吸収された結果、こういう群構成が維持できたのではないか。それと、6世紀前半から後半にかけて古墳群が出現してくる地域の群集墳はまた別の存在として区別できるのではないか。そういうものが両方共存しながら、決してそれが対抗している訳ではなく、共存し得るのが関東地方の一つの特色として挙げられるのではないかと思います

　草野：この前期のA期と後期のB期は、切れ目なく続くものなのでしょうか。

　白井：中期を表示していないのは、調査区内では確実な中期の例がないためです。前期末の方墳の隣接部が未調査なので、そこに中期の造墓が継続している可能性は高いと思いますが、規模が小さくなるようです。

　草野：この同じ範囲内では中期古墳があまりないということですね。

　白井：群在していないと言えますね。

　太田：実際に築造された墳墓の数が減っているという可能性も考えられますか。

パネルディスカッション　第Ⅱ部

白井：実は諏訪台古墳群と同じ調査域に、「王賜」銘鉄剣を出土した稲荷台１号墳を含む稲荷台古墳群が中期に出現します。ですから、墓域を少し変えて中期も造墓しているのです。中小の首長層の領域をどこまで捉えるかという問題にもなりますが、中心的な墓域を移動しながら同じ領域の中で前期から終末期まで継続していると思います。

太田：稲荷台古墳群は、中期に限定的に現れ、後期になるとまた数が減少してくるのでしょうか。あるいは終末期まで継続し、終末期のなかで数が減少してくるのでしょうか。

白井：稲荷台１号墳を含む支群は中期初頭に現れ、後期前半まで継続します。この群は５世紀代を中心としたおよそ１世紀半に集約して築かれている点で、地域内でも他に例のない群形成の特色をもっているといえます。後期後半〜終末期はやや場所を移して新たに支群を形成しています。

小沢：逆に、諏訪台古墳群のように墓域を変えなかった意味っていうのは何なんでしょうね。完全に前期古墳と後期古墳が同じ墓域の中で重なっているわけです。後期に古墳を造るときにもう前期の古墳は墳丘として認識されていなかったということですか。

白井：前期の周溝がかなり埋っていたためか、少なくとも周溝は避けてないですね。同族という言い方が適切かどうかわかりませんが、同じ系統の人たちであればこそ避けないのかもしれない。逆にそれを征服した人たちが避けなかったと言われてしまうと困りますけども（笑）。

佐々木：本当に同じ系譜の人々なのかという問題に関連して、古墳出現前後の事例を若干紹介させてください。例えば山陰では弥生時代後期から古墳時代前期まで同じ墓域が維持されます。そういう現象は関西と吉備では明確ではありません。そういうことを考えると、草刈古墳群や諏訪台古墳群のよ

うに、弥生時代後期から古墳時代終末期までずっと同じ墓域で連綿とお墓が造られ続けるというのは、やっぱり状況が大変違うなと思います。だから、在地集団の系譜の改変を伴って古墳時代に突入する地域が日本列島のなかにいくつかあると同時に、出雲や関東のように、箸墓ができようが何処吹く風で、在地の系譜を墨守した地域も結構ある。

白井：それが後期・終末期まで継続していた可能性が高いということです。もちろん房総半島にはこれだけじゃなくて、もうひとつ畿内の王権の影響が直接的に反映された全く違うパターンの古墳群があるわけです。それとは異なって、これは王権の身分秩序に対応して組み替えられたというふうには解釈できない例です。もともとある地域集団がそのまま存続して、一見組み込まれているように見えるのだと思います。

佐々木：あるいはヤマトからの誘いに上手く適応したとかね。

白井：ええ、だから横穴式石室の導入など、現象面では同じような動きをするのですが、被葬者の動きや墓域を見ていくと変わっていないということです。

萩原：姉崎古墳群のように極めて畿内的な古墳群がすぐ近くにあるのに、草刈古墳群や諏訪台古墳群が存在する。その両方が混在しているというのが面白いですよね。

地域を越えた共通性
佐々木：さて、議論は尽きませんが、関連する事例を白井さんにご提示頂いたので、2つめのテーマについて、話し合いたいと思います。このテーマは、準備会の席上、6世紀前葉に古墳の築造がやや下降線を辿るという現象が、複数の地域で見られるということが偶然わかりました。勿論、6世紀前葉に古墳築造が廃れない地域もあると思います。また例えば群馬は状況が錯

綜していて、旧国単位のなかで、そういうところとそうでないところがあるかも知れません。その辺を今日は、地域毎にちょっと具体的な事例でも出して頂いて、議論を深めたいと思うのです。

太田：深澤さんは、MT15～TK10段階にかけて、上野で群集墳の造営が低調になるという捉え方をされました。この時期、上野各地での前方後円墳の築造状況はいかがでしょう。前方後円墳の規模の縮小というような現象は捉えられるのでしょうか。

深澤：むしろ6世紀前半には、前方後円墳があちこちにできます。しかし、他の地域でこの時期古墳築造がやや廃れるような状況があるとすれば、やっぱりそれを上野でも見極めなければいけないと思うのです。そこで例えば5世紀の第2、第3四半期、第4四半期、6世紀の第1四半期、第2四半期という段階設定を明確な基準のもとに分けて古墳の様相を再検討する必要があると思うのです。

佐々木：それじゃあ北から、中村さん。下野でもやはり6世紀前葉には古墳築造がやや廃れるという現象は見られますか。

中村：廃れることはないのですが、やはり数が少ないというか、年代が把握できる古墳が少ないと言えるかとは思います。どうしても遺物で見ているところがあるので、そういうふうになっているのかもしれませんが。

太田：それは群集墳レベルでも前方後円墳レベルでも、ということでしょうか。

中村：そうですね、群集墳レベルでは、MT15くらいの時期の、須恵器も含めた遺物を出す群集墳はかなり少ないと思います。この時期の古墳として、栃木で一番古い横穴式石室として知られている中山古墳は、やはり群集墳く

らいの規模の古墳ですが、MT15の新しい方か、それよりもやや新しいと最近報告されています。あと遺物がなくて分からないのですが、竪穴系の埋葬施設を持つような、横穴式石室導入以前と考えられる群集墳を構成するような古墳がこの時期に該当するのかと推測します。この種の古墳は横穴式石室を持つ古墳よりは少ないということは言えます。

太田：草野さんの地域区分でいう（57ページ第3図）、羽生田・壬生・国分寺地域には、基壇をもつ前方後円墳が顕著に見られます。この基壇を持つ前方後円墳が出現する時期は、いま中村さんがおっしゃった、古墳の造営がやや低調になる時期よりも後になりますか。

中村：だというふうに考えております。

太田：後期後半段階に古墳造営が活性化傾向を示すなかで、そうした個性的な墳丘形態が出現してくるという理解でよろしいでしょうか。

中村：はい。基壇と言われる、段築の低い一段目を有する古墳で最古と考えられるのが、57ページ第3図のD地域、上方にある大きな黒丸のひとつ、吾妻古墳です。その前段階と考えられるのが琵琶塚古墳とか摩利支天塚古墳という基壇を持たない前方後円墳です。ただ、吾妻古墳と琵琶塚・摩利支天塚古墳の時期差がどれくらいか、今のところ判断材料がないのです。墳形がかなり違う上、それぞれ埴輪くらいしか比較材料がないのです。その埴輪も吾妻古墳の例はかなり大型品で、琵琶塚や摩利支天塚と比較できるような、同じ系統の埴輪ではないのです。

草野：あと、琴平塚古墳というのが、確か報告書では基壇のプロトタイプとして位置づけられていたと思いますが。

中村：そういう意味で琵琶塚と同じか、琵琶塚と吾妻の間くらいに琴平塚

古墳を位置づけられるかなと私が報告書に書いたのです（笑）。琴平塚に関しても発掘をしてないので、はっきりわかりません。後は、57ページの第3図でH、寒川地区では、鶴巻山、茶臼塚、三味線塚と、ずっと5世紀末から6世紀前半まで古墳築造が続いています。ですから、栃木全体を見れば、6世紀前半に古墳築造が全然なくなるということではないと思います。

太田：白河市の下総塚古墳も同様の基壇をもっています。また、星形鬢などを含む器財埴輪が揃っていて、下野西部から上野にかけての埴輪組成と非常によく似ていると考えています。下総塚古墳の評価は下野という領域形成や当時の首長間関係を考える上でも問題になってくると思いますが、栃木の古墳研究者の方々は、下総塚をどのよう理解されているのでしょうか。

中村：白河に直接隣接する那須地域の、後期、6世紀後半の状況がよくわからないのです。那須を飛ばして考えれば、もちろんおっしゃるように、似ているかなというところがあります。しかし、間が飛んでしまうということに関して、どう考えればよいかなというところがあって、それ以上はよくわかりません。

佐々木：太田さん、北武蔵よろしいですか？

太田：北武蔵では、集成編年9期にあたる6世紀前半において、埼玉古墳群及びその周辺での大型の前方後円墳の築造がやや減退するようです。とくに100mを超える前方後円墳の築造動向を見ると、まず集成編年8期には、埼玉稲荷山古墳・埼玉二子山古墳の2基が築造されます。

しかし、集成編年9期になると、埼玉古墳群では瓦塚古墳が築造されていますが、100m超の大型前方後円墳の築造は見られません。この時期に該当する最大級の古墳は、埼玉古墳群では丸墓山古墳で、直径100mを超える大型の円墳に墳形が変化しています。

周辺地域を見ても、100m超の大型前方後円墳は見当たりません。100m

211

第Ⅲ部　シンポジウム　関東における後期・終末期古墳群の諸相

に近い規模の古墳では、埼玉古墳群と同様に、甲塚古墳（熊谷市）のような、直径80ｍの大型円墳が認められます。

ところが、集成編年10期になると、ふたたび100ｍを超える大型前方後円墳が見られるようになります。埼玉古墳群の中では鉄砲山古墳が築造され、それと同時期に周辺部にも、若王子山古墳・真名板高山古墳・小見真観寺古墳・天王山塚古墳といった4基の大型の前方後円墳が出現します。

このように、大型前方後円墳の築造動向を見ると、集成編年8期に1つのピークがあって、集成編年9期にはいったん途切れるものの、集成編年10期にはふたたび築造されるようになり、それとともに埼玉古墳群だけではなく、周辺地域にも分布が拡大している状況が見られるということになります。

このことと、群集墳造営の動向とを重ね合わせてみると、大型前方後円墳の築造とあたかも歩みを同じくするかのように、集成編年8期から9期前半にかけて、古式群集墳の造営のピークがあり、この後の集成編年9期後半には明らかな造営数の減少が見られます。そして、集成編年10期になると、新式群集墳として造営がふたたび活発化し、それが終末期前半まで継続していくという状況がみられます。北武蔵では大型前方後円墳の築造と群集墳造営は、一定の相関性をもって推移していることが窺えます。

佐々木：ありがとうございました。松崎さん、南武蔵お願いします。

松崎：南武蔵ではご承知の通り、大型の前方後円墳自体の造営が5世紀に入った段階でなくなるという、上野や北武蔵地域等とは異なる明確な違いがあるわけです。多摩川流域での様相をみますと、野毛大塚古墳は帆立貝形ですが、80〜90ｍくらいの規模がありますから、この古墳も大型前方後円墳に含めれば、少なくとも5世紀前半で途絶します。その後、帆立貝形の首長墓が野毛地域に継起的に造られてはおりますが、古墳の規模は縮小していきます。ただ6世紀初頭になると、田園調布に浅間神社古墳という60ｍくらいの前方後円墳が、一時的に復活するように造営されます。さらに6世紀後半から7世紀にかけて、全長50〜60ｍほどの中・小規模の前方後円墳が

パネルディスカッション 第II部

細々と造られます。

　それらと群集墳ないし古墳群との関係を見ますと、6世紀前半には一時的に多摩川下流域では古墳群自体が少し減るようです。これに対して、報告でも述べましたように、5世紀後半から6世紀代にかけて、きわめて特殊なあり方を示すのが狛江古墳群です。この地域では、6世紀初頭前後には円墳を主体とする古墳群が活発に形成されていますが、6世紀後半以降になると、パタッとなくなるわけです。逆に終末期に入ると、多摩川流域の他の地域では横穴墓を含む群集墳が活発に造られる。これは系譜を同じくする集団ではないと推測しますが、6世紀前半段階に盛んに古墳が造られる地域と、そうではなくて、きわめて低調になる地域というのが認められます。

　そうした意味では、先ほど議論になりました伝統的に古墳を造る集団と、その時期に新たに墓域を形成する集団の差異が、6世紀前半以降に顕在化するということは言えるのではないかと思われます。

*　シンポジウム終了後の2007年になって、それまで横穴墓以外には顕著な古墳群が認められていなかった大田区東南端の通称池上台地において、6世紀前半代と推定される堤方権現台古墳（円墳）が調査された（立正大学松原典明氏からのご教示）。
　木棺直葬の主体部からは、楕円形鏡板付轡・剣菱形杏葉をセットとする良好な馬具等が検出され、多摩川流域では狛江亀塚以来の発見である。これにより、田園調布古墳群に代表される、流域沿岸部における旧来の勢力とは、やや異なる造墓集団の存在が明らかとなった。今後、中核的な古墳群との比較・検討により、古墳被葬者の性格の究明が強く期待される。

佐々木：ありがとうございました。では萩原さんに下総の状況をちょっと。

萩原：下総は、首長墓クラスの資料に基づき、後期・終末期よりも長いスパンで説明させてください。例えば小見川、多古町のしゃくし塚・おけ塚に代表される地域、干潟町など、4世紀から5世紀前半の段階で、比較的大型の前方後円墳を造る地域がいくつかあるわけです。これらの地域ではその後、

213

第Ⅲ部　シンポジウム　関東における後期・終末期古墳群の諸相

古墳築造が低調なまま後期後半に突入します。そしてまた、後期後半になって次の首長墓が出現するのです。ですから小沢さんや太田さんが言われている低調になる時期というのが異常に長いです（笑）。

佐々木：最後に小沢さん、議論の中で言及していただいたことですが…。

小沢：141ページの表で説明しますと、実際、前方後円墳の規模が縮小する、100mを超える古墳がなくなるのは5世紀後葉から末葉の段階（TK23・47期）です。6世紀前半も、養老川流域では市原市江子田金環塚古墳（63m）とか姉崎山王山古墳（69m）あたりが該当しますが、今のところ、この時期の大形の首長墓はなく、一応空白の時期と考えています。群集墳に注目すると、TK216くらいから徐々に増えて、TK208になって爆発的に多くなってくる。TK23・TK47期まで群集墳が確認されていますが、6世紀前半（MT15・TK10）になると、やはり少なくなります。次のTK43以降に比べると実質少ないのです。この群集墳の消長が同時期の首長墓と連動しているかどうかはなんとも言えません。

それと、5世紀前半（TK73以前）は、その後の段階と比較して、群集墳も含めた古墳の総数自体が非常に減るという印象を受けます。先ほど白井さんが提示してくれた諏訪台のケースもそうですが、5世紀前半にかかる古墳が非常に少なく、4世紀代の古墳築造活動が一回途絶してから、再開されるようです。いずれにせよ5世紀前半は、小規模古墳そのものが非常に減少した時期ではないかと捉えています。

深澤：皆さんに質問します。どこも6世紀前半で低調になるということで、それ以前、6世紀初頭段階までの埋葬施設は竪穴系ですよね？

一同：そうですね。

深澤：6世紀後半段階は当然横穴ですよね。

太田：群集墳の場合、100％横穴式石室とは限りません。

深澤：だけじゃないですか‥。上野地域では、5世紀前半の埋葬形態がそのまま6世紀前半に引き継がれるのではなくて、例えば前橋市総社古墳群の王山古墳（72ｍ）や前橋市大室古墳群の前二子古墳（93ｍ）など、6世紀前半築造とわかっている大きな古墳は、七輿山古墳の可能性も含めて、みな横穴式石室を採用しています。上野地域では5世紀後半から連綿と古墳築造は繋がるのですが、5世紀後半の例えば舟形石棺を使った古墳が6世紀前半もその伝統を保持して、成立しているのではないということです。後は、やはり立地が変わってきているということです。確かに古墳は連綿と続くにしても、質的な転換が6世紀前半に起きているということです。おそらくそれが6世紀後半になると、他地域と様相が同一化していくと思います。だから皆さんの話を聞いていて思ったのは、5世紀後半の首長墓と6世紀後半の首長墓は質的に全く違うと言えるのですか。

太田：質的に違うというのは、どういうことをいうのでしょうか。

深澤：古墳の成立基盤が違うのか、という問題です。例えば北武蔵で太田さんという系列が5世紀前半に前方後円墳を造っていて、6世紀前半に墳形を転換させて、6世紀後半にまた、太田さんが前方後円墳を造るという流れなのか。そうではなくて、6世紀後半にも、あたかも同じ前方後円墳を造り続けているように見えるが、そこには、太田さんという伝統的な系統ではない、新しい系統の人々が入ってきて、前方後円墳を造っているのだろうか。ただそれが同じ地域にあって、系統的にあたかも単一に見えてしまうのです。だから、「質的転換」に迫るひとつの切り口として、首長墓に採用されている古墳構築材に注目してみたいのです。例えば、5世紀後半から6世紀初頭に主流となる古墳構築材と、6世紀後半の構築材がどのように変化したか、とか、その辺は保持されていた、というところを糸口として、同じ地域の古墳でも同一系譜の所産なのか、違う系譜なのか見極められるのかな、と考え

215

第Ⅲ部　シンポジウム　関東における後期・終末期古墳群の諸相

たのです。

　太田：首長系譜の連続の中で、横穴式石室の導入に代表される埋葬施設の変化をどのように評価するのかという問題ですね。埼玉古墳群は、ひとつのまとまった古墳群を形成していること、稲荷山古墳以来一貫して、長方形二重周堀という独自の平面設計を維持していることなどから同一系譜の古墳群と理解されます。一方、横穴式石室については、埼玉古墳群では将軍山古墳で導入されていますので、これ以降の古墳も横穴式石室を採用している可能性が高いと考えられます。そうして見ると、同企画の平面設計をもち、同一群を形成する古墳群のなかで、竪穴系から横穴式石室へと埋葬施設が変化していることになりますが、埼玉古墳群の場合、その段階で、首長系譜が変化しているとは考えにくいように思います。

　なお、埼玉古墳群での埋葬施設の変化が何時なのかは確言できませんが、将軍山古墳を横穴式石室導入の嚆矢とすれば、集成編年10期初頭前後と考えられます。

　白井：埼玉古墳群がむしろ関東の中では特殊な存在のような気がするのです。埼玉稲荷山古墳が築造された期間というのは、他の地域ではむしろ、大型前方後円墳の築造が低調な地域が多いのではないかと思うのです。多少のズレはあるかも知れないのですが、小沢さんが言う、TK23くらいの時期に一回断絶する、その時に埼玉稲荷山古墳が登場しているような気がします。

　太田：埼玉稲荷山が築造された時期の動向をいえば、上野と北武蔵とはたぶん似ていて、南武蔵などの他の地域が少し違うということではないでしょうか。上野地域では、埼玉稲荷山と並行する時期に、保渡田古墳群に代表されるような100m前後の大型前方後円墳が築造されています。それ以外にも、高崎周辺には、若狭徹さんが「上野西部における5世紀後半の首長墓系列」『群馬考古学手帳』第5号（1995）でまとめられたように、保渡田古墳群に並行する100m前後の前方後円墳がいくつかあるようです。東関東に目をや

ると、霞ヶ浦周辺地域の三昧塚古墳や富士見塚古墳などもこの時期に出現しています。下野では、摩利支天塚古墳がほぼ同じ時期に該当するといえるのではないでしょうか。ですから、集成編年8期、須恵器TK23・TK47段階の大型前方後円墳の築造が埼玉地域にのみ特徴的であるというわけではないと思います。

　むしろ南武蔵や相模・下総の方が関東の他の地域と比べて、大型前方後円墳築造の時期に違いがあるのかもしれませんね。

　白井：その前後に一回縮小傾向にあると思うのです。そうするとその東山道系と東海道系というか、北半分と南半分では少しズレがありますね。

　太田：そういう分け方もできるのかもしれませんね。

　佐々木：最後は北関東と南関東の大きな地域差という方向まで話をしていただいて、非常に勉強になりました。実は予定の2倍の時間を使ったので、これで座談会を終わらせていただきます。今日は長い時間どうもありがとうございました。

国家形成期における関東―まとめにかえて

佐々木憲一

はじめに

　東国の古墳時代研究において指導的な役割を果たしてきた大塚初重 (1986・2002など) の理論的枠組みは、「畿内へのあこがれ」といえる。例えば、群馬県高崎市綿貫観音山古墳被葬者の解釈も、畿内の大王あっての国際色豊かな副葬品と捉えており (大塚1990)、畿内中心史観を看取できる。大塚の後輩である梅沢重昭 (1994：p. 214) も畿内中心史観がやや強いところがあり、群馬県高崎市 (旧群馬町) 保渡田古墳群における前方後円墳築造終焉を説明するために、保渡田古墳群の首長の後継者は「大和政権の政治機構に参加し、主たる活躍の舞台を中央に移していたのである。」とまで言う。もちろんこういった解釈も無視できないし、否定する立場でもない。しかし近年、北條芳隆らによる『古墳時代像を見直す』(2000) の刊行に象徴されるように、古墳時代・国家形成期における地域社会の主体性、自立性を重視する研究が目立つようになってきた。

　私自身 (佐々木1995・2002・2003)、学位請求論文では古墳出現前後の庄内・布留式の甕の西方拡散を取り上げたおかげで、そういった土器が西日本各地で独自に模倣される現実を認識し、古墳出現期の在地の社会は自律的に機能していたのではないかという強い印象を受けた。古墳出現期の西日本を考えるには、都出比呂志 (1991・1996) の初期国家論はあまり有効ではないのではないかと当時以来感じている。1999年4月に研究の拠点を関西から東京に移すことになり、関東の古墳を頻繁に訪れる機会ができ、さらに小林三郎を代表者とする科学研究費で常陸南部の中後期古墳の測量調査に携わる機会も得た (小林ほか2005)。関西を基準にしたときの、関東の古墳のあり方

の「特異性」に驚き、古墳時代後期になっても、関東の在地の首長はヤマト王権の意思に大きく制約されることなく、比較的自律的かつ自由に行動できたのではないか、と考えるようになった。これが本書企画の出発点である。勿論、前方後円墳が関東でも多数築かれるから、関東の在地社会がヤマト王権と関係を維持していたことは明白である。そこで、ここでは「在地社会の自律性」をキーワードに、国家形成期における関東の古墳時代後期の位置づけを試みたい。

なお、筑紫君磐井の乱など、文献史学の分野では一部の有力豪族がヤマト王権の意志に十分従っていなかった歴史的事実が知られている。私が重視したいのは、さほど有力ではなかった地域首長も、古墳時代中後期の関東では、比較的おおらかに自分なりの行動をとれたのではないかということである。

1. 地域社会の自律性

古墳時代中後期の関東の在地社会の自律性・独立性に関する実例は、本書でも数多く言及されている。墓制の面から挙げられる顕著な実例として、房総半島における弥生時代以来の方形周溝墓の継続ではないだろうか。前方後円墳の房総半島への導入とは別に、伝統として古墳時代を通して継続する。また横穴墓も大和を震源地とする古墳文化とは、異質である。後期の房総半島では、マウンドを伴う古墳らしい古墳とは、基本的に分布域を異にしており、両者は独立した造墓意識あるいは集団の所産ではないかと考え得る。

実は、後期における横穴墓の社会的位置づけも地域によって異なっており、各地の独立性が高いことのひとつの根拠となっている。例えば、遠江東部では横穴墓とマウンドを伴う古墳の分布域は同一であって、両者の違いは被葬者の生前の階層差であり、さらに横穴墓がマウンドを伴う古墳より、より上位（最高位）に位置づけられるという（鈴木2001）。この遠江東部の場合は、横穴墓・マウンドを伴う古墳の差異が集団や意識の差異ではないという点と、また都出比呂志（1989）が主張する、前方後円墳→前方後方墳→円墳→方墳という墳形の差異と被葬者の生前の社会階層との相関関係が通用しない地域である点が重要である。東海のように、大和に近い地域でもこのような現象

第 III 部　シンポジウム「関東における後期・終末期古墳群の諸相」

がみられるのは注意すべきであろう。

　墳形の序列に関して興味深い例として、明治大学文学部考古学専攻が1990 年代に調査した山形県川西町下小松古墳群を挙げることができる（大塚・小林 1995、小林 2001 など）。この古墳群は 6 つの支群に分かれ、総数 202 基の小型前方後円墳、円墳、方墳から構成され、その年代は古墳時代中後期である。この古墳群の調査成果で大変興味深いのは、小森山支群 K-7 号墳という全長 26.5 m、後円部径 18 m、後円部高さ約 3 m、クビレ部幅 5.5 m、前方部幅 6.5 m、前方部高さ約 1.5 m を測る後期の小型前方後円墳の裾を一部壊して、K-10 号墳という 14.7×13.4 m（東西×南北）、高さ 3.1 m の円墳が築造される事例である（大塚・小林 1995：p. 72、小林 2001：pp. 24-5）。これは大和から遠く離れた辺境であるから、近畿地方における前方後円墳築造の意味が到達しなかったことの反映かも知れない。

　また古墳の研究は、地域首長同士の、おそらく独自の交流も明らかにしてくれる。本書の太田の議論でも明らかなように、北武蔵と房総半島では埴輪や石室石材の交流があった。こういった地域首長同士の交流をどれくらいヤマト王権が把握していたか、介入していたか、わからない。検証できないが、恐らくなかったのではないだろうか。例えば古屋紀之（2007）が、常陸北部と南武蔵赤羽台の横穴墓群の形態の共通性に注目し、茨城県ひたちなか市の十五郎穴横穴墓群と東京都北区赤羽台横穴墓群が同じ造営主体によって作られた可能性を指摘する。これは横穴墓の形態から見た交流であるので、ヤマト王権が与り知らぬ交流関係の所産と言えよう。

　最後に、冒頭でも触れた上野の在地社会の国際的位置づけについて言及したい。近年、群馬県箕郷町下芝谷ツ古墳（方形の積石塚）や箕郷町下芝五反田遺跡、高崎市剣崎長瀞西遺跡などで、朝鮮半島系の遺物・遺構の発見が相次いでいる。発見は、墓だけでなく、土器や加耶系馬具、飾履などに及び（例えば若狭 1999、土生田 2003a・b など）、朝鮮半島の人々が既に 5 世紀後半にはこの地で生活を送っていた可能性は極めて高い。その大きな目的のひとつは馬匹生産であった。勿論、馬は初めて河内で陸揚げされた後、伊那谷を経て上野に伝えられたであろうから、半島の人々の上野への最初の移住の背景

にはヤマト王権の意志が働いていたのかも知れない[1]。しかし、5世紀以来の半島の人々との直接的交流があって、6世紀には、上野の豪族が独自に半島と交流を持っていたと考えられないだろうか。

例えば、前橋市前二子古墳の横穴式石室を「長鼓峯類型」とし、その祖型を韓国全羅南道長鼓峯古墳と慶尚南道松鶴洞古墳に柳沢一男（2002）は求める。最近、柳沢（2006）は系譜に関する見解を変更し、朝鮮半島の長鼓峯類型石室は、北部九州系・肥後系・群馬中西部系の工人によって創出されたと述べる。いずれにせよ、上野の横穴式石室の祖型を畿内型横穴式石室とは考えにくく、上野と朝鮮半島南部との独自の交流の結果、上野の横穴式石室は創出されたと考えたい。ただ、畿内と上野でなぜ6世紀初頭に横穴式石室を採用するようになったかについては、やはり畿内王権との関係は無視できないが。横穴式石室を採用しようというヤマト王権の呼びかけに応じるに当たり、上野は独自の選択肢を維持していたということか。こういった、5世紀以来の朝鮮半島南部と上野との交流を背景に綿貫観音山古墳の国際色豊かな出土遺物を考えると、必ずしもヤマト王権を介さずとも、綿貫観音山古墳の被葬者が直接入手した可能性もある。筑紫君磐井の反乱からも明らかであるが、ヤマト王権が外交権を十分独占できていなかった可能性まで想定しうる。

2. 理論的枠組み

次に「在地社会の自律性」をキーワードに、関東の古墳時代後期を国家形成過程のどの段階に位置づけられるのか、理論的に検討してみたい。ここでは数多い国家前段階社会論、国家論のうち、在地社会の自律性に言及した研究を特に抽出して取り上げたい。まず海外の業績としてミシガン大学のヘンリー＝ライト Henry T. Wright の国家論を挙げる。ライトは国家の前段階をチーフダム chiefdom[2] と捉えており、次のように定義した。「（チーフダムとは）中央の意思決定行為が、地方における生産や在地の社会プロセスに関する意思決定を究極的には管理するのであるが、在地の意思決定から分離されるような、社会的発展のそういう段階をいう。しかし、中央での意思決定行為は内的には細分化されていない。即ち、外的には専門化されていても、内

的には専門化されていないのである（Wright and Johnson 1975：p. 267）。」さらに、「内的に専門化されていないから、意思決定特権のあらゆる代表者はその全権を負い、従って、<u>下位の意思決定者は独自の行動をとることも可能である</u>（Wright 1977b：p. 381）。（下線は引用者による）」つまり、チーフダム段階の社会では処理すべき情報が多様ではなく、量も多くないためか、首長一人が中央におけるすべての情報を処理している。その分、中央の首長は多忙であり、したがって地方は地方まかせとなる。この結果、地方豪族は自分の好きな行動をとる余地が十分ある。

　国家については、ライトは次のように定義づけた。「様々な所から伝達された情報を受領し、それらを記録し、既に保存されている過去の情報でそれらを補い、実際に決定を下し、それら情報と既決事項を保存し、そしてその決定をほかの機関に伝達するような、専門の意思決定機関を有する社会をいう。その機関は内的にも外的にも専門化している。そのような社会は、<u>社会の構成要素たる諸機関同士の関係が非専門の意思決定者のみによって仲介され、そういう諸機関同士の関係が完全に自律的であるような社会とは区別される</u>（Wright 1977a：pp. 220-221）。（下線は引用者による）」つまり、国家の本質、すくなくとも前段階の社会と区別されるような最重要の属性は、内的に専門化された意思決定機関、即ち官僚機構の存在、ということである。国家段階の社会になると、各地から伝達され、中央で処理されるべき情報が多様化し、また量も膨大になるため、首長個人では中央に集まってくるすべての情報を処理することは不可能になる。従って、情報の内容に応じて特定の情報を専門的に処理する官吏を首長が任命するようになる。特定の情報を専門的に処理する官吏が官僚であり、その存在を制度化したのが官僚制である。明言されていないが、地方からの情報が中央でしっかり管理・処理されているがゆえに、地方豪族が自律的な行動をとれる余地は少ないということだ。

　下線部は、国家とは区別されるその前段階の社会、つまりチーフダムについての言及である。それを私なりに説明すると、チーフダムでは、宗教・経済・外交・政治など社会の諸側面は非専門の意思決定者が司ることが多く、同時に、そういった諸側面は自律的であり、相互の関連性が必ずしも強くな

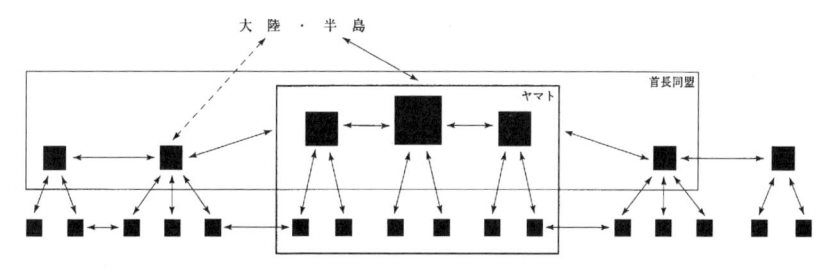

国家形成期における関東―まとめにかえて

第1図　古墳時代前期の社会モデル（佐々木 2003）

い、ということである。このことは以下の石母田正『日本の古代国家』の議論に共通する部分がある。

このようなライトの枠組みに基づくと、古墳時代後期の関東における地域社会は極めて自律的であって、したがって国家段階には達していないといえる。

当然のことながら、日本人研究者は国家形成期における在地社会の自律性に大きな関心を寄せてきた。特に顕著なのは石母田正（1971）である。石母田は国家前段階の社会を「首長制」と捉え、国家成立後も在地「首長制」の組織が残り、それが大和朝廷の地方支配に役割を担ったとする。首長制とは、在地における首長層と人民との間の人格的支配・隷属関係である。在地首長制とはそれ独自の支配体系をもつから、極めて自律的かつ独立的である。

先のライトの議論と関連して、卑弥呼はシャーマン的女王と「親魏倭王」というふたつの顔を持っていたと石母田は指摘する。つまり、社会の内部構造がいかに未開的であっても、対外的に開明的であり得るとの主張である。ライトの議論に即して言えば、外交と宗教・政治などの社会の諸側面は、それらすべての側面において専門家ではない卑弥呼と男弟が司っており、したがって、そういった諸側面は自律的であり、相互の関連性が必ずしも強くないということになろう。

以上のように、地域社会やその社会内の諸側面が自律的な社会は、国家前段階の可能性が高いといえる。

第 III 部　シンポジウム「関東における後期・終末期古墳群の諸相」

まとめ

　在地社会の自律性に注目して古墳時代中後期の関東を検討してみると、手前味噌ながら、古墳時代前期の西日本を説明するためのモデル（佐々木 2003、図 2）がまだ有効であるように思える（第 1 図）。今回は、集落出土土器の様相といった社会の下部構造は一切検討していないが、大和王権の与り知らぬ地域首長同士の交流などはこのモデルで説明できる。前節ではわかりやすさを優先して、わざわざヘンリー＝ライトのモデルを持ち出したが、実はこういった関東のケースは、英語圏における理論的枠組みの補強・検証にも役に立つことを紹介して、本稿の結びとしたい。

　それは、1994 年に提唱された派閥間抗争（factional competition）モデルである（Brumfiel and Fox 1994）。日本考古学・古代史では当たり前のことであるが、単純な文化進化論が 1960 年代から 1980 年代前半まで流行したアメリカ合衆国考古学界では、このモデルの発表は、パラダイム・シフトとして積極的かつ好意的に受け入れられた。それ以前の文化生態学とマルクス主義的社会論に比べ、次の点で補完的と提唱者エリザベス＝ブルームフィールは胸を張る。文化生態学が人間諸集団とそれらを取り巻く自然環境との動的な相互関係に焦点を当てたのに対し、派閥間抗争論は在地の人間諸集団の内部的な動態（資源を確保するための戦略を形付けるような動態）を検討するものである。マルクス主義的な理論は階級闘争に関心を払うのに対し、派閥間抗争論は同一階級内での対立や同盟関係を強調する。本書で取り上げた、地域首長同士の交流はこのようなモデル構築の基盤となろう。なお本書の序論は勉強になるが、収録されたケーススタディはモノに即しておらず、頭だけで書いた論文ばかりで、こういった面でも資料が豊富な日本考古学の貢献する余地は大きい。

註
1) この点に関して文献史の方の研究成果で興味深いのは、『日本書紀』神功、応神、仁徳の各条に、上毛野君の党与がしばしば新羅征伐のため朝鮮半島に出陣し、半島の人々を連れ帰ったとある（今井 1970）。近年群馬県発見の半島系考古資料は、このような文献の記述の裏付けになるのかも知れない。

2) Chiefdom に相当する日本語は「首長制」であるが、石母田正の首長制の概念とは異なるため、敢えて和訳せず、カタカナ表記とした。石母田の「首長制」概念は既に日本語であるため、訳しようがなく、首長制のままとする。

引用文献

今井啓一　1970　「帰化人の来住」杉原荘介・竹内理三（編）『古代の日本』7（関東）pp. 245-257　角川書店

石母田正　1971　『日本の古代国家』　岩波書店

梅沢重昭　1994　「上毛野の前方後円墳の発展」石井克己・梅沢重昭（共著）『黒井峯遺跡』（日本の古代遺跡を掘る4）pp. 202-226　読売新聞社

大塚初重　1986　『東国の古墳文化』　六興出版

大塚初重　1990　「六世紀の群馬と東アジア」高崎市教育委員会（編）『古代東国と東アジア』pp. 77-92　河出書房

大塚初重　2002　『東国の古墳と大和政権』　吉川弘文館

大塚初重・小林三郎（共編）　1995　『山形県川西町下小松古墳群（1）』　明治大学人文科学研究所・東京堂出版

小林三郎（編）　2001　『下小松古墳群（4）』山形県川西町埋蔵文化財調査報告書第20集

小林三郎・石川日出志・佐々木憲一（共編著）　2005　『茨城県霞ヶ浦北岸地域における古墳時代在地首長層の政治的諸関係理解のための基礎研究』（平成13～16年度科学研究費補助金研究成果報告書）　明治大学文学部考古学研究室

佐々木憲一　1995　*Regional Interaction and the Development of Social Complexity: A Case of Third Century Western Japan.* ハーヴァード大学人類学研究科大学院提出の学位請求論文（エッセンスは、その後の資料を加えて、以下2002・2003に発表）

佐々木憲一　2002　「古墳出現前後の墓と集落」大学合同考古学シンポジウム実行委員会（編）『弥生の「ムラ」から古墳の「クニ」へ』pp. 194-207　学生社

佐々木憲一　2003　「弥生から古墳へ―世界史のなかで」大塚初重・吉村武彦（編）『古墳時代の日本列島』pp. 3-22　青木書店

鈴木一有　2001　「東海地方における後期古墳の特質」『東海の後期古墳を考える』pp. 383-406　第8回東海考古学フォーラム三河大会

第 III 部　シンポジウム「関東における後期・終末期古墳群の諸相」

都出比呂志　1989　「古墳時代の中央と地方」都出比呂志（編）『古墳時代の王と民衆』（古代史復元 6）pp. 35-41　講談社
都出比呂志　1991　「日本古代の国家形成論序説 ―前方後円墳体制の提唱―」『日本史研究』343 号 pp. 5-39
都出比呂志　「国家形成の諸段階 ―首長制・初期国家・成熟国家」『歴史評論』551 号、pp. 3-16
土生田純之（編著）　2003a　『古墳時代東国における渡来系文化の受容と展開』（平成 12～14 年度科学研究費補助金研究成果報告書）　専修大学文学部考古学研究室
土生田純之（編著）　2003b　『剣崎長瀞西 5・27・35 号墳』　専修大学文学部考古学研究室
古屋紀之　2007　「赤羽台横穴墓群の再検討 ―常陸北部系横穴墓との系譜関係を中心に」『北区飛鳥山博物館研究報告』9、pp. 3-21
北條芳隆・溝口孝司・村上恭通　2000　『古墳時代像を見なおす』　青木書店
柳沢一男　2002　「日本における横穴式石室受容の一側面」『清渓史学』16・17 合輯（悠山姜仁求教授停年紀念東北亜古文化論叢）pp. 409-441　韓国精神文化研究院　清渓史学会
柳沢一男　2006　「5～6 世紀の韓半島南西部と九州 ―九州系埋葬施設を中心に―」『加耶、洛東江에서栄山江으로』pp. 19-46　第 12 回加耶史国際学術会議　金海市
若狭　徹（編著）　1999　『よみがえる 5 世紀の世界』かみつけの里博物館常設展示解説書
Brumfiel, Elizabeth M. and John W. Fox, Editors 1994 *Factional Competition and Political Development in the New World*. Cambridge University Press, Cambridge.
Wright, Henry T. 1977a. Toward an Explanation of the Origins of State. *Explanation of Prehistoric Change,* edited by James N. Hill, pp. 215-230. University of New Mexico Press, Albuquerque.
Wright, Henry T. 1977b. Recent Researches in State Origins. *Annual Review of Anthropology,* 6, pp. 379-397.
Wright, Henry T. and Gregory Johnson. 1975. Population, Exchange, and Early State Formation in Southwestern Iran. *American Anthropologist,* Vol. 77, pp. 267-289.

おわりに

　本書は、2006年3月12日に開催されたシンポジウム「関東における後期終末期古墳群の諸相」を基にしています。最初に和田晴吾さんをはじめ、執筆者の皆さんに感謝します。このシンポジウムに対する若干のコメントを加えて、あとがきにかえたいと思います。

　和田さんも指摘されていますが、前方後円墳などの墳形の違いについて、その「秩序」をヤマト王権の政治的秩序と直接結びつけることには、問題があるように思います。

　たとえばシンポジウムでも言及されています西嶋定生は、前方後円墳の成立をカバネなどの秩序に関連づけました。つまり氏・姓（ウジ・カバネ）の形成を相当に古く捉えたのでした。今日、前方後円墳は、古いものでは3世紀前半まで遡るという説もあります。しかし、定型的な前方後円墳の出現は、一般的には3世紀中葉から後半といわれます。一方、日本列島では氏・姓の秩序が成立するのは、5世紀末から6世紀初めです。西嶋の考え方とは時期が違い、西嶋説にはとても従えません。

　また、前方後円墳の成立をヤマト王権の成立やその政治的秩序と同じ位相で考察することにも違和感を抱きます。このように、古墳からだけでヤマト王権や国家の形成を論じることには無理があると思います。

　ただし、政治的偏差や氏・姓の秩序形成を考えるうえで、和田さんが触れましたように、かなりおもしろい現象がみられます。和田さんは、「畿内型」横穴式石室が高麗尺によって規格化されたと考えています。確かに、こうした規格化や普及と列島統合化への政治的問題とが、何らかの関連があると思われます。

　土生田純之さんによれば、「畿内型石室」の形式は、成立当初に首長墓に採用され、その後まもなく群集墳などの小規模古墳に導入されたということです。石室の普及は、地域によって時期差があるのですが、広範に伝播していきました（『黄泉国の成立』学生社）。ところで、氏・姓の制度も、王との仕奉関係によって首長からはじまり、一族に広まっていきます。ヤマト王権による氏・カバネ（姓）の賜与との直接的関係は不明ですが、「畿内型石室」

の普及と同じようなパターンが推定されます。
　土生田さんは、「畿内型石室」の採用が「新しい他界観を基礎とする総合的な喪葬墓制」を意味したと指摘しますが、私はむしろ葬制儀礼（殯宮儀礼も含む）における氏・姓の継承と関連すると思います。
　たとえば推古朝になりますが、堅塩媛を檜隈大陵に改葬する際に、「大臣（蘇我馬子）、八腹臣等を引き率て、便ち境部臣摩理勢を以て、氏姓の本」を誄します（『日本書紀』推古二〇年条）。また、天武天皇の殯宮儀礼では、「諸臣各己が先祖等の仕へまつれる状を挙げて、遞に進みて誄」（持統二年条）しています。このように王陵と殯宮の儀礼では、諸臣が王・天皇との結びつきを明らかにするため、先祖から続く仕奉関係や「氏姓の本」を述べていました。葬制儀礼には、先祖から継承される氏・姓を名乗り、確認する儀礼の性格がありました。さらに、「墓記」（持統五年八月条）の存在も、氏姓の素性と葬制との関係を示唆しています（『日本古代の社会と国家』岩波書店）。そうした儀礼の場として、「畿内型石室」が有力な候補となります。
　なお、最後に要望したいことは、地域を論じるにあたっては、古墳群という墓域だけではなく、居住地域と生産地域との関係をぜひ究明していただきたいと思います。たとえば群集墳が築造される場所は丘陵地帯が多いかと思いますが、そうした場に王権や地域首長の政治的拠点の可能性はないわけです。そのため、居住地域（豪族居館を含めて）や生産地域といった要素も含めて、国家形成の問題を論じて欲しいのです。私はかつて卒業論文で、群集墳について触れたことがあります。『古代学研究』30 号や『佐良山古墳群の研究』を読んでまとめました。それから何十年か経ち、また興味深い事実を知ることができました。
　最後になりますが、本書は明治大学が 2004 年度から 5 カ年計画で実施しています、文部科学省学術フロンティア推進事業「日本古代文化における文字・図像・伝承と宗教の総合的研究」（吉村武彦代表）の成果の一部です。このシンポジウムは、第 1 サブプロジェクト「国家形成と文化宗教」が担当しました。

吉村武彦

編 者
佐々木憲一
1962年東京生まれ、京都育ち。ハーヴァード大学大学院人類学研究科博士課程考古学専攻修了、Ph.D.（学術博士）。
現在、明治大学文学部准教授。
主要著作:『雪野山古墳―未盗掘石室の発見』(新泉社 2004)、『茨城県霞ヶ浦北岸地域における古墳時代在地首長層の政治的諸関係理解のための基礎研究』(共編著、明治大学文学部考古学研究室 2005)、「古代国家論の現状」『歴史評論』655号、『古代史の基礎知識』(共著、角川書店 2004)、『古墳時代の日本列島』(共著、青木書店 2003)。

執筆者一覧（五十音順）
太田博之（埼玉県本庄市教育委員会）
小沢　洋（千葉県富津市教育委員会）
川尻秋生（早稲田大学文学学術院）
草野潤平（明治大学大学院文学研究科）
白井久美子（財団法人千葉県教育振興財団）
萩原恭一（国立歴史民俗博物館管理部）
深澤敦仁（財団法人群馬県埋蔵文化財調査事業団）
松崎元樹（財団法人東京都埋蔵文化財センター）
吉村武彦（明治大学文学部）
和田晴吾（立命館大学文学部）

協　力
古屋紀之（多摩美術大学）

考古学リーダー12
関東の後期古墳群
2007年12月25日　初版発行

編　者　佐々木憲一
発行者　八木環一
発行所　有限会社 六一書房　http://www.book61.co.jp
　　　　〒101-0051　東京都千代田区神田神保町2-2-22
　　　　電話 03-5213-6161　FAX 03-5213-6160　振替 00160-7-35346
印刷・製本　株式会社 三陽社

ISBN 978-4-947743-55-8 C3321　　　　　　　　　Printed in Japan

考古学リーダー1
弥生時代のヒトの移動
～相模湾から考える～

西相模考古学研究会編
2002年12月25日発行／Ａ５判／209頁／本体2800円＋税

※シンポジウム『弥生後期のヒトの移動－相模湾から広がる世界－』開催記録
小田原市教育委員会・西相模考古学研究会共催　2001年11月17・18日

――― 目　　次 ―――

シンポジウム当日編

地域の様相1	相模川東岸	池田　治
地域の様相2	相模川西岸	立花　実
用語説明		大島　慎一
地域の様相1	相模湾沿岸3	河合　英夫
地域の様相1	東京湾北西岸	及川　良彦
地域の様相2	駿河	篠原　和大
地域の様相2	遠江	鈴木　敏則
地域の様相2	甲斐	中山　誠二
地域を越えた様相	関東	安藤　広道
地域を越えた様相	東日本	岡本　孝之
総合討議		比田井克仁・西川修一・パネラー

シンポジウム後日編

ヒトの移動へ向う前に考えること	加納　俊介
引き戻されて	伊丹　徹
シンポジウムの教訓	立花　実

――― 推薦します ―――

　弥生時代後期の相模は激動の地である。人間集団の移動や移住、モノや情報の伝達はどうであったのか。またどう読み取るか。
　こうした問題について、考古誌『西相模考古』でおなじみの面々が存分に語り合うシンポジウムの記録である。この一冊で、当日の舌戦と愉快な空気をよく味わえた次第である。

明治大学教授　石川日出志

Archaeological L & Reader　Vol.1

六一書房

考古学リーダー2

戦国の終焉
～よみがえる 天正の世の いくさびと～

千田嘉博 監修
木舟城シンポジウム実行委員会 編
2004年2月16日発行／A5判／197頁／本体2500円＋税

木舟城シンポジウム開催記録
木舟城シンポジウム実行委員会・福岡町教育委員会主催　2002年11月30日

―― 目　次 ――

第Ⅰ部　概説
　　木舟城の時代　　　　　　　　　　　　　　　　　栗山　雅夫
第Ⅱ部　基調講演
　　戦国の城を読む　　　　　　　　　　　　　　　　千田　嘉博
第Ⅲ部　事例報告「その時、木舟城は…」
　　戦国の城と城下町の解明　　　　　　　　　　　　高岡　徹
　　木舟城のすがた　　　　　　　　　　　　　　　　栗山　雅夫
　　木舟城の城下町　　　　　　　　　　　　　　　　酒井　重洋
　　天正大地震と長浜城下町　　　　　　　　　　　　西原　雄大
　　木舟城の地震考古学　　　　　　　　　　　　　　寒川　旭
　　越前一乗谷　　　　　　　　　　　　　　　　　　岩田　隆
第Ⅳ部　結語「シンポジウムから見える木舟城」
　　戦国城下町研究の幕開け　　　　　　　　　　　　高岡　徹
　　地道な調査を重ね知名向上を願う　　　　　　　　栗山　雅夫
　　木舟を知って遺跡保護　　　　　　　　　　　　　酒井　重洋
　　協力して大きな成果をあげましょう　　　　　　　西原　雄大
　　地震研究のシンボル・木舟城　　　　　　　　　　寒川　旭
　　激動の13年　　　　　　　　　　　　　　　　　　岩田　隆
　　これからが楽しみな木舟城　　　　　　　　　　　千田　嘉博
第Ⅴ部　「木舟シンポの意義」

―― 推薦します ――

　本書は、北陸・富山県のある小さな町、福岡町から全国発信する大きな企画、木舟城シンポジウムを収録したものである。考古学・城郭史・地震研究の研究者が集まった学際的研究としてももちろん評価できるが、このシンポジウムの対象を、歴史に興味を持ちはじめた中高生などの初心者から研究者さらには上級者まで観客にしたいと欲張り、それを実現した点も高く評価できる。いかに多様な読者に高度な学術研究を理解させるかということに最大限の努力の跡が見える。「21世紀の城郭シンポジウムはこれだ！」といった第一印象である。

中央大学文学部教授　前川　要

Archaeological L & Reader Vol. 2

六一書房

考古学リーダー 3

近現代考古学の射程
～今なぜ近現代を語るのか～

メタ・アーケオロジー研究会 編

2005年2月25日発行／A5判／247頁／本体3000円＋税

シンポジウム「近現代考古学の射程―今なぜ近現代を語るのか―」開催記録
メタ・アーケオロジー研究会主催　2004年2月14・15日

―― 目　次 ――

第Ⅰ部　シンポジウムの概要
第Ⅱ部　近現代考古学の射程
　1．都市
　　考古学からみた江戸から東京　　　　　　　　　　　　小林　　克
　　都市空間としての都市の時空　　　　　　　　　　　　津村　宏臣
　　避暑・保養の普及と物質文化　　　　　　　　　　　　桜井　準也
　　都市近郊漁村における村落生活　　　　　　　　　　　渡辺　直哉
　　考古学からみた近現代農村とその変容　　　　　　　　永田　史子
　2．国家
　　日系移民にとっての「近代化」と物質文化　　　　　　朽木　　量
　　旧日本植民地の物質文化研究とはどのようなものか？　角南聡一郎
　3．制度
　　「兵営」の考古学　　　　　　　　　　　　　　　　　浅川　範之
　　物質文化にみる「お役所」意識の変容　　　　　　　　小川　　望
　　〈モノ―教具〉からみる「近代化」教育　　　　　　　大里　知子
　4．身体
　　衛生博覧会と人体模型そして生人形　　　　　　　　　浮ヶ谷幸代
　　胞衣の行方　　　　　　　　　　　　　　　　　　　　野尻かおる
　　身体の近代と考古学　　　　　　　　　　　　　　　　光本　　順
　5．技術
　　近現代における土器生産　　　　　　　　　　　　　　小林　謙一
　　「江戸―東京」における家畜利用　　　　　　　　　　姉崎　智子
第Ⅲ部　近現代考古学の諸相
　近現代考古学調査の可能性　　　　　　　　　　　　　　角南聡一郎
　近現代考古学と現代社会　　　　　　　　　　　　　　　桜井　準也
　歴史考古学とアメリカ文化の記憶　　　　　　　　　　　鈴木　　透
　社会科学と物質文化研究　　　　　　　　　　　　　　　朽木　　量

── 推薦します ──

「近現代考古学」は、文字通り私たちが生きている「現在」につながる考古学である。わが国の「近現代考古学」が追究するべき課題のひとつは、物質文化からみた日本の「近代化」の様相を解明することであろう。日本の「近代化」のプロセスは単なる「西洋化」ではなく、他方で、近代以前に遡る日本文化の伝統と変容に関わる複雑な様相を呈している。すなわち、日本の「近代化」の様相は、今の私たち自身の存在と深く関わっているのである。本書は、そうした「近現代考古学」の世界にはじめて果敢に切り込んだ、意欲あふれるシンポジウムの記録である。

早稲田大学教授　谷川　章雄

Archaeological L & Reader Vol. 3

六一書房

考古学リーダー4
東日本における古墳の出現

東北・関東前方後円墳研究会 編

2005年5月10日発行／Ａ５判／312頁／本体3500円＋税

第9回　東北・関東前方後円墳研究会　研究大会
《シンポジウム》東日本における古墳出現について　開催記録
東北・関東前方後円墳研究会 主催
西相模考古学研究会・川崎市市民ミュージアム共催　2004年2月28・29日

―― 目　次 ――

Ⅰ　記念講演・基調講演
　　基調報告・資料報告

記念講演	東日本の古墳出現の研究史―回顧と展望―	小林　三郎
基調講演	オオヤマト古墳群における古墳出現期の様相	今尾　文昭
基調報告1	相模湾岸―秋葉山古墳群を中心に―	山口　正憲
基調報告2	編年的整理―時間軸の共通理解のために―	青山　博樹
基調報告3	円・方丘墓の様相―中部高地を中核に―	青木　一男
基調報告4	副葬品―剣・鏃・鏡などを中心に―	田中　　裕
基調報告5	土器・埴輪配置から見た東日本の古墳出現	古屋　紀之
資料報告1	房総半島―市原・君津地域を中心に―	酒巻　忠史
資料報告2	関東平野東北部―茨城県を中心に―	日高　　慎
資料報告3	関東平野　北部	今平　利幸
資料報告4	関東平野　北西部	深澤　敦仁
資料報告5	北　陸―富山・新潟―	八重樫由美子
資料報告6	東　北　南　部	黒田　篤史
資料報告7	関東平野　南部―川崎地域を中心に―	吉野真由美

Ⅱ　総合討議　東日本における古墳出現について

コラム

古墳出土土器は何を語るか―オオヤマトの前期古墳調査最前線―	小池香津江
前期古墳の時期区分	大賀　克彦
群馬県太田市所在・成塚向山1号墳～新発見の前期古墳の調査速報～	深澤　敦仁
新潟県の方形台状墓～寺泊町屋舗塚遺跡の調査から～	八重樫由美子
北縁の前期古墳～大塚森（夷森）古墳の調査成果概要～	大谷　　基
埼玉県の出現期古墳―そして三ノ耕地遺跡―	石坂　俊郎
廻間Ⅱ式の時代	赤塚　次郎
畿内「布留0式」土器と東国の出現期古墳	青木　勘時

―― 推薦します ――

　なぜ、古墳が生まれたのか？　弥生時代・数百年間の日本列島は、方形墳が中心だった。それがあるとき円形墓に変わった。しかも、円形墓に突出部とか張出部とよんでいる"シッポ"が付いている。やがてそれが、ヤマト政権のシンボルとして全国に広まったのだという。それならば列島で最も古い突出部付き円形墓（前方後円墳ともいう）は、いつ、どこに現れたか？　よく、ヤマトだというが、本当だろうか？　東北・関東では、初期には突出部の付いた方形墓（前方後方墳ともいう）が中心で、地域によって円形墓が参入してくる。住み分け、入り乱れ、いろいろとありそうだ。本書では近畿だけでは分からない東北・関東の人々の方形墓（伝統派）と円形墓（革新派）の実態が地域ごとに整理されていてありがたい。その上、討論では最新の資料にもとづく新見解が次々と飛び出し、楽しい。討論から入り、ときどき講演と報告にもどる読み方もありそうだ。

　　　　　　　徳島文理大学教授　奈良県香芝市二上山博物館館長　石　野　博　信

Archaeological L & Reader　Vol. 4

六一書房

考古学リーダー5

南関東の弥生土器

シンポジウム 南関東の弥生土器 実行委員会 編

2005年7月10日発行／Ａ５判／240頁／本体3000円＋税

シンポジウム　南関東の弥生土器　開催記録
シンポジウム 南関東の弥生土器 実行委員会 主催
2004年9月25・26日

―― 目　次 ――

第Ⅰ部　型式・様式の諸相
　　総　論　　　　　　　　　　　　　　　　　　　　　　伊丹　徹
　1．南関東における古式弥生土器　　　　　　　　　　　　谷口　肇
　2．須和田式（平沢式・中里式・池上式）　　　　　　　　石川日出志
　3．宮ノ台式　　　　　　　　　　　　　　　　　　　　　小倉　淳一
　4．久ヶ原式　　　　　　　　　　　　　　　　　　　　　松本　完
　5．弥生町式と前野町式　　　　　　　　　　　　　　　　黒沢　浩
　6．相模地方の後期弥生土器　　　　　　　　　　　　　　立花　実
　コラム1．佐野原式・足洗式　　　　　　　　　　　　　　小玉　秀成
　コラム2．北島式・御新田式　　　　　　　　　　　　　　吉田　稔
　コラム3．有東式・白岩式　　　　　　　　　　　　　　　萩野谷正宏
　コラム4．朝光寺原式　　　　　　　　　　　　　　　　　橋本　裕行
　コラム5．「岩鼻式」・吉ヶ谷式　　　　　　　　　　　　柿沼　幹夫
　コラム6．臼井南式　　　　　　　　　　　　　　　　　　高花　宏行

第Ⅱ部　シンポジウム「南関東の弥生土器」
　テーマ1．宮ノ台式の成立
　　報告（1）　　　　　　　　　　　　　　　　　　　　　鈴木　正博
　　報告（2）　　　　　　　　　　　　　　　　　　　　　大島　慎一
　テーマ2．宮ノ台式の地域差と周辺
　　報告（1）　　　　　　　　　　　　　　　　　　　　　安藤　広道
　　報告（2）　　　　　　　　　　　　　　　　　　　　　小倉　淳一
　テーマ3．後期土器の地域性 ― 久ヶ原式・弥生町式の今日 ―
　　報告（1）　　　　　　　　　　　　　　　　　　　　　比田井克仁
　　報告（2）　　　　　　　　　　　　　　　　　　　　　黒沢　浩

第Ⅲ部　シンポジウム討論記録
　第1日　後期について　　　　　　　　　　　　　司会：伊丹　徹
　第2日　中期について　　　　　　　　　　　　　司会：石川日出志

―― 推薦します ――

1970年代から90年代にかけて、それまでの弥生土器の研究に飽き足らない日本各地の若手研究者が、詳細な土器編年や地域色の研究に沈潜していった。南関東地方でも、たとえばそれは弥生後期の久ヶ原式や弥生町式土器編年の矛盾の指摘などとして展開した。本書は南関東地方弥生中・後期土器に対する共同討議の記録集であり、中堅の研究者が10年以上にわたって取り組んできた、実証的な研究の到達点を示すものである。パネラーの中には若手の研究者もいる。世代をついで土器研究の成果が継承され、さらに研究が新たな方向へと向かうための導きの一書といえよう。

駒澤大学文学部助教授　設楽博巳

Archaeological L & Reader Vol. 5

六一書房

考古学リーダー6

縄文研究の新地平
～勝坂から曽利へ～

小林　謙一 監修　　セツルメント研究会 編

2005年12月25日発行　A5判　161頁　本体2,500円＋税

2004年度縄文集落研究の新地平3　シンポジウムの記録

――目　　次――

例　言
　　縄文集落研究の新地平をめざして　　　　　　　　　　小林　謙一

討論の記録

補　論
　1　東京東部（武蔵野）地域の様相　　　　　　　　　　宇佐美哲也
　2　千曲川流域における中葉～後葉移行期の土器群　　　　寺内　隆夫
　3　静岡県における9c期～10a期の様相　　　　　　　　小崎　　晋
　4　関東西部における竪穴住居形態の変化　　　　　　　　村本　周三

コメント
　1　中信地域における検討事例と課題―地域研究の現場から―　百瀬　忠幸
　2　竪穴住居設計仕様の視点から　　　　　　　　　　　　長谷川　豊
　3　笹ノ沢(3)遺跡の集落景観　　　　　　　　　　　　　中村　哲也

　　シンポジウムのまとめと展望　　　　　　　　　　　　小林　謙一

===推薦します===

縄文集落研究グループに集う研究者たちが、これまで行ってきたシンポジウムは縄文集落研究のうえで特筆される。とくに、そこで提示された「新地平編年」と呼ばれる中期土器型式編年は詳細なものとして知られ、この時期を研究する者にとって不可欠なものとなっている。また、かれらは縄文集落研究のこれまでの枠組みを打ち破る斬新な考え方や方法論をしばしば提示してきた。本書はそうした研究の積み重ねを踏まえて行われたシンポジウムの討議内容を詳細にまとめたものである。本書に示された土器型式編年研究の成果を通じて、縄文集落研究が文字通り、さらなる新地平へと飛躍できることが期待されよう。ぜひ一読を薦めたい。

昭和女子大学人間文化学部教授　山本　暉久

Archaeological L & Reader Vol.6

六一書房

考古学リーダー 7

十三湊遺跡
～国史跡指定記念フォーラム～

前川 要　十三湊フォーラム実行委員会　編

2006年9月15日発行／A5判／292頁／本体3300円＋税

2005年11月20日に行われたシンポジウム「十三湊遺跡／国史跡指定記念　十三湊フォーラム」の記録。3編の特別寄稿と「十三湊遺跡の基準資料と一括資料」を加え、中世の港湾都市『十三湊』の全貌を明らかにする。

―― 目　次 ――

例　言

I　国史跡指定記念十三湊フォーラム
　　特別講演　列島における津軽・五所川原の史跡
　　　　　　　―十三湊遺跡・五所川原須恵器窯跡―　　　　　　　坂井　秀弥
　　基調講演　羽賀寺縁起の成立と展開
　　　　　　　―奥州十三湊日之本将軍認識の問題を念頭にして―　遠藤　巖
　　報告 1　　国史跡・十三湊遺跡の調査成果について　　　　　　榊原　滋高
　　報告 2　　福島城跡の調査成果について　　　　　　　　　　　鈴木　和子
　　報告 3　　津軽地方の激動の時代 ―古代から中世へ―　　　　　三浦　圭介
　　特別寄稿　最北の五所川原須恵器窯跡　　　　　　　　　　　　藤原　弘明
　　特別寄稿　安藤氏の足跡を検証する
　　　　　　　―十三湊・折曽関の石造物を中心に―　　　　　　　佐藤　仁
　　特別寄稿　北方史における津軽十三湊
　　　　　　　―「中心」「周縁」論から見た試論―　　　　　　　前川　要
　　十三湊フォーラム・パネルディスカッション
　　「北方史における視点―列島の中の十三湊・津軽五所川原―」
　　　　　　　　　　　　　　　　　　　　　　　司会：前川 要　千田 嘉博

II　十三湊遺跡の基準資料と一括資料　　　　　　　　　　　　　　榊原　滋高
　　十三湊と安藤氏―古代・中世関係略年表

── 推薦します ──

　私が十三湊を初めて訪れたのは、1982年9月下旬、中世東国史研究会合宿の時であった。広大な砂丘一面に月見草が咲き誇り、そのあちこちに黒い珠洲焼きの破片が散乱していた。月丘夢二の歌を口ずさみながら、往時の港町の繁栄を想像しながらそぞろ歩きを楽しんだ。その話を電車の中でしていたら、あんなところ、何がいいのだ、自分はその故郷を捨てた人間で、いまでも冬の海鳴りの悪夢にさいなまれると、見知らぬ乗客の一人が言った。繁栄した港町と落魄した寒村の印象があまりにも対照的であった。
　その後、発掘調査が進み、国指定遺跡となり、繁栄の港町が蘇ってきた。本書は考古・文献の最先端の研究を網羅している。十五世紀の後半に十三湊はなぜ廃絶したのか。本書では、安藤氏の退去以外に、砂洲の形成といった自然環境の変化を考慮すべきだと主張する。私は、それに加えて15世紀後半の荘園公領制のシステム転換、流通構造の変容を考えたい。本書は到達点であるとともに、その出発点になると思う。一読をお勧めしたい。

　　　　　　　　　　　　　　　　　東京都立大学名誉教授　峰岸　純夫

Archaeological L & Reader Vol. 7

六一書房

考古学リーダー8

黄泉之国 再見
～西山古墳街道～

広瀬和雄 監修　栗山雅夫 編

2006年11月5日発行／A5判／185頁／本体2800円＋税

〈文化財を活かした町づくり　その確かな道筋を照らし出す〉
2004年9月、富山県福岡町（現高岡市）で行われた、ふくおか歴史文化フォーラム『黄泉之国　再見～西山古墳街道～』の開催記録。フォーラム、遺跡展示と体験学習を三本柱としたイベントを再現する。

―― 目　次 ――

はじめに
　概説　西山歴史街道へのみち　　　　　　　　　　　　栗山　雅夫
第I部　古墳を知ろう
　対談　『前方後円墳国家』を読む　　　　広瀬　和雄　片山あさの
　特報　キトラ古墳を覗いてみると…　　　　　　　　　井上　直夫
第II部　西山歴史街道をゆく
　報告　西山古墳街道　　　　　　　　　　　　　　　　西井　龍儀
　討議　遺跡＋整備＝魅力
　　　　　　　　広瀬　和雄　谷本　亙　栗山　雅夫　片山あさの
第III部　古世紀再訪
　展示　考古資料にみる西山古墳街道　　　　　　　　　栗山　雅夫
第IV部　たくみのトびら
　体験　勾玉づくり・火起こし・土器復元・拓本・クラフトワーク
　　　　　　　　　　　　　　　　　　　　　　　　　　栗山　雅夫
第V部　フォーラムから見えるもの
　歴史のストックを活かしたまちづくり　　　　　　　　広瀬　和雄
　文化財写真のデジタル記録と保存　　　　　　　　　　井上　直夫
　文化財を活かしたまちづくり　　　　　　　　　　　　谷本　亙

── 推薦します ──

「黄泉之国」とは、死んだ人間が行く世界。すなわち「死後の国」だ。それを「横穴墓」にみたて、町おこしに活用するイベントが、富山県西部にある小さな町で行われた。町は小さくても「西山丘陵」に遺る「横穴墓」は、全国的にも特筆に値する。それは、群集の密度や副葬品の豊富さだけではない。保存顕彰や研究の長い歴史を持っているからだ。それだけ古くから地元の関心が高かった。また丘陵には豊かな自然も共存している。文化財と自然、それに住民の関心の高さ、この三者が一体になってこそ初めて、遺跡を活用した町おこしは成功する。本書はその確かな道筋を照らし出した、一大イベントの記録である。
　　　　　　　　　　　　　　　富山大学人文学部教授　黒崎　直

Archaeological L & Reader Vol. 8

六一書房

考古学リーダー 9

土器研究の新視点
～縄文から弥生時代を中心とした土器生産・焼成と食・調理～

大手前大学史学研究所　編

2007年3月1日発行／A5判／340頁／本体3800円＋税

2005年11月に開催された大手前大学史学研究所オープン・リサーチ・センターシンポジウムの記録集

―― 目　次 ――

Ⅰ 食・調理
縄文時代から弥生時代開始期における調理方法　　　　　　　　　　中村大介
弥生土鍋の炊飯過程とスス・コゲの産状　　　徳澤啓一　河合忍　石田為成
韓国原三国時代の土器にみられる調理方法の検討
　―中島式硬質無文土器を中心に―　　　　　　　　韓志仙　庄田慎矢訳
同位体分析による土器付着物の内容検討に向けて
　―自然科学の立場から―　　　　　　　　　　　　　　　　　　坂本　稔
同位体分析による土器付着物の内容検討に向けて
　―考古学の立場から―　　　　　　　　　　　　　　　　　　小林謙一
土器圧痕からみた食と生業　　　　　　　　　　　　　　　　　　山崎純男
討論「食・調理」　　　　　　　　　（司会：深澤芳樹・長友朋子）

Ⅱ 土器焼成と生産
土器焼成失敗品からみた焼成方法と生産体制　　　　　　　　　　田崎博之
弥生早期（夜臼式）土器の野焼き方法　　　　　　　　　　　　小林正史
東北地方における覆い型野焼きの受容　　　　　　　　　　　　北野博司
韓国無文土器の焼成技法
　―黒斑の観察と焼成遺構の検討から―　　　　　　　　　　　庄田慎矢
胎土分析から推測する土器焼成技術と焼成温度との関連性
　―弥生土器・韓半島系土器の比較研究―　　　　　　　　　鐘ヶ江賢二
討論「土器焼成と生産」　　　　　　　（司会：若林邦彦・長友朋子）

Ⅲ シンポジウムを終えて
調理する容器　　　　　　　　　　　　　　　　　　　　　　　深澤芳樹
弥生土器焼成・生産をめぐる諸議論
　―討論のまとめとして―　　　　　　　　　　　　　　　　若林邦彦
土器に残された痕跡から読み解く縄文、弥生文化　　　　　　　長友朋子

── 推薦します ──

　1世紀を越える土器の研究は、これまで型式学や層位学を頼っての編年研究、年代研究や交流様相の追求に偏重してきた感がある。本書は旧来の土器研究の動向を根底から打破し、土器製作の根幹とも言える焼成の技術やそれを支えた生産体制の問題と取り組み、さらに徹底した使用痕分析から、調理の場の実態や方法解明の究極に迫ったものであり、多くの実験データや民族誌にも裏打ちされた探求の視野は果てしなく広い。
　本書は、韓国を含めたそれら最新の研究成果が一堂に集められただけでなく、二日間に及ぶシンポジウムの全記録を収め、その議論の到達点を披露し、今後の課題と指針を示している。土器研究はまさに新しいステージに立っている。真の社会復元によりいっそう接近するための必読の書であることを確信する。

芦屋市教育委員会　森岡秀人

Archaeological L & Reader Vol. 9

六一書房

考古学リーダー 10

墓制から弥生社会を考える

近畿弥生の会　編

2007年4月5日発行／A5判／288頁／本体 3,500円＋税

近畿地方の弥生墓制研究に関する最新の研究成果をもとに行われた
研究発表・討論会の記録

――目　　次――

Ⅰ．研究発表編
　「近畿における方形周溝墓の基本的性格」　　　　　　　　　　　　藤井　整
　「近畿北部の弥生墓制の展開」　　　　　　　　　　　　　　　　　肥後弘幸
　「方形周溝墓制の埋葬原理とその変遷―河内地域を中心に―」　　　大庭重信
　「方形周溝墓の系譜とその社会」　　　　　　　　　　　　　　　　中村大介

Ⅱ．討論会
　第1回テーマ討論会「墓制から弥生社会を考える」討論

Ⅲ．論考編
　「北陸地域における弥生墓制ならびに北陸地域から見た近畿における
　　弥生墓制に対する意見」　　　　　　　　　　　　　　　　　　　赤澤徳明
　「伊勢湾岸地方と近畿地方の弥生時代墓制」　　　　　　　　　　　宮腰健司
　「大和地域における墓制および墓制研究の実態と課題」　　　　　　豆谷和之
　「紀伊地域における弥生時代の墓制およびその研究の実態
　　―近畿弥生の会テーマ討論会「墓制から弥生社会を考える」で、思うこと―」
　　　　　　　　　　　　　　　　　　　　　　　　　　　　　　　　土井孝之
　「西摂地域における弥生時代墓制および弥生墓制の実態と課題」　　篠宮　正
　「吉野川河谷（阿波地域）における墓制度および墓制の実態と課題」中村　豊
　「香川における弥生時代前期の墓制―佐古川・窪田遺跡を中心に―」信里芳紀
　「山陰における弥生墳墓の検討」　　　　　　　　　　　　　　　　中川　寧

Ⅳ．資料編
　第1回テーマ討論会　参加者の希望する討論議題・意見

Ⅴ．総括編
　「方形周溝墓と弥生社会研究―近畿地方を中心に―」　　　　　　　若林邦彦

―― 推薦します ――

本書は、やや沈滞気味かと思える弥生墓制研究の動向の中で、近畿を中心とする各地域の方形周溝墓などを集成し、検討した画期的な本だ。方形周溝墓をはじめとする区画墓には大・中・小があり、区画内の墓壙・木棺にも大・中・小がある。大きな家に住んでいた人たちは大きな墓に入り、小さな家の人たちは小さな墓に入ったのか？　同じ区画内に埋葬された人々は同世代の家族なのか、複数世代の主要人物たちなのか？　など未解決の課題について各墓群の分布状況や区画墓内の墓壙の重複状況などから類型化し、討議されている。
　その上で、墓制から弥生社会を復元しようとする大胆な視点は示唆に富んでいるとともに、最新の資料にもとづく研究の到達点を示していて魅力的である。

徳島文理大学文学部教授　奈良県香芝市二上山博物館　館長　石野博信

Archaeological L & Reader Vol.10

六一書房

考古学リーダー 11

野川流域の旧石器時代

「野川流域の旧石器時代」フォーラム記録集刊行委員会 監修
(調布市教育委員会・三鷹市教育委員会・明治大学校地内遺跡調査団)
明治大学校地内遺跡調査団　編

2007年10月10日発行／A5判／172頁／本体2800円＋税

現在の東京都調布市に位置する野川流域の人びとの暮らしは後期旧石器時代にはじまった。多くの遺跡が密集する野川流域は、日本の旧石器時代研究、ローム層研究の出発点でもある。「月見野・野川以後」と称される研究史上の一大画期となった野川遺跡を扱う本書は、旧石器研究の新たな一歩を踏み出すきっかけとなる。

―― 目　次 ――

第1部　講演会記録
「旧石器時代の研究 ―野川から日本、そして世界へ―」
「月見野・野川」の画期と日本列島の旧石器時代研究　　　　鈴木次郎
旧石器時代の日本列島と東アジア　　　　　　　　　　　　　安蒜政雄
〈コメント〉　　　　　　　　　　　　　　　　　　　　　　　小田静夫

第2部　公開シンポジウム基調報告
1. 野川流域の旧石器時代遺跡 ―最近の立川面における調査から―
　下原・富士見町遺跡における石器群と遺跡の変遷　　　　　藤田健一
　調布市野水遺跡第1地点の調査　　　　　　　　　　　　　小池　聡
2. 野川・多摩川中流域の地形・古環境
　多摩川水系発達史異説 ―武蔵野変動仮説・古東京湖仮説から―　上杉　陽
　多摩川の流路変遷と野川・多摩川間の地形の変遷　　　　　久保純子
　下原・富士見町遺跡の立川礫層　　　　　　　　　　　　　中井　均
3. 旧石器人の生活空間 ―遺跡分布から分かること―
　野川流域の旧石器時代遺跡の分布と変遷　　　　　　　　　下原裕司
　立川面の旧石器時代遺跡 ―その分布と古地形―　　　　　　中山真治
　武蔵野台地北部の旧石器時代遺跡　　　　　　　　　　　　加藤秀之

第3部　公開シンポジウム総合討論記録
「野川流域の旧石器時代 ―地形・環境の変遷と人びとの生活―」

== 推薦します ==

　野川流域は、列島で最も細緻でかつ今日も基軸となり続けている「武蔵野編年」を構築したフィールドとして、常に日本の旧石器時代研究を牽引してきた。その野川の地で、Geoarchaeologyという斬新で今日的な研究戦略を導入した明治大学校地内遺跡の調査を契機として、なぜ旧石器時代人が生活拠点として野川に参集し活動したかという根元的な問いに答えようと試みている。革新された旧石器研究の知的営為に関心をもつ多くの読者に、本書を推薦したい。

東京大学大学院教授　佐藤宏之

Archaeological L & Reader Vol. 11

六一書房